谨以此书献给

中华人民共和国成立75周年

抗日英烈赵伊坪牺牲85周年

赵伊坪传

王贤春 —— 著

中国文史出版社

图书在版编目（CIP）数据

赵伊坪传／王贤春著． -- 北京：中国文史出版社，
2024.11. -- ISBN 978 - 7 - 5205 - 4778 - 9

Ⅰ. K827 = 6

中国国家版本馆 CIP 数据核字第 2024B21A96 号

责任编辑：胡福星

出版发行：**中国文史出版社**

社　　址：北京市海淀区西八里庄路 69 号　　邮编：100142

电　　话：010 - 81136606　81136602　81136603　81136642（发行部）

传　　真：010 - 81136655

印　　装：北京地大彩印有限公司

经　　销：全国新华书店

开　　本：787 × 1092　1/16

印　　张：22.25

字　　数：318 千字

版　　次：2024 年 10 月北京第 1 版

印　　次：2024 年 10 月第 1 次印刷

定　　价：72.00 元

青年赵伊坪

赵伊坪祖母、父母等全家合影

赵伊坪与胞弟赵晓舟

赵晓舟革命军人证书

前排从左至右（梁雷、姚雪垠、赵伊坪）

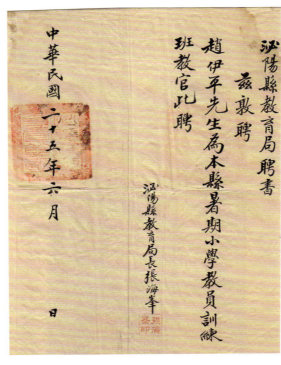

沁陽縣教育局聘書

兹敦聘

趙伊平先生為本縣暑期小學教員訓練

班教官此聘

沁陽縣教育局長張海峯

中華民國二十五年六月　　日

泌阳县教育局聘书

赵伊坪两个女儿合影

赵晓舟与两个侄女在西南大进军途中

20世纪50年代初，赵伊坪的父母与全家合影，左一是赵伊坪的夫人

从左至右（王若愚、穆青、姚雪垠、吕瑞芝、段佩明、赵时玲、冯若泉）

1982 年杞县大同中学 50 周年校庆合影

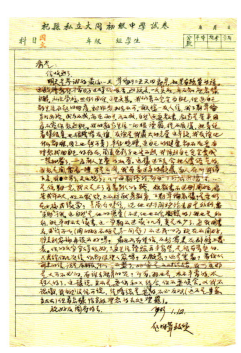

赵伊坪信

赵伊坪家书手迹

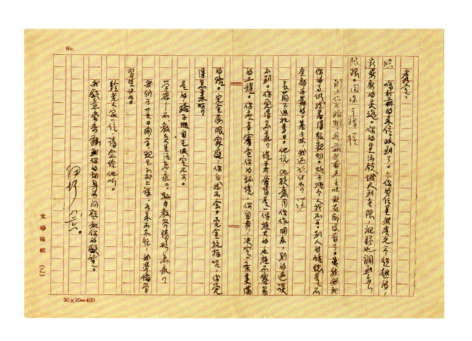

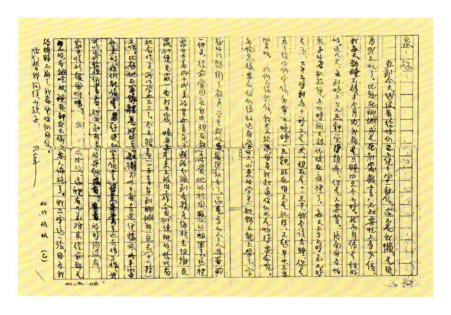

赵伊坪家书手迹

赵伊坪家书手迹

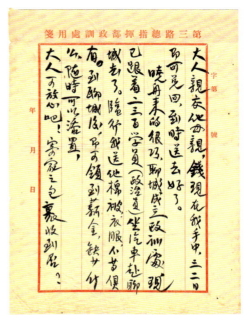

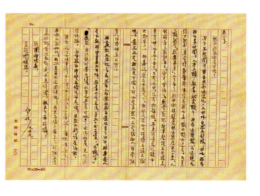

赵伊坪家书手迹

自中国共产党诞生之日起，迄今已有百年的光辉历史。在长期艰苦卓绝的革命斗争和社会主义建设中，中国共产党领导全国各族人民，为了中华民族的解放，为了反抗和战胜帝国主义，为了新中国的繁荣富强，进行了不绝如缕的英勇斗争，不但赢得了新民主主义革命的胜利，而且也取得了社会主义革命和社会主义建设举世瞩目的辉煌成就。回顾我们党走过的历史路途，我们深切体会到，中国共产党的历史是马克思列宁主义的普遍真理同中国革命和建设实践日益紧密结合的历史，是无数中华民族的优秀儿女为民族的解放和人民的幸福而前赴后继，艰苦奋斗，不断从胜利走向胜利的历史。

中国革命和建设事业是伟大的，其历程是壮烈的。为了中国革命的胜利，无数革命先烈抛头颅，洒热血，以身殉国；众多革命前辈舍生死，赴大义，谱写了一曲曲可歌可泣的历史壮歌。他们的革命活动和英雄事迹，既谱写了中国共产党的光辉历史，也为我们留下了十分宝贵的精神财富。今天我们收集、整理、研究抗日民族英雄人物，编写赵伊坪烈士传记，不但是革命历史研究的重要任务，而且有着十分重要的现实意义。习近平总书记在党史学习教育动员大会上强调："全面宣传党的历史，充分发挥党的历史以史鉴今、资政育人的作用，是党和国家工作大局中一项十分重要的工作"。我们要认真学习领会习近平总书记这一重要论述，充分发挥党的历史以史鉴今、资政育人的作用，迫切需要用革命先烈、革命前辈活生生的斗争事迹教育一代又一代接班人，使他们懂得创业的艰难，革命胜利来之不易，激励他们永远继承党的光荣传统，发扬艰苦奋斗精神，勇敢地担负起推进中华民族伟大复兴的历史使命。

"血染黄沙誓要中华得解放，烈火永生待我九州尽欢颜"，这副悬挂在赵伊坪故居门口的对联，彰显着烈士的英勇无畏与爱国情怀。距故居不远，河南省漯河市烈士陵园内苍松环抱，翠柏林立，宋任穷题写的赵伊坪烈士纪念碑竖立在此。而远在山东省聊城市的琉璃寺战斗纪念馆和河北省的晋冀鲁豫烈士陵园，都记载着赵伊坪的英雄事迹。每到清明节，各地人民纷纷开展纪念活动，表达对先烈的缅怀与敬仰。2021年4月，晋冀鲁豫烈士陵园、河北省晋冀鲁豫边区革命历史研究会决定编辑出版《晋冀鲁豫边区革命历史研究系列丛书》，《赵伊坪传》是其中之一。该书由特约撰稿人王贤春编著。在收集整理烈士资料过程中，作者克服各种困难，赴湖北武汉、河南漯河、山东聊城等地，查阅了大量档案资料，参阅了《世纪的追思——缅怀赵伊坪烈士》《中华英烈事迹读本·第三卷》《中共漯河党史人物传》等书籍，河北省退役军人事务厅领导同志对赵伊坪烈士传的编著工作给予了多方面的关注和指导；晋冀鲁豫烈士陵园党委书记杨俊岭同志对本书的初稿进行了认真审阅，提出了许多好的意见；赵伊坪烈士的亲属赵立萍女士积极提供了大量有价值的资料，对该书的编辑出版付出了极大的心血和努力。

本书在编写过程中得到中央党史研究院副院长、中央编译局局长季正聚同志的关心指导，在审稿过程中得到山东省委党史研究院赵国卿院长的高度重视，组织中共党史研究专家对全书进行了审核。

著名党史专家，一级教授邵维正将军为本书写序，表达了对革命先烈的敬仰之情。

总之，在各方面的支持和共同努力下，历时一年六个月，几易其稿，完成了赵伊坪烈士的传记，成书30余万字。该书以史实为依据，客观真实地讲述了河南郾城籍抗日民族英雄赵伊坪烈士的人生轨迹，反映了其英勇奋斗的短暂革命人生，充分展示了革命烈士忠诚信仰、担当为民、不怕牺牲的崇高精神。我们以此纪念抗日民族英雄赵伊坪烈士牺牲85周年，并作为献给中华人民共和国成立75周年的一份礼物。

《晋冀鲁豫边区革命历史研究系列丛书》编审委员会
2024年4月

赵伊坪（1910—1939），原名廉越，学名石庵，河南郾城人。中国共产党早期党员，抗日英雄，烈士。原中共鲁西区委委员、秘书长兼统战部部长。

1924 年，赵伊坪就读于北京育德中学（冯玉祥陆军十一师军官子弟学校），后到汇文中学学习，与彭雪枫、王志远、牛连文等是同学，参加爱国运动；1925 年经彭雪枫介绍加入中国共产主义青年团，1926 年转入中国共产党；同年 11 月，他到武汉参加筹建毛泽东主办的农民运动讲习所工作并学习；1927 年 6 月回郾城，以教书为职业，组建"文化促进会"，创办平民夜校，发展中共基层组织；1928 年，受组织委派进西北军从事兵运工作；1935 年到河南杞县大同中学任教，同时担任中共杞县县委书记和豫东特委书记，以教书为掩护，从事革命活动。他与进步作家姚雪垠、师陀等关系密切。新华通讯社原社长穆青曾是他的学生。

1937 年 3 月，赵伊坪奉派到山东，进入国民党山东聊城第六区行政督察专员兼保安司令范筑先的秘书处工作，先后任中共鲁西北特委委员、统战部部长，第六区政训处秘书长，为争取范筑先加入中共领导的抗日武装力量做出了贡献。1937年全民族抗日战争爆发后，在济南，他奉调中共山东省委工作，并负责三集团军军政人员训练班中共组织工作。1938年7月，在姚第鸿、赵伊坪等共产党人的进步思想影响下，山东六区专员范筑先将军与四区专员韩多峰将军，在八路军一二九师东进纵队的配合下，共同实施了"津浦铁路破袭战"，捣毁日军占领的平原、禹城火车站，发动辖区民众，挖断铁路百余里，给疯狂的日军以沉重的打击。之后他又协助范筑先将军组织六区民众，迎接延安文艺工作组的刘白羽、欧阳山尊和汪阳等陪同的一位同情中国人民抗战的美国友人、海军少校卡尔逊到鲁西北的访问。

1939年1月，任中共鲁西区委委员、秘书长兼统战部部长。同年3月初，中共鲁西区委领导机关随八路军一二九师先遣纵队由冠县、馆陶地区向东挺进。5日清晨，在荏平（今高唐县）琉璃寺一带与日军遭遇。激战至傍晚，他多处中弹负伤坠马，落入日军魔掌。日军把他绑在树上，用皮鞭抽、刺刀戳……面对凶残的敌人，他大义凛然，英勇不屈，痛斥日本侵略军的野蛮侵华暴行："任凭你们把我钉死在树上，我宁可站着死，不低高贵头。宁为鞭死鬼，不做亡国奴……"日军恼羞成怒，残忍地将他全身浇上汽油，放火点燃。烈焰中，他用尽最后的气力高呼："打到狗日本鬼子！中国共产党万岁！"残暴的日军又举起刺刀捅进他的嘴里……赵伊坪壮烈牺牲，时年29岁。

　　近日，蒙赵伊坪先烈后人赵立萍女士所托，将著名文化学者王贤春考研编著的历史长篇传记《赵伊坪传》书稿让我审读，并让我为此书写序，深感荣幸。作为党史工作者，缅怀崇敬先烈义不容辞。

　　翻阅厚重的书稿，赵伊坪前辈少年立志跟党走、统战事业建功勋、对日斗争献青春，一个又一个震撼人心的场景浮现眼前，使我被书中的主人公生平所感动，被他的动人故事所感动，被他所表现的精神所感动。

　　赵伊坪，这位我党早期的优秀共产党员，优秀的地下工作领导人，忠诚的共产主义战士，无畏的民族英雄，他的精神令人敬仰，感人至深。通过此书，了解和领悟到我党早期的地下工作者成长的艰难困苦、以及在革命斗争中坚强的革命意志和舍生忘死的民族气节。赵伊坪从孜孜以求的学生时代开始就投入到爱国救国的热潮，积极参与组织学生运动、农民运动，传播进步思想。他不畏生死，在河南、陕西和山东等地区开展地下党组织建设，点燃火种，点亮一盏盏明灯，照耀着劳苦大众走向希望、走向光明。

鲁西北抗日根据地是我党在山东建立的第一个敌后抗日根据地，在该地区起到了引领的作用。直面日本侵略者，以赵伊坪为代表的鲁西北党组织积极争取各方力量，团结鲁西北各种地方武装，建立广泛的抗日民族统一战线，体现了全民共同抗日、团结协作、壮大力量、勇于胜利的精神；体现了我党依靠群众、艰苦奋斗、信念坚定的精神；体现了抗日先烈英勇顽强、无私无畏的精神；更体现了习近平总书记阐述的伟大抗战精神："天下兴亡，匹夫有责的爱国情怀；视死如归，宁死不屈的民族气节；不畏强暴，血战到底的英雄气概；百折不挠、坚忍不拔的必胜信念。"赵伊坪正是以自己的鲜血和生命践行了伟大抗战精神，成为中国共产党人民族气节的生动写照。

这部传记内容丰富真实，故事情节起伏跌宕，语言文字生动感人。它的出版发行，对于加强爱国主义教育，大力弘扬民族精神，引导人民铭记历史、不忘过去、珍爱和平、开创未来，进一步增强民族自尊心、自信心和自豪感，激励人们积极投身于新时代的中华民族伟大复兴事业，具有十分重要的教育作用和现实意义。

凤凰涅槃，精神升华。赵伊坪的高贵品格在烈火中永生。在民族英雄赵伊坪烈士牺牲 85 周年之际，《赵伊坪传》能够面世，让人们了解先烈奋斗的一生、战斗的一生、光荣的一生，这无疑是广大读者的一件幸事，我能为此书作序也是一件幸事。愿先烈的事迹激励后人，愿鲁西北的精神代代相传，愿伟大的抗战精神永放光芒！

邵维正

2024 年 4 月

（作者系著名党史专家、一级教授、少将）

目录

江河水，水涟涟，华夏文化五千年，川流不息代代传。
战火烽烟何足惧，春秋日月照人间，革命薪火可燎原。

山岳高，高可攀，路途坎坷不畏艰，孜孜以求民为天。
铜墙铁壁保家园，大义凛然昂起首，烈火永生如泰山。

第一章

风云激荡才人出，民国共和创新业

在世界古老的东方，有一片博大华美的壮丽山川——中华大地；这神奇悠远的大地，孕育了一个悠久文明的中华民族，其中原大地辽阔富饶，人杰地灵。中原中南部的河南省郾城县（今漯河市郾城区），属淮河流域大沙河的中游平原地区，四周与召陵、源汇、舞阳、临颍、周口、西华等地交界。南濒沙河，与源汇隔河相望。早在5000多年前的新石器时代，先民就已繁衍生息在这块土地上，从事农业生产活动。郾城在汉书留有战争史册记载。

漯河，别称河上街、隐阳城。漯河历史悠久，人文鼎盛，商周时期，漯河小镇就逐渐形成，因临近隐水（今沙河）故称隐阳城，属召陵县管辖。齐桓公称霸，公元前656年，齐桓公率八国诸侯在隐水河畔的隐阳城，也就是现在的郾城，会盟联军伐楚。南北朝时期，隐阳城改称奇雏城。隋炀帝大业年间，奇雏城改名殷城，因它紧傍隐水，隐水又名殷水，城随水名。从明代起，"漯河"曾被称作"螺湾""螺湾渡""螺湾镇""螺湾河"等，是当时郾城县下属的一个地方。明嘉靖三十三年（1554年），《郾城县志》首次出现上述地名；明万历二十七年（1599年），郾城知县张仕周所撰《退城碑》中提出"漯河"地名概念，"漯河"之名形成了。

在郾城这个文化灿烂的古城里，很多人文景观和历史故事都具有深厚的文化底蕴和内涵，它是东汉时期中华文化宗师许慎的故里，许慎举孝廉，因入京为南阁祭酒，所以后人在城东北隅建有纪念许慎的祠堂"南阁祭酒祠"。唐代著名的文学家、思想家、哲学家、政治家，居于唐宋八大家之首"韩文公"韩愈在郾城留诗多首。他提倡儒学，开宋明理学之先声，可谓"胸藏数万甲，智绝三十里"。韩愈的诗歌中有许多诗句都和本传记相切联：

> 清谈对夜分，常恨世少治。酒酣或怒骂，天下无真是。
> 长亭杨柳黄，妙语鲍谢体。不作儿女别，相期青云器。
> 深沉老元戎，梦寐古舆地。相与善筹之，寒草春无际。

南宋高宗绍兴十年（1140年）七月，民族英雄岳飞率领岳家军先后于郾城城北王店、五里店（今郾城区三周乡五里岗村）、小商桥等地大破金兀术，迫使金兵退保汴京，宋军追至朱仙镇。这就是岳飞率岳家军抗金的著名战役——郾城之战，也称郾城大捷。此战以少胜多，彪炳史册。明代有邓氏《读岳武穆王传》一诗：

> 英雄誓复旧山河，曾奈奸邪误国何。
> 铁马长驱河洛水，金牌亟返郾城戈。
> 中原父老空遮诉，南渡君臣不耻和。
> 五国城头烟月惨，千年坟树尽南柯。

在郾城南门外，一条大沙河潺潺荡漾、川流不息，世世代代滋养着这里的土地和人民。河水是清清的、甜甜的、宽宽的，它顺势向东经周口直抵安徽阜阳。水盛时的船可以成排结队，它们西上、东下，各自沿着航道行进着，如同现代交通的"靠右边走"一样，秩序井然。上行的重载船由纤夫拉着，唱着十分动听的号子，那一队纤夫迈着坚实而整齐的步伐，负重前行、一往无前，走向目的地，形成了一个又一个传奇的故事和古典的风情画卷。

沿河的两岸，林木繁茂，土地肥沃，物产丰盛，农副产业历来都十分发达。在河岸上，孩子们无论冬季踩着冻硬的凉地，还是夏季踩着烫脚的热土，都喜欢陪着纤夫队伍走上一程，随后，再恋恋不舍地沿着河岸回来。河中盛产鱼虾，河湾里漂着捕鱼的船，这船叫鹰船，看鱼鹰捕鱼也是十分有趣的事，在两个不大的平行舱上固定一条横梁，渔夫站在梁后手持长杆驱赶鱼鹰潜入水中。

在郾城西门外，有一个铸于清道光年间的镇河铁牛卧守候在河岸上，它居高临下，双目俯视着河面。相传，铁牛是专门在这里监视河水水位的。汛期，它就要行使"威镇洪水"的作用了，当水位涨到一定高度时，气流冲击，它会发出"哞——哞——"的声音，向人们发出汛警，所以，郾城城内从未遭过水患，这可能就是那铁牛常年坚守尽职的"功劳"。

城东门北至东北角楼中间城墙上，有镇城之塔的文笔塔，高三层，为砖构建筑。塔始建于明正德四年（1509 年），郾城知县毕登高倡议集资而建的。该塔由塔基、塔身、塔刹三部分组成，塔基周长数十米，高约 20 米，塔的正面向西南，登顶后可以放眼四方。下层楼中间有东北、西南面向约 1.4 米高的拱券，人可在内弯腰来往。洞磡上石匾刻有"文笔峰"三个柳体大字，虽历经几百年，字迹尚清晰（该塔在"文化大革命"中被毁）。

城的墙基为石磙砌成，上下数层，碓孔连线，磙边成纹，坚固美观，故称石磙城。整座城让人感到它特有的庄重肃穆，感受到沉淀的文化和厚重的历史。

公元 1910 年，它开启了两千年来无与伦比的大动荡、大变局。这一年，是中国百年不遇的自然灾难年。

四五月份，湖南、湖北等饥民连日抢劫米店。5 月 15 日，清政府公布《大清现行刑律》，虽然有了严酷的刑律，也未能拯救没落的帝制王朝。

下半年，曾在欧洲夺去几千万人性命的鼠疫悄悄地越过中俄国境，在东北暴发了。

然而，此时的中国政治经济与社会文化发生烈变。1911年5月，清政府皇族内阁颁布"铁路干线国有"政策，将已归商办的部分铁路收归"国有"，与英、法、德、美等四国银行团签订《湖广铁路借款合同》。

清廷出卖筑路权的行径激起铁路沿线各地人民的反对。湖北咨议局召开大会抗议，疾呼"存路救国"。宜昌商股股东纷纷向铁路公司索回股本，铁路工人和附近农民起而支持，与官军发生流血冲突。华侨股东声明"誓死不从"，成立保路会进行抗争。

6月17日，四川保路会数十万人群起抗粮抗捐，进行暴动，清廷武力镇压，请愿群众死伤数百人，造成"成都血案"。中国同盟会会员龙鸣剑、王天杰等号召保路同志军乘机起义，引发全四川响应，紧接着湖南、湖北、河南、广东等省爆发保路运动。清王朝摇摇欲倒，气数已尽，中国民主共和的曙光即将来临。

时势造英雄，不平凡的年代也将造就了不平凡的人物。

平汉铁路（北平至武汉铁路）在河南省中南部的郾城站，距河南重镇郾城县城仅5里。此时，县城的大街商客三三两两显得有些恐慌，议论着保路运动的奇闻故事。

在城东门内有崇圣祠街，因为它毗邻着文庙，于是顾名思义而起名。文庙原来是供奉至圣先师孔子的地方，不知从何时改成了培养人的学校。

崇圣祠街为城的东街，路不宽不长，一眼就可以观其全貌。这里没有商业的喧闹，也没有车水马龙的欢腾。因为北面有圣人殿的缘故，这条街只有一排坐南朝北的门楼，青砖灰瓦，高挑飞檐，整齐地排列着，如同在门外的一列武士警卫着文庙。从街心向东望去，一座乌黑高耸的古塔在城头上，像是一位威武的将军在检阅列队的武士，让人肃然起敬。

在崇圣祠街文庙学堂附近路北的一个巷子里，有一处青砖青瓦浑然一体的四方小院。住有一户清贫的教师家庭，户主赵树梅，他是一个饱读诗书的私塾先生，清秀儒雅，为人和蔼而善良；女主人张淑贤，是一个大家闺秀，俊俏贤惠，待人温和而慈祥。夫妇二人孝敬老人、相敬相爱，备受邻里尊敬。

1910 年 7 月 23 日，赵树梅在巷子口满脸是汗、情绪焦急。见近邻大婶急匆匆而来，赵树梅忙作揖迎着接生大婶："大婶快请进，快请进，我媳妇快顶不住了。"

"没事、没事，赵先生，我到了准保没事！"

赵先生看着大婶进屋，他在院擦着汗打转转。

屋内，赵树梅的母亲帮着接生的大婶拿洗脸盆、倒热水、拿剪子……动作麻利，忙碌着。"淑贤，你憋住气，使劲，使吃奶的劲儿。"赵树梅的母亲在一旁叮嘱着。

"嗯——哎——"淑贤脸憋得通红，额头和脸上的汗珠往下淌着。

"赵老师，赵老师，你这书呆子快进来帮忙——"接生大婶在屋内喊道。

赵树梅不知所措地进了屋。

"快，快，上炕，搂住你媳妇的膀子，就个劲儿。"

赵树梅按照大婶的吩咐，上炕搂住他媳妇张淑贤的膀子。

"来，再来，一股劲向下使劲儿。"

张淑贤"欬——"使劲儿用着力。

"出来啦，出来啦，再使劲儿——"接生大婶高兴地鼓励着。

"生了，生了！"赵树梅母亲高兴地说道。

接生大婶一手托着孩子，一手擦着胎血。

张淑贤瘫软地躺下，闭眼喘着粗气。

赵树梅迫不及待地问："男孩儿女孩儿？"

"男孩儿，男孩儿——"大婶笑着放下孩子，收拾着脐带和胎盘。

"我有儿子了，我有儿子了，我有儿子了——"赵树梅兴奋地蹦下炕喊道。

张淑贤脸上也泛着笑容……

保路运动从最初的争取路权发展成为反对帝制反抗清王朝的革命运动，一举点燃了全国武装斗争的燎原之火。

中国的湖北武汉由武昌、汉阳和汉口三镇组成，特别是武昌，水陆交通呈米字形辐射四面八方，为全国的交通命脉。1911 年 10 月 10 日晚，新军工程第八营的革命党人熊秉坤打响武昌起义的第一枪。两天内，革命党人分别攻占汉阳和汉口。起义军掌控武汉三镇后，湖北军政府成立，黎元洪被推举为都督，改国号为中华民国。武昌起义胜利后，实施了除旧布新措施，各省纷纷响应。短短两个月内，湖南、河南、广东等 15 个省纷纷脱离清政府管制，宣布独立。

11 月，清廷宣布解散皇族内阁。12 月，孙中山从美国归国，17 省代表选举他为临时大总统。

孙中山，1866 年出生于广东香山（今中山市）翠亨村农民家庭，名文，字德明，号日新，后改逸仙。青少年时代受到广东人民斗争传统的影响，向往太平天国的革命事业。1879 年（光绪五年），孙中山随母赴檀香山，比较系统地接受西方式的近代教育。中法战争中，孙中山目睹清政府的卖国、专制和腐败，产生了反清和以资产阶级政治方案改造中国的思想。1894 年 11 月，孙中山在檀香山组织兴中会，以"驱除鞑虏，恢复中国，创立合众政府"为誓词。他与黄兴等人，以兴中会、华兴会等革命团体为基础，又在日本东京创建资产阶级革命党同盟会，孙中山被推举为总理。他在同盟会机关报《民报》发刊词中首次提出民族、民权、民生三大主义，简称"三民主义"，成为中国革命民主派的旗帜，使更多的人投身于反清革命。同盟会在华南各地组织多次武装起义，孙中山为起义制定战略方针。

1911 年 12 月 30 日夜到 31 日，冯玉祥与王金铭、施从云等一些"武学研究会"成员策动起义，在京畿之地滦州（今河北省滦州市）举起排满反清义旗。冯玉祥等人的起义虽然姗姗来迟，但他们毕竟临近京师，震撼着摇摇欲倾的清廷。

冯玉祥，1882 年 11 月 6 日出生于直隶青县兴济镇北街（现为河北省沧县兴济镇），后寄籍河北保定。原籍安徽巢湖，自幼在直隶保定长大。冯玉祥刚满 15 岁即当兵。他在父亲冯有茂的指点和管教下，开始向读书和修养方面努力，阅读《操法》《阵法》等兵书。1902 年 2 月 20 日离开淮军，改投袁世凯的武卫右军第三营，1905 年任连司务长、排长，深得右路备补军统领陆建章等器重。不久，冯玉祥成为陆建章的内侄女婿。1910 年被任命为第三营管带（营长）。

陆建章，1862 年生于安徽蒙城县立仓镇陆瓦房村，天津北洋武备学堂毕业。陆建章早年随袁世凯训练新建陆军，在军中历任哨官、先锋官、帮带兵部练兵处军学司副使、统领、总兵。

1912 年 1 月 1 日，孙中山在南京就任中华民国临时大总统，中华民国元年起始。自 1911 年 10 月 10 日（农历八月十九）夜武昌起义爆发至 1912 年元旦，孙中山就职中华民国临时大总统前后这一段时间中国所发生的革命事件，历史定义为辛亥革命，旨在推翻清朝专制帝制、建立全国性革命共和政体。

1 月 2 日，冯玉祥等人起义后在河北滦州宣布独立，成立"中华民国北方革命军政府"，并向全国发出独立通电，发表对内、对外的各种宣言和文告，大造声势，说明军政府的各项施政方针。这支义军还与天津等地的革命党人联络好进攻天津。可是当起义军准备进攻天津时，任军政府副都督的张建声与北洋军阀中的王怀庆暗通，以致王金铭等 14 人在交战中壮烈牺牲。起义失败后，冯玉祥被革职递解保定。

当时，清内阁总理大臣、北洋军阀领袖袁世凯派人与南方革命党人议和。为真正实现中华民国的民主共和、南北统一，孙中山于 1 月 15 日公开表示："如清帝实行退位，宣布共和，则临时政府决不食言，文即可正式宣布解职，以功以能，首推袁氏。"得到孙中山明确保证后，袁世凯便加快了逼宫的步伐，逼清帝爱新觉罗·溥仪退位。

大清宣统三年十二月二十五日，即公元1912年2月12日，清朝最后一位皇帝爱新觉罗·溥仪颁布了退位诏书——

奉旨朕钦奉隆裕皇太后懿旨：

前因民军起事，各省相应，九夏沸腾，生灵涂炭，特命袁世凯遣员与民军代表讨论大局，议开国会，公决政体。两月以来，尚无确当办法，南北暌隔，彼此相持，商辍于途，士露于野，徒以国体一日不决，故民生一日不安。今全国人民心理，多倾向共和，南中各省既倡议于前，北方诸将亦主张于后，人心所向，天命可知，予亦何忍因一姓之尊荣，拂兆民之好恶？是用外观大势，内审舆情，特率皇帝，将统治权公诸全国，定为共和立宪国体，近慰海内厌乱望治之心，远协古圣天下为公之义。袁世凯前经资政院选举为总理大臣，当兹新旧代谢之际，宜有南北统一之方，即由袁世凯以全权组织临时共和政府，与民军协商统一办法，总期人民安堵，海宇乂安，仍合满、汉、蒙、回、藏五族完全领土，为一大中华民国……

袁世凯当即致电南京临时政府和孙中山称："共和为最良国体""大清皇帝既明诏辞位，业经世凯署名，则宣布之日，为帝政之终局，即民国之始基"。1912年2月13日，孙中山被迫向临时参议院提出辞职。15日，临时参议院选举袁世凯为临时大总统。

在生活简单安逸的郾城，就是各地武装起义也不曾惊动城里的居民。只是一夜间，人们说他们自由了，在他们头上统治数千年的皇帝倒了，民主了，说话随便了……

夜晚，在炕桌前，赵树梅就着煤油的灯光，读完这个诏书感慨地说："大清朝皇帝退位诏书字数并不多，这短短的三百多字里，每一句都有着至关重要的影响。"

在炕桌的另一边的张淑贤刚喂完儿子赵伊坪奶，问："不就是皇帝退位不干了，对咱这小老百姓有啥影响？"

"有啥影响？影响大了，这不仅仅是皇帝退位这么简单，改朝换代了。大清朝灭亡了，社会变了，国家进入了民主时代，说话办事自由了。"

"自由了好！他爹，你说皇帝退位诏书咋还说'奉旨'，什么皇太后懿旨？"

"你算问到点上了。这说明皇帝说了不算，还得听听太后的意思。再说，小皇帝溥仪才几岁，哪懂得这些大事？"

张淑贤搂着伊坪，轻轻地拍着说："噢，原来是这样啊——"

阳春三月，袁世凯在北京就任民国临时大总统，中国进入了民国时期。

辛亥革命目的是推翻清朝的专制统治，挽救中华民族危亡，争取国家的独立、民主和富强。这次革命结束了中国长达两千年的帝王君主专制制度，使中国民主共和的观念深入人心。

2月29日（农历正月十二），驻防京畿的陆军第三镇发生兵变，其官兵大肆抢掠。袁世凯平息了兵变，对京师的拱卫不再信赖北洋六镇，决定编练备补军中、前、左、右、后5路，并且借此扩充兵力。他委任陆建章任总统府警卫军参谋官、左路备补军统领，负责编练左路备补军中、前、左、右、后5个营。

陆建章正在用人之际，而且他与冯玉祥又是亲戚关系，便召在保定的冯玉祥回京，委任冯为前营（第二营）营长。

据冯玉祥自述："余之沉溺于旧知识，匪伊朝夕，一旦受大刺激，恍若梦魇惊悸，豁然醒觉，又如身坠万丈深渊，仰首呼号，声嘶力竭，忽有人提而置之危峰之上，清风濯濯，涤我心脾，魂魄复收归吾体壳中也。自是，意旨大变，视满人如寇仇，誓必除之，而革命思想，充满脑海。"这是他一生的重大转机，自此之后，冯玉祥充满革命思想。

虽然冯玉祥被委以二营营长，但手下还没有一兵一卒。他再度当上营长后，冯趁着新春的喜悦，奉命到直隶景县招募新兵，随行的有中营（一营）前哨哨长宋哲元。这是冯玉祥一生建立自己队伍的开始。

到3月10日为止，冯玉祥顺利招满一营新兵。一个月后，冯率营开赴南苑，着手编练军队。在冯练兵之初，二十镇旧属前来投靠，其中有李鸣钟、张维玺、陈毓耀、韩复榘、谷良民、谷良友、许祥云等；应募入伍的则有孙良诚、刘汝明、石友三、佟麟阁、过之纲、冯治安、韩占元、曹福林等，这些人都是冯玉祥日后的得力干将，甚至有十多人在后来被称为冯玉祥西北军"十三太保"，声势颇壮。

盛夏又到了，青灰砖房的院子里，翠绿的石榴树上挂着火红的石榴花。赵树梅给伊坪起了个小名，叫廉越，希望他长大成为一名廉洁而又超越常人的人。伊坪呀呀儿语，也离手在院里走路了。

"伊坪，来来来，坐到这里，一周岁了，来让爹爹给你剪剪发了，剪剪发，头发长黑发。"张淑贤招呼着伊坪坐在凳子上。

赵树梅拿着剃头刀说："伊坪有福啊——民国了，男人再也不用留辫子了。"

"是吗？男人再也不用留辫子了？"

"那还能有假？政府都贴出剪辫告示了。大清朝被推翻，要重塑大汉风范，满清政府强制留辫子的制度彻底废除了！"

张淑贤给伊坪围上布单子："不留辫子好。男人不留辫子又帅气，又省多少事。"

"我不留辫辫，我不留辫辫。"伊坪嚷嚷道。

"不留，不留，现在就给你剪发了，低低头，一剪剪成小俊男。"赵树梅拿着刮刀，伊坪听话地低下头。头上的茸毛被赵树梅灵巧地用刮刀刮下来。

第二章

军阀混战图复辟，革命党人励志坚

1913 年 8 月，进入处暑，"左路备补军"改为"京卫军"，冯玉祥升任为左翼第一团团长，并奉令招编左翼第二团。当天晚上，就在原来统带的一营人中选拔了李鸣钟、张维玺等几位官长头目，带他们一起到河南郾城一带去招募新兵。

翌日，天还没有明亮冯玉祥等就起身赶往火车站，从北平动身的时候，东方正泛着血红的朝霞。

列车在平汉铁路上向南"咣当、咣当"地奔驰着。冯玉祥在车厢里扇着扇子，欣赏着沿路风光。大雨之后的平汉铁路两侧，西面太行如青龙起伏连绵，疾行于右；东面中原大地原野翠绿茫茫，玉米、谷子等庄稼一望无际，时而看见有穿白短衬衫的百姓在田间躬耕垄亩。

在郾城车站下车，他们就直奔县城——郾城古镇。郾城是一个水旱码头，码头上船头拥挤，鱼市呈现出一片蓬蓬勃勃的兴隆气象，城南面有一条大沙河，河水向下游临淮关奔流。河中下行的船快速向前驶去。它的上游通向许多重要的城镇。向上游的船舶被纤夫拉着，艰难地缓行。

他们到了县城，就找地方落脚。冯玉祥向来牢记着"冻死不入民房"的教训，把这句话拿来身体力行。至于住旅馆，就更不去想了。所以每次行军，冯部必住祠庙或空着的公所。这次在郾城，他们找到一家关闭的戏院，见戏院内有现成的木板床，当即就住了进去。因为大雨之后，里面异常潮湿，为了方便，他们就没有再另找房子。坐了十几个小时的火车，人都很疲乏，往床上铺上随身带来的军毯，躺下就呼呼睡去。可是想不到一觉醒来，他们周身如同针刺的一样，疼痛得厉害，把毯子掀开一看，席子上、枕头下到处是臭虫，多到令人头皮发麻。这戏院停止已久，臭虫都饿瘪了，一旦住了人，它们就馋饕地大吃一顿。戏子身上都好生疥疮，俗话说："不怕疥水，只怕疥嘴。"一夜的工夫，疥毒就传染到他们身上来了。这场恶疾，经过两个月，才慢慢地治好。

郾城这一带人烟稠密，年轻力壮的小伙子也多。冯玉祥亲自动员宣讲招兵政策。这一天一大早，冯玉祥等人军装整齐地来到郾城文庙大门前。当地县长让手下鸣锣开场。

清晨，在赵家小院的石榴树下，3岁的赵伊坪穿着短裤衩小手托腮、仰头，正在听父亲赵树梅学朗诵岳飞的《满江红》诗词："抬望眼，仰天长啸，壮怀激烈……"伊坪也跟着学着背诵。

伊坪奶奶坐在一旁，一边笑眯眯看着他们，一边纳着鞋底儿。

"锵锵锵锵……"外面的锣鼓声响起。

伊坪母亲张淑贤从屋里出来："廉越他爹，外面文庙有啥大事了？怎么锣声不断？"

"说的也是。"赵树梅若有所思地说道。

伊坪好奇站起来要出去。

赵树梅叫住伊坪："等等，你个小孩子不能一个人出去。"

"我也想去看看到底是啥事，咱一起带孩子去吧。"

"好啊！好啊！一起去，一起去。"说着，伊坪拉着父母两人的手往外扯着走。

来到崇圣祠街上，见文庙门前已围了一群人，赵伊坪兴奋好奇地说：

"快看快看，好多好多人。"张淑贤、赵树梅被伊坪扯到前面。

见几位军官在台阶上，小伊坪说："看，那是什么人物？好威风啊！我长大了也穿那衣裳。"

张淑贤扯了伊坪一下，让他别乱说。

看人集中得差不多了，冯玉祥走到中间，跟随来的几名官长分列两旁。县长在台阶上向下面的人喊道："大家静一静，大家静一静，下面请京城来的冯团长讲话。"

张维玺等随行的官长头目带头鼓掌。下面的人随着鼓掌，赵伊坪也拍起了小手。

身材魁梧的冯玉祥向前跨了一步，行礼讲道："河南郾城的父老乡亲们，我们是京城的京卫军左翼第一团团长冯玉祥，奉上峰之命来郾城招兵。我冯玉祥十余年来所为，无不以革命为立足点，所以，心有国家、有人民，不知其他。但凡有爱国爱民者，我爱之敬之，而拥护之，其有害国害民者，余恨之恶之，而反对之，或铲除之。皆以国家人民为前提，初无恩怨于其间。"

下面响起一片掌声。

"这次是招兵要到北京保卫京城的，那就像过去皇帝的御林军、禁卫军，不过现在是国民的御林军、禁卫军，叫京卫军。到那里可是大有前程的，这可是十分难遇的大好时机，机不可失时不再来。'同是郾城客，对床如弟兄'（宋代洪咨夔《送黎德升出守眉州》诗句）。

"我希望郾城的年轻力壮的好男儿带头踊跃报名，为国效力，为家光宗耀祖。"

又是掌声一片。下面的青年也认为这还真是个好机会，纷纷议论起来。想报名的问起有啥条件。

冯玉祥认真细致地回答："我这里只招收乡间质朴精壮的青少年，凡农工良民，没病没痛的，年龄在18岁至25岁，身高4尺8寸至5尺的，一律收录；凡面黄肌瘦，精神萎靡者，体高不够者，皆不要；凡从前入伍当过兵的一概不要。不但如此，还要有'三个精神'：第一，要有道德精神，为人要好，长得老实；第二，要有爱国精神，没有国哪有家？第三，要有军纪精神，军人要以服从命令为天职。你们能做到吗？"

"这些都没问题，能做到！"有青年回答说。

"这不是咱自家的廷选吗？"

"廷选叔，廷选叔！"伊坪激动地喊道。

赵廷选摆摆手向报名处走去。

张淑贤攥着伊坪的手不放。

"就去，就去，我也要爱国。"

冯玉祥在台阶上看着哈哈大笑："好好好，小小年纪都知道爱国，国家有幸啊！"

"俺报名""俺也报名"，下面的青壮小伙都纷纷举着手。

随行的李鸣钟此时挥挥手："大家安静，安静，俺叫李鸣钟，是咱河南商丘嘞，在冯团长手下当营长。想报名的，都到那边报名处排队，一个个来。"

"有咱老乡，这下就更放心了。"小伙们陆陆续续去报名了……

除在郾城招兵之外，冯玉祥还派出人员在逍遥镇、西华县、沈丘、项城等数处分头招募。整整一团人1600余名，在不到两个星期的时间就招足了额数。除赵廷选外还有梁冠英、田金凯、吉鸿昌等都是这次应募来的。郾城街上有朱姓兄弟两人，都是基督教徒，在牧师的介绍下也投了军。

虽然推翻了封建帝制，但封建帝制残余思想仍影响着不少人的思想，一时复古思潮猖獗，袁世凯梦想复辟，做起当皇帝的春秋大梦，1914年1月10日，袁世凯下令停止全部参众两院议员职务，并着手修改约法。2月28日，袁世凯下令解散各省议会。各地纷纷而起揭讨袁世凯，二次革命爆发。

5月1日，袁世凯废止《临时约法》，实行总统制，撤销国务院，随后，他公布省、道、县制，地方贪官横征暴敛，民怨载道，置民权民生不顾。

这段时间，左翼冯玉祥二团一、二两营移驻北京的齐化门（朝阳门）内丰备仓，第三营开驻河南新乡。在这期间内，在强化军事武术的训练以及思想品德教育之外，特别注重军纪的培养，所部驻扎之处，鸡犬不惊，秋毫无犯，深受人民爱戴，堪称军队模范，这也是一些有志之士加入冯部的重要原因。日后，冯军以军纪优良驰名于世，实际上正是肇始于此时。

7月8日，中华革命党在东京举行成立大会，孙中山正式任总理。

1915年12月，袁世凯称帝，护国战争爆发。

1916年3月，袁世凯取消帝制，6月病逝，中国进入了军阀割据时代。

第三章

惊世骇俗新文化，五四风雷震寰宇

1916 年，赵伊坪有了弟弟赵廉波，也就是赵晓舟（后曾化名赵炽阳）。

赵伊坪天资聪明。这天，他在炕边趴着，小手抚摸着刚满月的弟弟脸蛋儿逗着说："波波弟弟快快长，波波弟弟快快长，长大一起上学堂。"

伊坪母亲张淑贤在一旁做着针线活儿，笑着说："他爹你看这孩子像你，出口就是诗。"

伊坪父亲赵树梅自豪地说："这叫近朱者赤，近墨者黑。老子是先生，儿子怎么着也得是位诗人，你说是吧？"

伊坪抢着说："我既做诗人，又当革命军。"

伊坪母亲一边做着针线活儿，一边对伊坪父亲说："看你儿子，还要当革命军，比你强多了。"

"那当然了，既做诗人又当革命军，有志气，长大了能文能武，是个干才。"

张淑贤一只手对赵树梅点着说："就你能说。"

两人都笑得合不上嘴……

之后，赵伊坪有弟三人，二弟赵晓舟，三弟赵涵晖，四弟赵廉超。三弟是伊坪祖叔家的独生子，乳名叫泉，在堂兄弟中排行第三。

　　赵伊坪童年，那时候火柴还叫作洋火，用机器织的布还叫作洋布，漯河火车站那边才开始发展。生活在郾城，上元节到处是唱戏、玩龙灯、踩高跷、放烟火的。郾城县城里还弥漫着泥土气息，酒楼上划拳声、叫嚣声震耳欲聋，堂倌们奔走呼应，终日闹成一片。乡下人在街上窜来窜去，肩上背着沉甸甸的褡裢。药铺里药臼用一种无从形容的快乐而又天真的声调鸣唱着："叮叮咚咚，叮当叮咚！"

　　十字街口，锡匠店的锡匠在用木棒敲打锡叶子，然后裁开，打成茶壶、茶托、花瓶、烛台；较远一点，他的老对手铜匠用锤子工作着："喤喤，喤，喤喤喤"，将铜片子砸得展延开。

　　锡匠店对过有个零食摊，卖花生、瓜子、麻糖、梨枣、山里红等，招惹着孩子们流口水。零食摊是一位衙役的女人刘大妈开的，她生了个姑娘，叫"大刘"，但是，还没有生第二个，衙役就死了，但大刘的名号已经叫习惯了，小孩们喊她"大刘姐"。12 岁的大刘姐就在这种热闹的市井中替她娘守摊。她一面做针线，一面听车夫跟驴夫们闲聊。周围全是熟人，他们买她的花生，高兴的时候就逗她取乐。

　　这天，赵伊坪和孟林太太的女儿素姑不约而同来街上买东西。赵伊坪好奇地看锡匠店师父正在敲打锡器，见锡匠店的徒弟"虎头鱼"傻愣着看着对面的大刘姐，素姑也在对面买花生、瓜子。

　　素姑回头也看到"虎头鱼"在暗暗看着大刘姐，就向对面指了指，示意给大刘姐。

　　大刘姐包着纸包瞅了一眼，嘴角微笑了一下，不理他那傻样。

　　其实，大刘姐和虎头鱼两人从小就在一处厮混，她心里当然有数。平时她坐在小摊旁边，常看对过的虎头鱼脑子走私做错事。这时，虎头鱼见大刘姐瞅他，慌忙中手中的锤子落到另一根手指上，他哎呀哎呀地叫痛。

　　大刘姐幸灾乐祸地说："活该！"小素姑也笑得弯下了腰。

　　他师父痛骂着虎头鱼，懒蛋，臭小子。

　　伊坪向虎头鱼吐了一下舌头，跑到素姑跟前，素姑一手掂着纸包、一手拉起伊坪的手往前走。

预备送客出城的脚驴被拴在一排钉在墙壁上的铁环上，不安定地动着，项铃"叮当、叮当"响着。一个等待雇主的小车夫，每天赚一百大铜钱就像无忧无虑的皇帝，脸朝天上看着，躺在阴凉下唱着小曲儿。

可是一匹驴脚意外地压到了另一匹驴脚，被踩到的驴兴致大发，"哇哇哇——"地大叫起来，同时所有拴在路口的驴子都应和着叫起来了。

小伊坪和小素姑在一旁看着，听着那叫不尽的声音，笑得前俯后仰的——

这城里有个果园。不知为什么，居民特别喜欢那种像小苹果一样的沙果或花红的果树。立到高处一望，但见属于亚乔木的果树从长了青草的城脚起一直伸展过去，直到接近房屋。赵伊坪和弟弟常在果树林里玩儿。如果你恰好在秋天来到这座城里，你会看到伊坪后来的要好朋友作家王长简（师陀）所描写的："你很远很远就闻到那种香气，葡萄酒的香气。累累的果实映了肥厚的绿油油的叶子，耀眼得像无数小小的粉脸，向阳的一部分看起来比搽了胭脂还要娇艳。"果园正像云和湖一样装饰了这座小城。

当收获季节来了，果园里便充满工作时的窸窣声，小枝在不慎中的折断声，而在这一片响声中又时时可以听见忙碌的呼唤和笑语。人们将最大最好的、酸酸的甜甜的，像葡萄酒般香、像粉脸般美丽的果实放在篮里，再装进筐，然后运往大的城市，让世人享用。

伊坪有时会与素姑等街坊邻居的小伙伴儿们坐在果树底下，听果农讲述文峰塔的狐仙故事传说，还有"古怪老头"的故事、十二美女的故事。果农的朴实言语中，传说中的狐仙来来去去，古怪老头和他的女儿重新复活过来，又得到生息，说得他们活活地在你前面，说他们昨天还在这个城里。

有一天，虎头鱼的师父不在店里，为接洽生意到一个绅士家去了。虎头鱼决心想表示一下他对大刘姐说不出的心情和爱慕。他想出了一个方法，事先他向屠户讨了一把猪鬃，剪成约莫两厘米长，看准大刘姐在低头做绣活，他溜过去，然后悄悄塞进她的领子，他立刻逃走了。

"这个该死的东西！"大刘姐骂着追上去，从地上拾起木棒一直追进锡匠店，两个人扭起来，互相揪着、骂着、笑着，虎头鱼忽然搂住她亲了个嘴。

药铺的小郎中在柜台后看到起哄着，堂倌们、车夫们、驴夫们也一片笑声。

大刘姐臊得满面通红，赶紧朝墙角里躲起来了。她认为只当开玩笑，并不十分在意，谁知道这件小事却几乎催化了她的一生命运。她晚上回到家里，刘大妈劈头就给她一顿臭骂。骂她不仔细想想，妈辛辛苦苦把她抚养这么大，她万一毁到那个野种手上，妈靠谁过？

这恶语毒咒却真起了反作用，惹恼了她的好女儿。

大刘姐脸色苍白，说她一辈子再不出门！这衙役的寡妇最后屈服地哭起来了。

几天来，街头巷尾，人们在议论着衙役的寡妇、大刘姐和虎头鱼的闲杂逸事。晚上，赵树梅和张淑贤夫妇，打发伊坪和晓舟睡觉后也议论起衙役的寡妇、大刘姐和虎头鱼的事。

张淑贤说大刘这姑娘生得体面，做一手好针线活儿，谁又看见过有才、有貌，反不高傲、没有脾气的人。还怕大刘嫁不出去？

赵树梅讲到大刘娘原本跟衙役并不是本地人，并不曾正式嫁娶，当初只为不肯认命，背着父母双双私奔出来。她自己风流过，但是也尝到风流的苦药了，况且自从衙役死后，大刘姐成了她最后的"财产"，犹如猎人捕捉鸟兽，她张上网专门等待一个老浪子有钱好色的，肯以她女儿补偿她先前失去的老本。

大刘姐有血性，有主见真说话算数，她说不上十字街摆摊了，果然不再上十字街摆摊了。

半年后大刘姐嫁了人，满足了他娘的心愿，做了衙门里一位师爷的姨太太。没有人想到她当初是否甘心，凡是人家替她安排的她全接受。每逢她打扮得花枝招展出来，或到绅士家拜访或去看戏，老相识们便谈论她和她妈，在背后奚落她们"有福"。

没多久，县官调动了，接着她们就离开了郾城，她的娘亲打扮得真像老太太似的跟他们走了。

1917 年，这时候新文化运动已经开始。在民国初年新思想的影响下，随着陈独秀所创办的《青年杂志》（后改名为《新青年》）等刊物的发展以及白话文运动的推动，自由、反抗传统权威等思想，影响了学生以及一般市民。

在他父亲赵树梅的启蒙教导下，赵伊坪 7 岁入郾城县立高等学堂求学。在这亘古未有的历史巨变、社会动荡大潮中，他幼小的心灵天天经历着新的事物，让他应接不暇。

10 月，俄国革命胜利，在北京，北京大学、北京高等师范学校（现北京师范大学）等高校获得进步思想的影响，尤其是北京大学，在校长蔡元培的领导下，提出了"思想自由，兼容并包"的办学方针，开"学术"与"自由"之风。他聘请于北大任教的李大钊、陈独秀、胡适、辜鸿铭、刘师培、鲁迅（周树人，教中国小说史）、钱玄同（教音韵学）、吴梅（教戏曲史）、刘半农（教新文学）等，注重培养学生独立自主、开放进步的思想和精神。

第一次世界大战期间，欧洲列强无暇东顾，日本趁机加强对中国的侵略，严重损害了中国的主权。中国人民的反日情绪日渐增长。从 1918 年11 月的"公理战胜强权"庆典，到 1919 年 1 月的巴黎会议，短短两个月时间，当时的中国充分诠释了"自古弱国无外交"的定律，所谓的"公理战胜强权"不过是一个美丽的童话。英、美、法、日、意等战胜国在巴黎召开对于德国的和会，简称"对德和会"，决定由日本继承德国在中国山东的特权。中国是参加对德宣战的战胜国之一，但北洋军阀政府却准备接受这个决定。这次和会上中国外交的失败，引发了伟大的五四运动。

面对这样屈辱的局面，从 1919 年 5 月 4 日开始，北京的学生纷纷罢课，组织演讲、宣传，随后天津、上海、广州、南京、杭州、武汉、济南的学生、工人也给予支持。这场运动是以青年学生为主，广大群众、市民、工商人士等阶层共同参与的。通过示威游行、请愿、罢工、暴力对抗政府等多种形式，进行彻底的反对帝国主义、封建主义的爱国运动，史称"五四运动"，又称"五四风雷"。

在新文化运动、五四运动的影响下，赵树梅萌生让赵伊坪走出去闯荡的念头。随着伊坪步入风华少年，再加上他刻苦学习、努力向上的精神，作为教师又为父亲的赵树梅，在为伊坪谋划上京学习的机会。

随着依稀的时间过去，自从大刘姐出嫁随之人走他乡，谁也没留心漯河、郾城从哪一天起，郾城这个县城地方经济中心渐渐已转到漯河车站那边，车站原是只有几座怪房子的旷野，现在人家建筑了许多更大的房子，形成了横七竖八的街市。

乡下人不再为了半斤砂糖进城，他们粜粮食到火车站去，买花布到火车站去，开眼界看热闹到火车站去，那里有专门为他们开设的各种商店、行庄和戏场。

1924 年夏，赵伊坪从郾城县立高等学堂毕业后，他父亲赵树梅托在冯玉祥革命军任职的伊坪族叔赵廷选的关系，使伊坪有了到北平冯玉祥部官佐（营团长以上官佐）子弟学校——"北京育德中学"读书的机会。在族叔赵廷选的资助保送下，赵伊坪和堂弟（赵廷选的儿子）被育德中学录取。

这天一大早，赵伊坪与父母来到漯河火车站。车站广场上，14 岁的赵伊坪面目清秀，英俊潇洒，高挑的身材穿着白净的短衫、深色长裤，脚穿布底新鞋，这真是生机勃勃的风华少年。

与他同行的堂弟在一旁和家人腻腻歪歪，不想离开家。赵树梅劝说，北京原先是皇帝住的地方，是全国最好的地方，在那里上学就等于上的皇家学校，一般家的孩子可到不了那里上学。听大人的话，好男儿志在四方。

伊坪也劝堂弟，你爹在那边接咱们，去看你爹应该高兴才是。伊坪一手扯着堂弟，一手拎起堂弟的行李，堂弟有了笑脸。赵树梅掂起伊坪的行李送站。

进站后，他们乘上平汉铁路北去的列车，走上了人生关键的征程。赵伊坪拎着两个箱子，堂弟在后跟着，在车上找到两个临窗的位子，他俩将手提藤箱放在行李架上，与旁边座位的乘客点头示意坐下。

那时的火车以每小时 30～35 千米的时速向前行驶着，赵伊坪心潮澎湃向窗外望着。旷野、远山像画卷似的向后不停地舒卷着，稀疏的杨柳忽闪忽闪跑过，阡陌田畦、远村茅舍，也都慢慢地向后飘逸而去。

河南郾城距北平 1100 多千米，这一路上，车厢的人满满的，虽然窗外禾苗吐绿，但车厢内闷热泛着汗腥味道，吵嚷声、叫卖声、咳嗽声，还有孩子的哭啼声，交汇着纷乱嘈杂。伴随着"咣当咣当"的火车行驶的声音，让人觉得困乏不已，两天一夜才到京城。

在北京前门一侧的火车站，冯玉祥部队的军车将下火车的新生接往在北平南郊团河宫的"北京育德中学"。

赵伊坪少年时代

赵伊坪毕业证书

第四章

育德汇文育新人，革命风暴卷巨浪

育德中学是冯玉祥创办的第十六混成旅军官子弟学校，1922 年的春夏之交迁址于北京南郊团河宫。冯玉祥易校名为"育德中学"。

团河行宫始建于清乾隆四十二年（1777 年），其位于南苑西南之黄村门内侧，宫墙周长约 2000 米，占地 26 公顷。它是清代占地最广、规模最大的行宫建筑群落，曾拥有各类殿宇、房舍 600 余间，为南海子皇家苑囿内四座皇帝行宫之一。乾隆皇帝在营造团河行宫时，借鉴了江南园林建筑布局的特点，掘土成湖，积土为山；周垣四里，逶迤突兀；山林水色，殿宇轩昂。团河宫清幽雅致，景色绚丽，是一处不逊于江南，胜过苏杭的皇家离宫别苑，被称为京都第一行宫。

根据史料记载，团河行宫内的宫廷建筑区被分为东西二所。在经过护宫河的石桥之后，迎面可见一对铁狮居于西所大宫门之两旁。铁狮铸工精细，栩栩如生。大宫门的左右，分别为东西朝房与御茶房、寿膳房。待步入大宫门且再入二宫门后，迎面乃是由太湖石堆砌的假山，上镌刻"云岫"二字，其为乾隆帝御笔。假山下有三洞府，互相连通，两旁是东西配殿。转过云岫峰北行，是第三进"璇源堂"，殿内额题"时与天游"，这里乃是乾隆帝的书堂，他经常在此接见臣僚，处理日常事务。

至于行宫东所在其二宫门以内。宫门处有一对麒麟抱鼓石，入宫门后则是清怀堂，此乃太后的寝宫。寝宫身后的殿宇被称为储秀宫其被用作后妃们的住所。

自乾隆时代开始到光绪诸朝，但凡皇帝谒陵（赴清东陵、西陵）、围猎、阅兵等，皆以此地当作第一等重要的驻跸之地。这里留有乾隆御碑，即清乾隆四十五年（1780 年）至清乾隆五十三年（1788 年）的御制团河行宫诗作 4 首。御碑亭西面的碑文，或许就是传说中于南海子早已矢传的《罪己诏》。

这种情形，一直持续到光绪二十六年（1900 年）之庚子国变。八国联军侵入北京的同时，也洗劫了南海子。团河行宫与南海子内的皇家行宫寺庙均惨遭破坏，终被清廷闲置不用。到 1921 年，民国政府决定将南海子（南苑）内各行宫所剩的陈设全部移至北京故宫，团河宫等行宫被彻底遗弃了。之后，很快被进驻南苑的冯玉祥发现、利用，于是，冯玉祥将育德中学迁进了团河宫。

育德中学校长是爱国民主人士余心清，生于 1898 年，安徽合肥人，与冯玉祥也算是老乡。他 1920 年毕业于南京神学院，1927 年毕业于美国哥伦比亚大学行政系，和胡适、顾维钧、陶行知、徐志摩等人都是校友。他号称"红色牧师"，很早就声名鹊起，深受西北军爱国将领冯玉祥的赏识，冯玉祥特聘他为育德中学校长。他不仅准许学生阅读进步书籍，还允许成立学生自治组织。

秋初开学，赵伊坪和同学们一样，身着军人校服精神抖擞地列队参加典礼仪式。冯玉祥将军亲自带领有孩子入学的家长军官到育德中学校出席仪式，在校长余心清的主持下，典礼仪式开始。他介绍了学校的情况和制度，严明了学校纪律。

他讲到，学校的校规是严格的，学生平时不准无故出校门，只有星期天才可以出校游玩。由于学校规定不准坐人力车，不准吃零食，不准进戏院，所以学生出校，来回都得徒步。学校还有另一特点：学生生活用品一律由学校贩卖部供应。学生随身带着收据，学习需用的由教务长批发，生活用品由斋务长批发，月终由学校会计汇报陆军检阅使署军需处，军需处从学生家长饷项中扣回。

随后，余心清请冯玉祥讲话。在热烈的掌声中，冯玉祥站起来进行讲演，他讲演的题目是"不当双料少爷"。

冯将军强调：我给育德中学规定的校训是"勤工苦读"。育德中学的学制是四年制，校方规定中学部的学生，每人必须自学学会一种工艺，否则不准毕业。另外学校有工艺班，那是专为超龄小学生设的，在教员的指导下，学习木工、皮革、编织等技术。在我们这样贫穷落后的社会里，能上得起学的就是少爷；你们是本军军官的子弟，又是少爷。你们这个双料少爷千万当不得，要勤学苦练，练好本领，将来做一个救国救民的人。

仪式结束后，家长军官与入学的孩子见面。赵伊坪族叔赵廷选见到伊坪后，介绍说这儿有不少的河南老乡，他把一位叫彭修道（彭雪枫）的老乡介绍给伊坪。

彭雪枫主动自我介绍是河南省镇平县七里庄的，教你们语文。

赵伊坪认识了老乡，又是自己的语文老师，高兴得跳起来。

彭雪枫（右一）同育德中学同学合影

这时的彭雪枫 21 岁，他器宇轩昂，一表人才。在校长余心清和进步教师的指导和影响下，他读到了《布尔什维克的胜利》《新青年》等进步书籍。出生在农村的他，深知底层人民的悲惨现状。他耳闻目睹了革命导师李大钊先生的讲演，先生慷慨激昂的言语点燃了他的人生理想。他想，如果只是为了自己奋斗，那么人生将多么苍白无力啊！于是，他要求参加共产主义青年团，带领着育德中学的同学们，开展反帝反封建运动。

育德中学犹如一所军事学校，学生身着灰色军衣，头戴大檐帽，帽徽为"育德"二字，从陆军检阅使署派来的军事教练负责带队。学生上街、洗澡也要排队去。学校的体育活动包括各种田径项目和各种球类以及单杠、木马，在武术方面有拳术、劈刀，都请专门教练来教授。在校长室门口，竖立军棍两条，军棍上刻有家长姓名，喻示是学校代家长管学生。

赵伊坪在这样的环境下学习，除了学习书本知识，还受到严格的军事训练。在这里，学习与生活完全采取军事化管理的方式，他们身着军装、头戴军帽，每天除去课堂学习，还要站岗放哨，操队列，练射击。

这一天，彭雪枫召集几位同乡和要好的同学聚在一起，赵伊坪俊逸的脸颊戴着眼镜，穿着长衫，一副很有气质、很有风度的知识分子形象出现在大家面前。

彭雪枫说道："今天我给大家介绍一位河南小老乡，赵伊坪同学，大家欢迎一下。"

"赵伊坪同学是咱河南郾城县城里人，父亲是教师。入学后，他学习刻苦，成绩不错。别看他小，眼睛近视，但很朴实，诚恳待人。"

赵伊坪不好意思地站着敬礼："学长好！彭兄过奖，初次到京城，眼拙愚笨，还望学长们多多关照多多指教。"

彭雪枫接着介绍了牛连文，是河南柘城的，1904 年出生。牛连文除了上学，校方还安排他在图书馆帮忙。

接着介绍了路庭训，是河南扶沟县城的，宣统皇帝登基时候生的。他家是一个大户人家。

同学王志远自我介绍，1907 年生的，直隶滦县侉城人。他哥是第三路军总指挥韩复榘的军需处长王向荣。

接着，彭雪枫介绍张维翰，从天津卫读书，与他又一起来到这里。直隶省馆陶县人。他二哥张维玺为生活所迫入冯玉祥部队当兵，后因战功卓著而不断得到提升，到 1920 年时已升任第十六混成旅步兵第三团团长，也便有了随母亲到北京上学的机会。

随后，彭雪枫做了自我介绍。他出生于 1907 年，河南省镇平县七里庄的，这个大家也都知道了。自幼学习武术，4 岁时跟随爷爷（彭如澜）读书识字。五四运动的那一年，他 12 岁只身一人来到天津投靠他的伯父彭延庆，想进入南开中学读书。他五叔彭禹廷在冯玉祥部队任职，因彭禹廷是冯玉祥"十三太保"之一张之江师长举荐的，所以深得冯将军的重用。在彭禹廷的举荐下，他被破格录取。在第一学期时，学校没有收取他的学费。第二年，彭禹廷后到西北革命军旅部任书记官兼军部法官，鞭长莫及，秋季，顾及不了他，学费交不上，但他却得校长余心清照顾，学费先欠着，还让他在该校小学部教语文，每周 7 个小时课时，月酬 10 元。

彭雪枫还介绍了学校及校长余心清先生的情况。余心清思想开明进步，提倡学习新文化，接受新思想影响。他还给学生介绍了北大文学院图书馆馆长李大钊先生、北大教授陈独秀、鲁迅、胡适等先生。彭雪枫要大家积极响应李大钊提出的"中国青年向黑暗搏斗"的号召，投身到工农群众中去，为谋求劳苦大众的翻身解放，为中华民族的独立自由。

北京既是新文化的发祥地，又是五四运动发源地。开学时间不长，赵伊坪就在同年级里崭露头角。虽然他年龄较小，但各方面的成绩很突出。赵伊坪很快接受新文化和爱国运动的影响，阅读到《新青年》《向导》等刊物。他不仅是李大钊、陈独秀、鲁迅等所写文章的热心读者，也是他们提出的政治主张的积极拥护者。进步书刊鼓舞着伊坪逐渐走上了革命的道路。

　　北京的秋天，天高气爽、云淡风清。星期天一大早，赵伊坪、牛连文和王志远徒步进城，想感受一下京师文化和风情。走在凉爽宜人的校园外，做了个深呼吸，空气就像被净化的一样，让人感觉很舒服。仰望天空离人们很远很远。眺望远处的山峰起伏，轮廓清晰可见，层叠无限。市内路旁的花簇香气扑鼻，菊花散发出了诱人的清香，那烤红薯的味道入人心扉，让人垂涎欲滴。他们过了前门向琉璃厂走来。

　　琉璃厂在紫禁城西南，当时的汉族官员多数都住在附近，后来全国各地的会馆也都建在附近，它起源于清代，当时各地来京参加科举考试的举人大多集中住在这一带，因此在这里出售书籍和笔墨纸砚的店铺较多，繁华的市井，便利的条件，官员、赶考的举子也常聚集于此逛书市，逐渐形成了较浓的文化场所，成为京都雅游之所。

　　原先这里并不是城里，而是郊区，叫"海王村"。后来，元朝这里开设了官窑，烧制琉璃瓦。到明嘉靖三十二年（1553 年）修建外城后，这里变为城区，琉璃厂便不宜于在城里烧窑，就搬迁到门头沟了，但"琉璃厂"的名字则被保留并流传下来了。

　　街道两旁都是一家挨一家的低矮店铺，店的门脸多数是一两间。他们走到琉璃厂古旧书店，走进去看看。一进门，眼前四壁都是书架，摆满了书籍，每本书都附有标签，上边写明书目和价目。

　　里间屋的临窗都有一张榆木擦漆的八仙桌，桌两旁是太师椅，壁间悬挂着对联，赵伊坪看看这边对联饶有兴趣地念道："得好友来如对月，有奇书读胜看花。"

　　他又看看那边："万事莫如为善乐，百花争比读书香""养心莫善寡欲，至乐无如读书"……

　　伊坪浏览着书架上的书伸手要拿，被牛连文拦住："别介，这是中国最大的古旧书店，专门收集我国历代古籍、碑帖、拓片、各类旧书、报纸杂志的，发售新印古籍，还兼营文房四宝。你看得过来吗？咱今天是来逛街的，你这样别的就逛不了了。"说着就往外走。

"你在图书馆帮忙，见的书多，我这不是没见过这么多书吗？"赵伊坪跟上来说。

牛连文没说啥，他们沿街向西走着，见两面许多著名老店，如槐荫山房、古艺斋、瑞成斋、萃文阁，还有商务印书馆、中华书局等，让赵伊坪目光应接不暇。

琉璃厂最著名的老店则是荣宝斋，因荣宝斋等出名的文化老店而享有盛名。荣宝斋的前身是"松竹斋"，光绪年间取"以文会友，荣名为宝"之意，更名为荣宝斋。出名的文人墨客常聚于此，名家书画展示于窗前，引来人们的观赏，成了琉璃厂的一道风景。说着看着，见著名书法家陆润庠题的"荣宝斋"匾额，他们便上了台阶。

牛连文和王志远先从荣宝斋出来，见有几个女生在绣品摊看绣品，有两位女生则在一边议论着什么神秘大事。

一圆脸女生说："一个空降校长可真是的，南方受洪水灾害，江浙又战乱，咱们'女师大'几个学生未能按时到校，就抓住这事不放，我一想起这事儿就气愤。"

"是啊——和自己关系好的学生却放过不问，她还勒令国文系预科三名学生退学，这有失公平。"另一长脸女生气愤地说。

"这也难怪学生和教职工不满，咱学生会向教育司反映，他们也不当回事。他们不管，按咱们几个主要成员商量好的，把'驱杨运动'公开化，把事情做大，引起社会关注。"

"这位同学，啥是'驱杨运动'？"王志远凑上去问。

"你们是？"圆脸女生惊觉地打量着身材高大的王志远问。

"我们是育德中学的学生。"牛连文忙说。

长脸女生说："我们女师大校长姓杨，校长古板，不分青红皂白，开除学生，有失公平，上级又不管。所以，我们学生自治会正在搞‘驱杨运动’。"

"有这事儿，我们支持你们。"王志远挥着拳头说道。

"支持什么？"赵伊坪从荣宝斋出来问道。

"看得挺快。感觉咋样？"牛连文问。

"感受颇多。荣宝斋，这三字金匾聚集人气，闪烁着润泽的荣光。文化鸿儒、丹青巨擘往来于此，使这座艺术殿堂熠熠生辉、光泽照人。琉璃厂古香古色的街道，体验了胡同里的北京文化。品味翰墨书香，感受士子文化。"

"这位学弟，谈吐不凡，也是育德中学的？"圆脸女生好奇地问。

"是，别看他年龄小，才学出众。"牛连文夸道。

"你们刚才在议论什么？"赵伊坪问道。

圆脸女生把女师大的"驱杨运动"大致说了一遍，随后微笑着主动地说："我们学校就在附近不远，石驸马大街。咱们认识一下吧？"

赵伊坪说："好哇！我叫赵伊坪，我和这两位学兄牛连文、王志远，都是育德中学的。"

圆脸女生笑容可掬地说："我是江西南昌的，女师大英语系学生。"她指了指长脸女生，"她叫许广平，广东澄海人，鲁迅先生的追随者。"

赵伊坪等流露出惊讶的神态。许广平说她曾有一次，鲁迅刚出的一期期刊，她包圆儿，全给买下了。

赵伊坪竖起大拇指说："了不起，你们学生会的活动我也支持，我们还会争取全校支持你们的行动。"

刘和珍、许广平抱拳致谢。

没多久，"女师大风潮"爆发，成为整个北京教育界的议论话题，地处城南的育德中学的师生们也不例外，声援女师大运动。

北京的秋天，各样色彩从四面八方拢聚到这里活蹦乱跳的，充满了生机。黄就黄得炫目，红就红得澄眼，绿就绿得深邃，就连天上的白云也像鸡毛一样，在瓦蓝瓦蓝的天空中白亮白亮地飘荡。

冯玉祥发动北京政变，囚禁了总统曹锟，他致电邀请孙中山先生北上共商国是。孙中山接受邀请后，于1924年11月10日发表的一篇反帝反军阀的时局宣言，即《北上宣言》。

北京开始寒冷了。人们感觉到了初冬一丝凉意，各个戴上了帽子和手套。在育德中学活动室里，彭雪枫、王志远、牛连文、赵伊坪要好的同学在谈论着孙中山先生北上话题及组织学生自治会事宜。

《北上宣言》中提出："召集有现代实业团体、商会、教育、大学、各省学生联合会、工会、农会、共同反对曹吴各军及政党等九种团体代表与会的国民会议预备会和正式的国民会议，以谋祖国的和平统一和建设。"宣言重申："北伐之目的，不仅在推翻军阀，尤在推翻军阀所赖以生存之帝国主义，力求在中国实现三民主义。"

彭雪枫坚定地说："孙中山先生的这一主张得到中国共产党人的大力支持和全国民众的拥护，《北上宣言》的发表促进了民众的反帝反军阀思想。李大钊受党的委托，奔走于广州、上海、北京之间，正在帮助孙先生改组国民党为建立国共合作的统一战线做贡献。"

王志远招呼大家靠近悄声地说，听国民党内部熟人说，孙先生偕夫人宋庆龄等乘军舰已离开广东，从海上正在北上。

12月4日，孙中山先生抱病抵达天津。冯玉祥命鹿钟麟负责孙先生的接待及警备工作。在天津调理了一下身体，31日孙先生抵达北京，受到中共北京区委、共青团北京区委、国民党北京执行部组织的2万群众的欢迎。彭雪枫、赵伊坪等参加了欢迎活动。

同日，孙中山发表书面谈话《入京宣言》，其中言道："文此次来京，曾有宣言，非争地位权利，乃为救国。"

由于劳累和北方时局逆转带来的影响，孙中山的病情骤然恶化，病重住院。其间，国民党中央政治委员会多次召开会议，通报孙中山的病情并讨论应付时局的办法。决定由孔祥熙等会同家属筹备后事，由宋子文、孙科、孔祥熙、汪精卫等草拟遗嘱。1925 年 3 月 11 日，孙中山在遗嘱上签字，形成《国事遗嘱》《家事遗嘱》和《致苏俄遗书》。

3 月 12 日上午，孙中山先生溘然长逝，享年 59 岁。对于孙中山的逝世，国共两党组织各界民众进行哀悼活动，广泛传播孙中山的遗嘱和革命精神，形成一次全国规模的声势浩大的革命宣传活动。

3 月 23 日，孙中山的遗体被从北京协和医院送往天安门西侧的中央公园举行公祭，停灵之后，中央公园改名为中山公园。当天，中国国民党在北京中央公园举行孙中山先生公祭仪式，包括育德中学在内的在京的师生参加了公祭仪式，各校学生从中央公园一直排队到协和医院接灵。

从北京协和医院到中山公园之间，短短两三公里的路程中，聚集了 12 万民众自发地为孙中山先生送行，场面十分壮观。

3 月 24 日至 4 月 1 日，孙中山先生的灵柩在中山公园停灵公祭，前来祭奠的各界人士和市民络绎不绝。

育德中学校长余心清专门安排师生集体定做黑袖章，参加公祭活动。彭雪枫、王志远、赵伊坪和牛连文等师生积极分子组织学员佩戴黑袖章，整队去中山公园瞻仰祭奠孙先生。

来到中央公园大门前，祭奠的人群络绎不绝。赵伊坪他们就见门口庄严肃穆，革命军站在两侧，新搭建的灵柩牌坊横楣上悬挂着刺绣出的"天下为公"四个大字，瞩目起敬。

随人流走进吊唁大厅，灵堂的正中，贴上了孙中山献上遗嘱的全文。灵堂两边悬挂着孙中山先生的遗嘱作为对联："革命尚未成功，同志仍需努力。"用张裕钊字体对联，白底黑字，刚劲有力，古穆深邃。"革命尚未成功，同志仍需努力。"赵伊坪心里默念着这副对联，感受到自己的使命和责任在肩。他眼里含着泪水和师生们在孙中山先生遗像前肃立三鞠躬，徐徐离开灵堂。

他们走出中山公园时，王志远用臂肘碰了一下赵伊坪，并向西示意，赵伊坪扶了扶眼镜望去，见北师大女生们急匆匆地从西而来，走在前面的正是上次在荣宝斋附近遇到的刘和珍和许广平两位女生。

王志远向她们挥挥手，刘和珍和许广平走到近前。赵伊坪问：她们怎么这时才来？许广平带着气愤说道："别提了，还不是因为我们那位杨校长吗？"

赵伊坪有些纳闷地又问："怎么回事儿？"

刘和珍说我们代表学生会向校长杨荫榆请假，要参加公祭仪式，可杨校长就是不许她们来，争取了半天，也没同意。她们不顾一切硬来了。

"不说了，我们先去吊唁孙先生，以后有机会再聊。"许广平催促道。

赵伊坪等向她们摆摆手示意快去。

看着她们走进中央公园大门，赵伊坪、王志远等才离开现场。

在举行隆重的公祭之后，4月2日，停放在中央公园的孙中山灵柩移往西山碧云寺。在隆隆的礼炮声中，数十万群众夹道为灵柩送行，整个中央公园人山人海，前来送灵的群众自发地喊起口号，声讨军阀，声讨帝国主义。在送灵的队伍中，当时的国民党要员、共产党要员以及社会各界领袖为孙中山抬棺。

在移灵柩往香山时，30万人护送队伍到西直门，育德中学师生参加了护送队伍。随后，由2万人从西直门步行送到西山碧云寺。

赵伊坪平时学习刻苦认真，成绩一直在班级名列前茅，很受学校老师甚至校长余心清的关注。他在同学中平易近人，很受同学们喜爱。但同来的堂弟贪玩，学习成绩上不去，嫉妒伊坪学习好、在学校人缘好。有时生气撕扯伊坪的作业本，甚至撕扯伊坪的奖状。伊坪处处让着他、帮助他，从不与他计较。

5月7日是全国"国耻纪念日"，该日将要到来，彭雪枫单独叫赵伊坪到校园二宫门后的假山云岫峰前。在峰下的三洞府口，彭雪枫停下，望着前面是三进院的璇源堂大门，左右绿树成荫，透着清凉，野花绽放，飘逸着芬芳。他惬意地说："伊坪，这里僻静，咱在这儿唠唠。"

赵伊坪从内心里把彭雪枫当作兄长，也当作偶像。知道与自己单独谈话，应是有重要话要讲，所以伊坪立正站着问："彭兄，您有啥话我都听得进去，哪有缺点就给我指出来。"

彭雪枫拉伊坪一起坐在石凳上说："你成绩非常出色，各方面都很优秀。这些同学朋友也都看得出，你很招人喜欢。我就觉得你是我一生的莫逆之交。这莫逆之交，就不用再多说了，我都知道你跟我是一条心，我都知道你跟我绝对的革命观念是一致的，三观是完全一致的。"

赵伊坪感激彭雪枫对他的抬爱，说彭兄在他心目中就是亲大哥，并一生都听彭兄的。有啥任务就交给他。

彭雪枫向赵伊坪说明，明天 5 月 7 日，是全国"国耻纪念日"，学生会除安排张贴标语宣传外，在明天早操后，搞一个国耻纪念日讲演会。他说伊坪思路敏捷，文笔好，口才又好，大家认可。想让伊坪上台讲演，痛斥日本军国主义，激励同学们爱国热情和奋发向上的意志。

赵伊坪知道彭雪枫这样安排是给他这个锻炼成长的机会，他表示好好准备，努力发挥好。

第二天早上，育德中学校园已到处是"勿忘国耻"等标语。学生早操后成方形矩阵整齐站在广场，赵伊坪精神抖擞地健步上台讲演：

尊敬的余校长，敬爱的老师和教官，亲爱的同学们：

10 年前的今天，也就是 1915 年 5 月 7 日，日本军国主义强迫中国反动政府签订二十一条的那一天。这一天，各地青年学生尤为悲愤，有的愤而自杀，有的断指写血书，有的要求入伍，请缨杀敌。北京商会定 5 月 7 日为国耻日，全国教育联合会则决定各学校每年以 5 月 9 日为"国耻纪念日"。"勿忘国耻"的标语在全国各处都可以看到，或涂写在墙壁上，或附在商品的商标上，或印在信封上。湖南一师的师生集资刊印《明耻篇》，毛泽东愤然题诗言志："五月七日，民国奇耻；何以报仇？在我学子！"

勿忘国耻，吾辈当自强；人民如大地，亦如钢铁长城；英雄为脊梁，亦为国家之魂魄。我们作为国民革命军的学员应像那时的志士仁人，有冲天忧愤、报国大志，同仇敌忾。树我中华民族不屈不挠之精神，砥砺奋进，唤起民众爱国热情，捍卫家园主权。梁启超先生说："故今日这责任，不在他人，而全在我少年。少年智则国智，少年富则国富；少年强则国强，少年独立则国独立；少年自由则国自由；少年进步则国进步；少年胜于欧洲，则国胜于欧洲；少年雄于地球，则国雄于地球。"

觉醒吧，同学们！奋起吧，同学们！"不忘国耻，振兴中华！"我们是将来民族的脊梁、民族的未来、民族的希望——

赵伊坪的讲演思想积极，感情饱满，震撼人心。在场的都报以热烈的掌声。

随后两天，赵伊坪惊奇地收到了女师大刘和珍的来信，信中说道：

学友伊坪：这几天我北师大姐妹气愤不已。5月7日，我们组织召开国耻纪念大会。杨荫榆进入场要按迂腐的论调讲学生该不该的问题，讲"参加爱国的政治运动也是不务正业，会败坏学校的风气"。当时遭到我们的反对，让同学将她请了出去。事后觉得欠妥。但杨让在教育部供职的历史教员威胁我和许广平，让她俩代表大家向杨认错，否则要被开除学籍。当时我认为别无选择，表示：宁死不屈，决不认错。心存郁闷，愿吐心声，表达意志，请学友明鉴，以励心志。……

赵伊坪看后，心潮澎湃，一个面含微笑的文弱女子，尚能慷慨厥词，有胆有识，刚强有嘉。他回信致意声援。

5月20日，女师大校长杨荫榆在《晨报》上发表过《教育之前途棘矣》宣言文章。文章痛斥学生极端行为，强调此次风潮实为少数人把持，使矛盾进一步激化。

鲁迅对风潮本无上心，但风潮持续升温，校方开除学生、动用军警、压迫学生，他再也看不下去了。杨荫榆宣言一出，便拍案提笔拟稿，联合马裕藻、沈尹默、李泰棻、钱玄同、沈兼士、周作人共7人联名在《京报》上发表《对于北京女子师范大学风潮宣言》，表示坚决支持学生。文章抨击杨荫榆并力证学生"平素尤绝无惩戒记过之迹"。此时的女师大风潮已经变成北大兼职教员和学生自治会联手对抗杨荫榆的局面。

5月，上海、青岛的日本纱厂先后发生工人罢工的斗争，遭到日本帝国主义和北洋军阀的镇压。上海内外棉第七厂的日本资本家在5月15日枪杀了工人顾正红，并打伤工人十余人。5月30日，上海2000余名学生分头在公共租界各马路进行宣传讲演，100余名学生遭英租界内的巡捕的逮捕，引起了学生和市民的极大愤慨，有近万人聚集在巡捕房门口，要求释放被捕学生。英巡捕向群众开枪，打死打伤许多人。这就是震惊中外的五卅惨案。

冯玉祥联合西北军各将领致电段祺瑞，要执政府"严重对外，不必顾虑"，表示"为国赴难，愿效前驱"。冯玉祥令所部一律臂缠黑纱。北京国民大会，号召北京学生举行大规模的游行示威，声援上海的"五卅"反帝斗争。

彭雪枫、赵伊坪等爱国同学纷纷要进行游行示威，彭雪枫向校方提出，校方考虑到安全问题，被拒绝了。于是，赵伊坪、王志远等几人协助彭雪枫同校方进行多次交涉，在育德中学校长余心清的认可下，校方集体做出让步，让学生在北京南苑及大兴县进行宣传。彭雪枫等组织成立了"学生自治会"，分成若干小组，写标语、印发宣传材料，上街游行，深入南苑地区及大兴部分农村，召集群众大会宣传揭露帝国主义者屠杀中国工

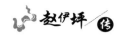

人罪行，启发民众的民族意识。在街巷高呼"打倒帝国主义""废除不平等条约""撤退外国驻华的海陆空军""为死难同胞报仇"的怒吼声。

彭雪枫成为学生运动的带头人，赵伊坪负责通信等工作，并主动协助王志远的伙食管理委员会工作，搞好为500多名同学送饭、收拾餐具、采购食品等工作。他任劳任怨、负责到底，总是圆满完成任务，得到同学们的好评。同学称他"人小办大事"。

在活动中，彭雪枫显露了出众的才华和很强的感染力，组织能力强，对同学亲切朴实，深得同学们的拥戴，因而被正式推选为学生自治会主席。他通过党组织考察，加入了中国共产主义青年团。王志远也因为个子高大，好打抱不平，被同学们推选为副主席，赵伊坪、牛连文等也成了学生会的骨干分子。

在中国共产党的领导和推动下，从工人发展到学生、商人、市民、农民等社会各阶层，全国各地约有1700万人直接参加了运动，几十个大中城市都举行了成千上万人的集会游行示威和罢工、罢课、罢市，五卅运动的狂飙迅速席卷全国。

五卅运动是中国共产党领导下的群众性反帝爱国运动，是中国共产党直接领导的以工人阶级为主力军的中国人民反帝革命运动，标志着大革命高潮的到来。

北京的盛暑，天气炎热。作为育德中学的团河行宫，松柏傲立，杨柳婆娑。这里特有的自然之声就是蝉鸣。在绿树丛中，蝉儿唱着夏日的音乐。

此时，育德中学传来北洋军阀政府教育部颁布解散女师大的通令消息。紧接着，北平学生联合会召集各校开会，发表宣言。随后各学校散发传单，引导将"驱杨"和"反章"联系起来，将学潮转化为政潮。

北师大学生会有理、有力、有节，针锋相对地进行斗争。刘和珍撰文还揭露反动文人污蔑北师大爱国学生和无耻抵赖言语，她被学校招来的恶棍们拖出校门，关在一潮湿小屋内，但仍坚贞不屈。女师大巡警于校门之外看守，阻止学生外出。学生亦在校门之内守卫，以防校外人员进入。双方冲突再次升级。

中国共产党领导的全国学联总会通电各地同学进行声援，全国各地 51 个团体共同发出援电，支持女师大学生的行动。当天，国民党中央监察委员李石曾也联合女师大自治会及北京各校代表在中山公园开会。赵伊坪陪同彭雪枫、王志远代表育德中学参加会议。

李石曾，河北高阳县人，1881 年 5 月出生，其父李鸿藻在清同治年间曾任军机大臣。他早年曾发起和组织赴法勤工俭学运动，1906 年，他在巴黎组织了"世界社"，加入同盟会巴黎分会。1917 年他应蔡元培之邀回国担任北大生物系教授，与蔡元培等人在北京建立了华法教育会和留法勤工俭学会，随后在北京创办中法学院、中央研究院，筹建故宫博物院。

随着国共两党的积极参与，女师大风潮从一个学校的问题，变成了全国性的事件。此后，社会各界也纷纷施以援手，掀起了驱逐杨、章的高潮。全国学联总会，北平各校、各社会团体，上海各界妇女联合会等发表宣言及函电，请求当局及全国各界援助。

女师大得到全国各地声援，北洋政府也在社会舆论的压力下，恢复女师大的正常运转。杨荫榆本人递交辞呈离开了学校。政治形势瞬息万变，经过艰苦斗争，北方革命运动不断高涨，北洋军阀政府要员纷纷逃离北京，章士钊也去往天津。

女师大仍回石驸马大街旧址复校，学生们整队从宗帽胡同回校。1925年 11 月 30 日，女师大学生返校后，发表复校宣言。10 日后，学校正式开课，在刘和珍主持下，召开了 300 余人的大会，庆祝斗争的胜利。

五卅惨案后，冯玉祥主张以武力反击帝国主义的屠杀政策。年底，北方形成了直系、奉系、直鲁联军联合进攻冯玉祥西北军的形势。

民国十五年（1926 年）1 月，冯玉祥在奉军、直军联合进攻下被迫通电下野。育德中学被迫停办，彭雪枫、赵伊坪、牛连生、王志远、张维翰师生搬到北京城内的汇文中学（现北京市东城区培新街 6 号）。

第五章

革命风暴育英才，赤心跟定共产党

初春的天气乍暖还寒。3 月 12 日，日本派遣军舰掩护张作霖奉军舰队进逼天津大沽口，炮击冯玉祥的国民军阵地；国民军英勇还击，击退了日舰。随后，日本军舰炮击大沽口，攻击国民军。侵略直隶的消息传来，激起了北京民众的极大愤慨。

大沽口事件发生后，在中共北方区委和国民党北京执委会领导下，3 月 14 日，北京上万人在太和殿前举行国民反日侵略直隶大会，抗议日本帝国主义侵犯中国主权的野蛮行径。然而，气焰嚣张的日本帝国主义越发肆无忌惮，竟联合英、美、法等八国，在 3 月 16 日向北洋政府发出最后通牒，无理要求中国撤除天津大沽口防务，并限 3 月 18 日正午前答复。

面对帝国主义的威胁和挑衅，段祺瑞执政府不但不予以还击，还复函表示全盘接受无理要求，屈辱卖国。这些更让北京民众群情激愤。

中共北京地委在北方区委的指示下，于列强发出"八国通牒"的当日即召开会议，积极行动起来，组织大型外抗强权的爱国活动。

3 月 17 日晚上，彭雪枫接到通知后，组织金兰弟兄连夜糊彩旗，因赵伊坪毛笔字写得好，就让他负责写标语。18 日早晨，彭雪枫让学生自治会主要成员迅速动员和组织中学学生参加游行示威运动。赵伊坪等逐个到宿舍、教室通知同学集合。王志远、赵伊坪等把标语、小旗分发给同学们，彭雪枫做了感人深切的讲演，向同学们讲，日本列强军舰驶入我国国门大沽口悍然挑衅，炮击我国民军阵地，冯玉祥的国民军英勇还击，击退日舰。但日军恬不知耻纠集其他各国列强向中国政府发出最后通牒，无理要求中国撤除天津大沽口防务，并限今天正午前答复。目前各国列强已调军舰达20余艘到大沽口以武力要挟，大有重演八国联军进攻中国之势。同学们纷纷高呼："抗义，抗义，抗义！"

赵伊坪带头高呼："不忘国耻，驱逐列强！"同学们纷纷响应。

彭雪枫接着讲，教育宣传委员会研究决定在今天"八国通牒"满期前，举行一次群众性大示威，督促执政府严正驳复无理通牒。作为国民军的子弟，作为爱国学子更要鼓足勇气，奋勇向前，声援大示威，驳复通牒，抗议列强。

彭雪枫号令发出，赵伊坪与王志远在前举着旗帜，他们从崇文门内的船板胡同向天安门进发。学员们来到天安门，国民大会尚未召开，主席台上悬挂着前一日请愿被刺伤代表的血衣。

在发表了慷慨激昂的简短演说之后，女师大同学们列队向天安门广场而去。

上午10时，北京大学、清华大学、北京师范大学、女子师范大学、燕京大学等80多所大中学校的学生和北京总工会、北京学生总会、反对帝国主义先锋队、留日归国代表团等140多个团体的2万多人齐集天安门广场，举行"反对八国通牒国民大会"。会上宣读的《反抗列强最后通牒国民大会驳复列强通牒致八国公使函》，充分表达了中国人民维护祖国独立、反抗帝国主义侵略的坚强决心。

在中共北方区委领导下，大会主席于树德在会上高呼："大沽炮台在庚子年被八国联军打毁，乘势侵占北京，我国从此贫弱不振，这是我们第一件奇辱深恨的痛史。"又言："我们生死存亡，危在旦夕……请大家共筹方法，从速抵抗。"

闻言，彭雪枫、赵伊坪等师生和其他与会者皆挥拳痛斥，高呼"打倒日本帝国主义！""国民革命万岁！"大会一致通过了抗议日本侵略草案和共同速筹抵制日本罪恶行径办法。与此同时，全国民众团体纷纷集会并发出抗议书、抗议通电和宣言，号召全国同胞奋起反抗，誓死救亡，以雪国耻。

中午 12 时，大会结束，由共产党员王一飞统一指挥，率领 2000 多人前往段祺瑞执政府机关请愿。示威游行队伍喊声震天，要求政府采取措施抵抗外敌。

请愿群众在执政府门前与卫队对峙。此刻的请愿队伍中，既有领导这次活动的李大钊等中国共产党北方区委和北京市地委的领导人，也有刘和珍、杨德群、彭雪枫、赵伊坪等北京大中学校的学生和朱自清、陈翰笙等知名教授。队伍从天安门出发，经东长安街、东单牌楼、米市大街、东四牌楼，一路高呼着"打倒帝国主义！""坚持抵制最后通牒！"

请愿队伍到达了铁狮子胡同段祺瑞执政府大门前。然而，在他们到来之前，这里早已密集了全副武装、杀气腾腾的军队，附近的街道也埋伏了身藏凶器的便衣特务。执政府门前的卫队荷枪实弹，如临大敌。几个士兵对着手举校旗的刘和珍指指点点。

就在请愿代表被迫退出大门，人群准备前往吉兆胡同段祺瑞家时，突然随着尖锐的警笛声，卫队开枪射击屠杀手无寸铁的请愿群众，高举女师大校旗的刘和珍正转身外出时，一排子弹从背后射入，血流如注，她倒在血泊之中。

同去的张静淑上前想扶起她，被几发子弹射中，立刻倒下，同学们立即扑过去救助。刘和珍说："你们快走，我不行了，不要管我了！"她的语气依旧那么温和而关切。同去的杨德群君又想去扶起刘和珍，但士兵没有停手，杨德群也被击中，弹从左肩入，穿胸偏右出，也立即倒下。刚刚坐起的刘和珍，被反动军警挥棒猛击头部和胸部，当场死亡。

在凄厉的警笛声中，密集的枪声响了足足5分钟，死伤者堆成了人墙。广场南面的影壁也被子弹打出密密麻麻的小坑，尘土飞扬。到处都是卫兵和便衣特务，用大刀、木棍砍杀手无寸铁的群众。朱自清随着人流往外跑，眼看着身旁的伙伴中枪倒下。李大钊的头部和双手也受了伤。

当时，一个卫兵正要向李大钊开枪，忽然旁边有人喊："不要开枪，拿活的！拿活的！"

李大钊扭头一看是个警察。不过，那警察并没有抓他，而是向东边一指，小声说："朝那边走！快走，快走！"李大钊会意地抱拳点头，匆匆向东而去。

看着几名中学生在枪声中倒下，赵伊坪神色凝滞了，彭雪枫赶紧拉住赵伊坪的手拽到墙角吼道："你不要命了？"

赵伊坪斜看着倒下的同学，眼中噙满了泪水。彭雪枫拍了拍赵伊坪，赵伊坪招呼着其他同学跑往胡同深处。

深夜，回到学校彭雪枫气愤地一掌拍在桌上："这是屠杀，血腥的大屠杀！这帮军阀惨无人道，我们要他们血债血偿。"

赵伊坪悲愤交加地说："7名中学生就这样活生生地没了生命，最小的一个年仅12岁啊！我们要去冯玉祥将军那里控告这帮军阀，要他们血债血还。"

彭雪枫压着怒火传达组织传来的消息：这次47人被打死，近200人受伤，死者中有共青团员8人。除7名中学生外，北京女子师范大学的女生刘和珍、杨德群和燕大的女生魏士毅等在这场运动中壮烈牺牲。他让大家要铭记这次惨案，唤起更多的民众，团结起来，驱逐列强，打倒军阀，不能让牺牲的烈士白死。

这就是历史上著名的"三·一八惨案"。鲁迅称这一天是"民国以来最黑暗的一天"。

3 月 19 日，各地舆论纷纷谴责执政府门口屠杀。强大民意压力迫使段祺瑞政府召集非常会议，通过了屠杀首犯"应听候国民处分"的决议，但暗地执政府下令查封国民党市党部和中俄大学，通缉李大钊、鲁迅、徐谦等 50 人。

3 月 25 日，国立北京女子师范大学为在段祺瑞执政府前遇害的刘和珍、杨德群两君开追悼会。鲁迅独自在礼堂外徘徊，遇见程君，程君问鲁迅："先生可曾为刘和珍写了一点什么没有？"

鲁迅说："没有。"

她就正告鲁迅："先生还是写一点吧，刘和珍生前就很爱看先生的文章。"

说起这个，鲁迅是知道的，凡他所编辑的期刊，大概是因为往往有始无终之故吧，销售发行一向就甚为寥落，然而在这样的生活艰难中，刘和珍毅然预订了鲁讯主编的《莽原》全年期刊。

鲁迅此时脑海里涌现出 40 多个青年的血洋溢在他的周围，使他艰于呼吸视听，长歌当哭，必须以他的最大哀痛显示于非人间世界，使罪恶剑子手快点尝到他的苦痛，也就将这作为向后死者献上的祭品，奉献于逝者的灵前。鲁迅奋笔疾书，于 4 月 1 日完成了《记念刘和珍君》一文并发表。

夜晚，赵伊坪读着鲁迅写的文章："真的猛士，敢于直面惨淡的人生，敢于正视淋漓的鲜血。这是怎样的哀痛者和幸福者？"激动地对彭雪枫说："鲁迅先生真不愧文坛巨匠，评论得好啊！"

彭雪枫看了看赵伊坪激动的样子说："鲁迅先生文章犀利，文笔如刀似枪，用笔让人刻骨铭心，我等无能比及。"

刘和珍的死，鲁迅先生认为她不只是一个学生的死。他是这样说的，"她不是'苟活到现在的我'的学生，是为了中国而死的中国的青年"。赵伊坪拿着期刊让彭雪枫看。

彭雪枫接过期刊说："先生站位很高。刘和珍一位女子，称她为勇士，为国家而献身，可为中国青年的楷模。"

赵伊坪陷入深思中。彭雪枫拍了下赵伊坪："想什么呢？"

赵伊坪回道："反动军阀这次屠害，按鲁迅先生写的，就是虐杀。他们还真的能下得了手，并肆无忌惮。就像先生写的：'自然，请愿而已，稍有人心者，谁也不会料到有这样的罗网。'但竟在执政府前刘和珍中弹了，从背部入，斜穿心肺，已是致命的创伤。但她还能坐起来，一个兵在她头部及胸部猛击两棍，于是死掉了。这在执政府门前，47名手无寸铁的声援学生被凶残虐杀，已是将死之人再被棍棒猛击。还特意写到，'其一是手枪'，这说明刽子手中有军官。更气愤的，我们中学生乃至12岁的学生也不放过，这何其残忍！"

彭雪枫介绍，鲁迅先生对刘和珍认识时间不长。去年夏初，杨荫榆做女子师范大学校长，开除校中6名学生的时候，其中就有刘和珍，但当时鲁迅并不认识她。直到后来，刘百昭带领强壮人员，强行把她拖出校之后，才有人指着一个学生告诉鲁迅说，"这就是刘和珍"。鲁迅这才将姓名和真人联系起来。看着刘和珍的面像，就像鲁迅说的，能够不为势利所屈，反抗一位广有羽翼的校长的学生，无论如何，总该是有些桀骜锋利的，但她却常常微笑着，态度很温和，见面回数多了，也还是始终微笑着，态度很温和。

赵伊坪说："是，我见过刘和珍两次面。始终微笑着，态度很温和。从文章里可以看出，鲁迅先生写得很投入。不难看出，先生在写之前是进行认真细致勘察鉴定了的，不愧是学过医学的。"

"惨象，已使我目不忍视了；流言，尤使我耳不忍闻。我还有什么话可说呢？我懂得衰亡民族之所以默无声息的缘由了。"彭雪枫引用鲁迅的话说道。

"鲁迅先生这句话很有哲理，'沉默呵，沉默呵！不在沉默中爆发，就在沉默中灭亡。'这个惨案反而会激起民众不再沉默，会激发起全国抗争。

这样一来，中国不再沉默，中国要爆发重大革命，人民要改变命运。"赵伊坪阐述说。

"好啊，你觉悟提高得很快，有了民族意识、国家意识！"彭雪枫高兴地说道。

赵伊坪不好意思地说："这也是这次示威运动、血的惨案和鲁迅先生的文章教育了我。"

"你已是一名合格的共青团员了。"

"那我是否可以像你一样申请加入中国共产党了？"

"可以，我现在整重地给你说，我下一步就向组织推荐你加入中国共产党。"

"太好了，我一定努力工作，向烈士看齐，为国家、为民族、为劳苦大众献出一切。"

"好！努力吧。"彭雪枫握住赵伊坪的手说。

鲁迅因抨击段祺瑞政府屠杀学生的罪行，遭军阀追捕，避难于山本医院。

冯玉祥赴苏联考察，5月19日抵达莫斯科，冯玉祥在苏联考察期间，思想发生很大变化，并得到了苏联武器装备的支持。8月17日他秘密回国，迅即被广州国民政府任命为国民政府委员、军事委员会委员。9月17日，他在绥远五原誓师，率领西北军沿黄河向潼关南下参加北伐战争，进驻河南。紧接着冯玉祥的部下鹿钟麟部围攻北京，驱逐段祺瑞。段祺瑞躲避于东交民巷的法国使馆，后来联系奉军不成，9月20日下台。

就在这月，彭雪枫光荣地加入中国共产党。1926年11月，汇文中学地下党支部在斗争中诞生，彭雪枫任中共汇文中学党支部书记，负责北京东城区的学生运动。他团结思想进步的师生，介绍加入了发展壮大中的党组织。此时，赵伊坪也光荣地加入中国共产党。汇文中学党支部的成立，坚定了赵伊坪等人的信念，明确了方向。接着在党支部的领导下，还成立了育德同学会、汇文读书会等，经常在学校地下室或其他僻静的地方开会，讨论实施报告，读书心得，阅读进步书刊，使怀抱远大理想、充满蓬勃朝气、勇于创新创造的汇文先进青年，踏上了为国家谋富强、为人民谋幸福的伟大征途。

育德同学会和汇文学艺读书会，作为党的外围组织，团结进步青年。赵伊坪、王志远也成为进步组织的骨干，带领同学积极参加彭雪枫发起的进步学生运动。他和王志远等出面，组织全校罢课，抗议反动校长和学生会压制进步学潮，迫使校方改组学生自治会。

为了把宣传标语贴到大街小巷，他们生出许多奇思妙想，让两位同学骑着自行车，在崇文门站岗的警察附近相撞，然后大吵大闹，把警察吸引过来，其他同学则趁机把"打倒反动军阀""打倒帝国主义"的标语贴到城门上。那是隆冬季节，冰天雪地，他们都是夜间出去，爬树翻墙。当他们贴完标语回到学校时，每个人都冻得满脸通红，鼻孔下面挂着小冰珠，但心里都是热乎乎的，带着胜利的喜悦。

在汇文中学，学生中的阶级阵营分明，学校也对他们区别对待：家里有钱有势的学生住在寝室设施好的西楼，伙食标准是 7 块钱；而穷学生只能住在设施简陋的北楼，伙食标准只有 4 块多钱。伊坪年龄小，彭雪枫、王志远等都很爱护他。他很会做人，按照王志远说的，"伊坪同志以关心别人比关心自己为重"。由于学校经费困难，每年冬天，每天只吃两顿饭。同学当然顶不住，作为全校学生伙食管理员的王志远时常把先蒸好出笼的馒头给伊坪等小同学吃上一个。伊坪看到出门回来晚的小同学没拿到馒头，就立即将馒头转给小同学充饥。这样的事同学见伊坪干了多次。伊坪的所作所为也时常让人感动，王志远书面写道："伊坪同志不过是个十四五岁的少年，能这样关心别人的温饱确是不容易、很难得、很少见。"

赵伊坪、王志远等同学十分痛恨不平等的社会和反动腐败的政府。彭雪枫抓住各种时机，对进步同学进行阶级教育，灌输革命思想，鼓励他们投身到改造社会的运动中去。在彭雪枫的指导下，同学们阅读传播社会主

义思想的图书和《向导》《中国青年》等进步刊物，思考社会与人生。每到周末晚上，读书会成员就在一起交流学习心得，评论社会时局。赵伊坪与彭雪枫朝夕相处，不仅得到他的格外关心，而且耳濡目染的影响更加深远。

冬月，国民党正在反共高潮，彭雪枫、赵伊坪等一起参加北京南苑农民暴动，国民党反动派对赵伊坪、彭雪枫等进行搜捕。

这一天，彭雪枫把赵伊坪约到一个私密地方说："中共北方局决定让你去武昌。"

"去武昌？"赵伊坪有些惊讶地问。

彭雪枫告诉赵伊坪去武昌是有项非常重要的工作让他做。

赵伊坪也知道，武昌是目前全国关注的焦点，辛亥革命军在武昌起义，推动了大清封建帝制的灭亡进程。现在北伐军又攻占了武汉，民主革命如火如荼。

彭雪枫还告诉赵伊坪，湘、鄂、赣农民运动迅速发展，急需大量从事农民运动的人才。为适应这一需要，我党现任中共中央农民运动委员会书记的毛泽东同志提出在武昌开办农民运动讲习所，在中共领导的推动下，由国共两党共同创办的这所培养农民运动干部的学校。农运所名义上是由国民党中央农民部或各地方党部农民部主办，实际上是共产党人负责。民讲所选定在武昌黉巷（今称"红巷"），那里原是清末湖广总督张之洞举办北路学堂的地方。

彭雪枫说："你到武昌后主要任务：一是协助那里领导成员进行讲习所筹建，二是讲习所筹建好开学后参加讲习班学习，结业后回郾城开展民运工作。这可是极好的学习锻炼的机会，你要好好珍惜，严守机密。"

赵伊坪听了高兴地说："这可是大好事。彭兄，你放心，我绝不辜负党的信任，保证完成任务。敬礼！"

"好，你即刻准备南下，到武昌后，直接去两湖书院，到那里找黄埔军校教育长、北伐国民革命军总政治部主任邓演达先生，邓先生在主持改组黄埔军校为中央军事政治学校，筹建武汉分校。他还兼中央农民部部长，所以他在总政治部工作还偏重于农民运动方面。"

"要见这么重要的人物呀？"

"是啊，他是国民党左派领导人，又是中国农工民主党的创始人，深得孙中山先生的信任和嘉许。"

"恐怕不好见到他吧？"

"你先到两湖书院，那里是国民革命军总政治部的办公地，找邓先生的秘书，他叫陈克文，28 岁左右，国立广东高等师范学校毕业后追随孙中山先生，改组国民党后，他曾任国民党中央农民部秘书、侨委会教育处长。你的行踪不要向任何人泄露，我也不送你了，注意安全。"

"那你呢？也要注意安全。"

"我继续在京津联络贫民骨干，建立农会，领导贫民向恶霸地主开战。"

两人分手后，北平国民党反动派搜捕得厉害。王志远得知彭雪枫很不安全后，匆忙向他哥哥借了 35 块钱，送彭雪枫离开了北京，辗转到天津，在天津国民党军队中从事兵运工作。

此时的彭雪枫望着雪后白雪映衬的红红的枫叶，想起杜牧的"停车坐爱枫林晚，霜叶红于二月花"的诗句，他感慨那红枫刚毅的性格、顽强的生命力、永恒的情感，也似乎有表达自己远大的志向和不怕风霜雪雨的坚韧品格之意，彭雪枫将学名"修道"改名"雪枫"。

赵伊坪在火车上望着原野上的皑皑白雪，感到心胸开阔、头脑清爽。离开学习生活两年多的北京，心也像长了翅膀似的飞到了武昌——

第六章

置身农运讲习所，革命熔炉得升华

在长江南岸的武昌，赵伊坪下了车。他望了望东方的朝霞，极目楚天，他望着江夏蛇山，依稀看到几间两层红色小楼，却看不到天下绝景的黄鹤楼风采。他想起"黄鹤白云""高山流水"的典故，开启了远大的志向。

北伐革命军总政治部所在地的两江书院，在蛇山黄鹤楼旧址西南侧，位于武昌文昌门、平湖门之间，占地1.5万平方米。它始建于1889年，由当时的两广总督张之洞创办的，后改为两湖高等学堂，1912年停办。当时，张之洞本想为清王朝培养人才，结果却蕴育了一批维新志士和革命党人，如戊戌变法"六君子"中的谭嗣同、杨锐、刘光弟，辛亥革命领袖黄兴，自立军领导人唐才常等，都是两湖书院学生。

赵伊坪来到两湖书院，见大门一侧挂着"中国国民革命军总政治部"的牌子，便放下手提箱拿出介绍信与门卫说明来意，门卫通报后，国民党中央农民部秘书陈克文接待了他。随后，中央军事政治学校武汉分校招考委员会主席邓演达接见了赵伊坪，问了伊坪的基本情况。

鉴于讲习所正在筹备中，邓演达让赵伊坪先在教务处，配合陈秘书和教务处周以栗主任的工作，重点进行教务处、大教室和大操场等的整理，同时做好督府堤黉巷 41 号毛委员住处的安置工作。

农民运动讲习所所在地北路学堂占地面积约 11000 平方米，建筑面积为 6350 平方米，与两湖书院南北相望。这里原是清末湖广总督张之洞的北路学堂，在浩浩长江南岸，东南是黄鹤楼遗址。

赵伊坪到了北路学堂，与教务主任周以栗等一起忙碌起讲习所的筹备工作。

周以栗，1897 年 10 月出生于湖南省长沙县桥头驿九福乡（今望城县桥驿镇）一个佃农家庭。长沙师范学校毕业，曾在周南女校等当教师。1924 年，周以栗加入中国共产党。1925 年春，周以栗任国共合作的国民党湖南省党部第一届执行委员、省党部中共党团书记。1926 年，周以栗任国民党湖南省党部组织部秘书、青年部部长，参与组织领导了轰轰烈烈的湖南农民运动。

几天时间，陈克文、周以栗、赵伊坪与十来个革命军士兵把讲习所室内外整理得井井有条，并在讲习所的东南处把毛泽东的住处安置妥当。

1926 年 12 月 1 日，湖南省第一次农民代表大会和湖南省第一次工人代表大会在长沙同时召开。由于毛泽东与湖南工农运动有长期深厚的关系，在全省工农群众中享有崇高的威信。大会开幕后，专电邀请毛泽东参加大会，即：

敝会已于本日（一日）开幕，现正讨论各案。先生对于农运富有经验，盼即回湘，指导一切。

毛泽东回电，汉口事务交代后即回。

12 月初的一天，毛泽东从南昌到达武昌。邓演达、陈克文乘车将毛委员从车站接到赵伊坪等事先收拾的督府堤黉巷 41 号住处。

黉巷 41 号院是一套三进三天井的晚清民居式建筑，后面紧挨着北路学堂，坐东朝西，面积不到 500 平方米。有四五个卧室。毛委员对住处很

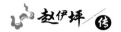

满意。

邓演达招呼伊坪见过毛委员，介绍让他给毛委员做服务工作。

随后，邓演达让毛委员去讲习所选址北路学堂视察，毛泽东向外挥挥手："走，看看去，看看我们的革命阵地。"

这学堂坐北朝南，有房屋四栋，建筑面积5110平方米，为晚清砖木学宫式建筑。农讲所主要设施有办公室、教务处、大教室、学员宿舍、食堂和大操场等，功能室基本齐全，学员宿舍能容纳大几百人。

毛泽东等人边走边看，看后表示满意。视察之后，在教务处毛泽东与邓演达交换意见。

毛泽东指出，农民运动讲习所是大革命时期国共两党合作创办的培养农民运动骨干的学校。举办农民运动讲习所的使命，是要训练一班能领导农村革命的人才出来，对于农民问题要有深切的认识、详细的研究，用正确的方法来解决，并锻炼学员的农运决心，几个月后，鼓励学员到乡间去，号召广大的农民群众起来，实行农村革命，推翻封建势力。这里的中央农民运动讲习所可以说是农民革命大本营。

邓演达也谈了自己的意见，农讲所让毛委员来主持，他主要忙军政和军校的事务，让陈克文协助毛委员工作。

随后，邓演达、陈克文请毛泽东到两江书院，即中国国民革命军总政治部就餐。

没几天，毛泽东、邓演达与湘、鄂、赣三省国民党党部主要成员商议筹办农民运动讲习所机构设置、教员人选、学员选定和经费等事宜。最后，国民党中央决定，农讲所定名为"国民党中央农民运动讲习所"，明确以邓演达、毛泽东、陈克文为常务委员，农讲所学制4个月。

关于农民运动的争论，也反映到党内。1926年12月13日，中共中央在承载着中国国民革命全部理想的汉口召开特别会议。毛泽东以中央农委书记身份参加了会议。

会上，陈独秀做了政治报告，指出从江西战场胜利以后，我们和国民党的关系发生许多新变化，出现许多危险倾向，联合战线随时随地都有破裂的危险，危及整个民族革命的前途。会议根据陈独秀的政治报告作出决议，错误地认为当前主要的危险是民众运动勃起并日益向"左"，蒋介石因恐惧民众运动而日益向右，"左"、右倾距离日远，会破裂联合战线而危及整个国民革命运动。

在会议讨论当年形势时，总书记陈独秀批评湖南工农运动"过火""幼稚""妨碍统一战线"。作为中央农委书记，毛泽东不同意陈独秀的意见。结果两人在中国社会阶级关系和农民运动等重要问题上分歧越来越大。

会后，毛泽东在讲习所与邓演达、陈克文说明准备回湖南一段时间，去实地考察湖南农民运动情况。随后，让赵伊坪帮忙收拾一下住所，准备好行囊。准备完毕，伊坪送毛委员到车站。

毛泽东带着农民运动是否"过火""幼稚"等大是大非的问题，踏上了南去的火车——

1月4日，毛泽东南下湖南去实地考察，先后到湘潭、湘乡、衡山、醴陵、长沙五县了解情况。在乡下，在县城，毛泽东召集有经验的农民和农运工作同志开调查会，仔细听他们的报告，所得材料很多。

调研考察32天，毛泽东于2月5日回到长沙。随后，毛泽东根据调查的情况在湘江学校楼上为区委做了一次关于农民运动"好得很"的报告。

1927年2月12日，毛泽东从长沙回到武汉。在农讲所，毛委员向陈克文等介绍考察的情况，并说："收获颇丰！在调研中，我听到的看到的许多农民运动的道理和事实与汉口、长沙从绅士阶级那里听得的道理完全相反。许多奇事，则见所未见、闻所未闻。我在想，这些情形很多地方都有。"

毛泽东让作为中央总政治部主任的邓演达，在政治部讨论农民问题，正确地认识农民问题，集体达成共识。

邓演达表示在总政治部主持农民问题讨论会，阐述农民问题的重要性，并形成惯例，每周六下午举行。

毛泽东、邓演达商定，争取讲习所 3 月初开课。

没几天，杨开慧和母亲、孙嫂举家北上，带着孩子来到武昌，同行的还有全国农协临时执委会秘书长彭湃、秘书夏明翰。

毛泽东、陈克文等各乘坐吉普车到车站接一家人到黉巷 41 号。

赵伊坪等人早在巷口等着毛泽东一家人到来，见车到来，毛泽东、陈克文等人下车，他急忙过去帮彭湃和夏明翰拿行李："让我来。"他一手掂一个箱子。

"慢点、慢点，我来扶你。"说着毛泽东扶杨开慧母亲下了车。

身怀六甲的杨开慧下车，看见 4 岁的毛岸英自个下了车，孙嫂抱着岸青，招呼着："岸英，牵着外婆的手往门里走。"

"哎——外婆，咱一起进去。"

赵伊坪在前带路，大家走进门去。

三进两层的青砖楼房，一共有十来间小房，进门两边是客房。

"过天井，屋左边是毛委员和夫人的卧室。中间一间是书房，后面的房子是伯母和保姆带着两个孩子住的。其他配房分别住你们二位。"赵伊坪介绍着向彭湃和夏明翰示意。

"小赵这小管家都给分配好了，各自看房间，入住吧，以后这里就是我们的家。"毛泽东风趣地说道。

陈克文说："这里就这条件，大家多多担待。"

"不错，不错。"彭湃和夏明翰异口同声地说道。

几天来，毛泽东正忙着写《湖南农民运动考察报告》。有了孙嫂帮忙带小孩做饭，杨开慧轻松多了。尽管这时她快要生小孩，行走不方便，不大出门，然而，差不多天天都是她帮着毛泽东抄写资料，一忙就到深夜十一两点钟。毛泽东一些零散的记录，后来被她整理成 5 本厚厚的完整的材料。

2 月 16 日，毛泽东就考察湖南农民运动的情况写报告给中共中央。《湖南农民运动考察报告》先后在中共湖南省委机关刊物《战士》周报、中共中央机关刊物《向导》周报、汉口《民国日报》的《中央副刊》、《湖南民报》刊发，引起广泛关注。

2 月 27 日，湖北阳新县豪绅地主杀害了湖北省农协特派员成子英等 9 人，造成了"阳新惨案"。湖北省阳新县商会会长朱仲忻纠集暴徒 100 多人发动反革命暴乱，非法捕杀共产党员，在城隍庙残暴焚烧成子英、谭民治、曹树光、胡占魁、邹有执、李发炬、程炎林、王得水、石树荣等 9 位革命同志，制造了震惊全国的"阳新二二七惨案"。

3 月 4 日，农协第一次代表大会于武汉举行。大会聘请毛泽东、邓演达等人为大会名誉主席。赵伊坪的家乡河南省郾城县按照省委的通知意见，选派蔡永龄代表郾城县农民协会到湖北省武汉参加农协第一次代表大会。

蔡永龄，1901 年生于河南郾城，1926 年冬加入中国共产党。这次代表大会结束后，他到农讲所报名。

农讲所招生条件十分严格，学员大多来自青年团员和进步青年。招生方首先要审定学员资格，对个人基本情况、社会关系、政治履历和革命态度，以及从事农民运动的能力进行全面考察。再进行口试和笔试，最终选取军政素质高、具备担任农民运动干部潜力的应试者入学。

赵伊坪在报名处看到同乡蔡永龄报名，非常高兴，主动自我介绍认识，并帮助他报了名。随后，伊坪带他再进行口试和笔试，请示领导认可，将其分到特别培训班参加学习。

此时，来自全国 17 个省 800 余名学生一起参加革命理论学习。他们大部分来自农村，有的是农民运动中涌现出来的积极分子，所以文化较低，入学考试成绩不好。有人问毛泽东："收不收他们？"

毛泽东知道工作人员有不同的看法，于是，叫杨开慧去了解情况。

杨开慧和农讲所的周以栗、夏明翰一起到学员的住处，调查学员从事农民运动的经历。赵伊坪给引路到各宿舍了解情况，倾听他们对农民运动的意见，并征求他们对办好农讲所的建议。

经过几天的认真调查，杨开慧带着答案回来了。

她对毛泽东说："这一部分学员对农村情况最熟，跟贫苦农民最贴心。这些学员经过训练，回到农村搞革命，也最能起作用。"

毛泽东一听，连声说："好！"

于是，这些学员全部被农讲所录取。由于交通不便，加上反动派的阻挠，农讲所的开学典礼因部分人不能及时赶到武昌被迫推迟。

3月7日，武昌中央农民运动讲习所先不搞开学仪式，按计划开始上课。

赵伊坪与来自全国17个省的学员一起参加革命理论学习。武昌中央农民运动讲习所的办学目的、办学方针、培养目标、教育方法、办学队伍等与广州农讲所基本相同。恽代英、瞿秋白、彭湃、方志敏、李汉俊、李达等优秀共产党人分别讲授主要课程。毛泽东同志亲自担任《农民问题》和《农村教育》等主要课程的教学，课程增设了毛泽东同志著名的《湖南农民运动考察报告》《中国社会各阶级的分析》等重要内容。农讲所还设置军事课程，学员也参加实际的革命斗争。

学员们在农讲所过着俭朴、严肃、活泼的生活。农讲所规定，每晚7时以后进行自修，9时休息，清晨5时起床，若无特殊情况，所有人在晚9时以后一律不得离开寝室。除学习的课程外，教员还组织学员利用课余时间开展各种讨论，内容包含"谁能领导国民革命""农民何时才能完全解放"等话题。还让每名学员写下一篇当地人民受残酷压榨和剥削的真实故事，写好后先在农讲所讲读，再选取最典型、最有教育意义的故事编辑成册，发给学员阅读。

农讲所的另一个特点，就是实行准军事化管理，专门设有军事训练部，负责对学员进行正规军事训练。根据招生人数，学员按军事编制编为总队、中队、区队、小队、分队或连、排、班等。学员每人配备步枪、军装、草鞋、绑腿、挎包等。日常除学习军事理论外，学员们还进行战术训练，主要包括托枪放枪、卧倒跃进、潜伏隐蔽等，有时还会到周边地区开展野外演习、实弹射击等。这样准军事化管理、军事训练等对于地方来的农协学员来讲，开始有些不适应，感到吃力；但对于赵伊坪来讲却是轻车熟路，习惯轻松。所以，一些教务上的杂事时常能够帮周以栗、杨开慧去处理。

国民党二届三中全会于 3 月 10 日在武汉开幕。邓演达、毛泽东和陈克文出席了会议，对会议的顺利进行做出了贡献。毛泽东与邓演达等人联名在会上提出了关于土地问题的提案，获大会通过。会议通过了限制蒋介石的军事独裁的一系列决议案。全会期间，邓演达、毛泽东和陈克文以中央农动委员会常务委员的名义，提出并由大会通过《中国国民党中央执行委员会第三次全体会议对农民宣言》，宣言指出："解决农民问题是国民革命要解决的根本问题。"

3 月 14 日，国民党二届三中全会还听取了"阳新惨案"详情报告，通过"关于对阳新惨案处理决议案"，成立"阳新惨案查办委员会"，事后，由邓演达、毛泽东、吴玉章 3 人任执行委员，共同组成"处理阳新惨案委员会"，责成有关方面追捕反革命凶手、严惩凶手。3 月 27 日，"阳新惨案"主犯朱仲忻等 15 名命案要犯被处决。

此时，政治局势异常严峻，如何解决农村土地问题、满足农民的土地要求，成为拯救时局和解决革命出路的迫切问题。4 月 2 日，国民党中央常务委员会第五次扩大会议决定，由邓演达、徐谦、顾孟余、谭平山、毛泽东 5 人组成土地委员会，由此会确定一个实行分给土地与农民的步骤，做成乡间普遍的革命现象。毛泽东正在全力忙于此项工作。这些天，土地委员会要在武汉召开 2 次委员会、5 次扩大会、4 次专门审查会，对土地问题进行讨论、决策。因为土地问题事关重大，每次会议都争论很大，毛泽东总是力陈己见，是会议的中心发言人之一。然而，杨开慧临产，时局紧张，毛泽东连妻子生产都顾不上，在外赶着接连不断的会议。

推迟近一个月的中央农民运动讲习所开学典礼仪式要进行。周以栗、夏明翰和赵伊坪等忙着布置会场。4 月 4 日，开学典礼仪式在大操场进行。

在开学典礼的台上，毛泽东身穿灰色长衫，手持讲稿，英姿焕发地在讲台上发表了《湖南农民运动考察报告》的演讲：

"我这回到湖南，实地考察了湘潭、湘乡、衡山、醴陵、长沙五县的情况。从 1 月 4 日起至 2 月 5 日止，共 32 天，在乡下，在县城，召集有经验的农民和农运工作同志开调查会，仔细听他们的报告，所得材料不少。许多农民运动的道理，和在汉口、长沙从绅士阶级那里听得的道理，完全相反。许多奇事，则见所未见，闻所未闻。我想这些情形，很多地方都有。所有各种反对农民运动的议论，都必须迅速矫正。革命当局对农民运动的各种错误处置，必须迅速变更。这样，才于革命前途有所补益。因为目前农民运动的兴起是一个极大的问题。很短的时间内，将有几万万农民从中国中部、南部和北部各省起来，其势如暴风骤雨，迅猛异常，无论什么大的力量都将压抑不住。他们将冲决一切束缚他们的罗网，朝着解放的路上迅跑。一切帝国主义、军阀、贪官污吏、土豪劣绅，都将被他们葬入坟墓。"

台下响起热烈的掌声！

他强调："一切革命的党派、革命的同志，都将在他们面前受他们的检验而决定弃取。站在他们的前头领导他们呢？还是站在他们的后头指手画脚地批评他们呢？还是站在他们的对面反对他们呢？每个中国人对于这三项都有选择的自由，不过时局将强迫你迅速选择罢了。"

台下又是掌声一片。

他指出：党对农运的政策应注意以"农运好得很"的事实，纠正政府、国民党、社会各界一致的"农运糟得很"的议论；以"贫农乃革命先锋"的事实，纠正各界一致的"痞子运动"的议论；以从来并没有什么联合战线存在的事实，纠正农协破坏了联合战线的议论。

毛泽东详细地介绍了湖南农民运动的经过，并高度评价了农民运动"好得很"。学员们对他的讲话，欢欣鼓舞，报以经久不息的掌声。

经过多方努力，汉口长江书店将《湖南农民运动考察报告》以"湖南农民革命"为书名出版单行本，瞿秋白在为该书所作的序言中说："中国的革命者个个都应当读一读毛泽东这本书。"

赵伊坪等学员听了毛泽东讲的《湖南农民运动考察报告》很受感动和教育。春风拂面，他和蔡永龄在操场上散着步说："听毛委员的《湖南农民运动考察报告》，我感触颇深，让我深深认识到要想在半殖民地半封建社会的中国取得革命的胜利，那就必须牢牢依靠和发动广大的农民，深入到广大的农村地区开展农民运动。"

蔡永龄说："毛委员能细致入微地真实反映农民运动的方方面面，小到农会对鸡鸭猪牛的处理，大到农会对当地政权的掌握，有贴近农民生活的口语讲述，有各个阶层话语行动的描述，有各方面对农民运动的态度看法，还有从实际中调查列举出的农民运动所做出的大事。讲得真是透彻啊！"

"目前党内个别的领导脱离实际，是被国民党的反动潮流所吓倒，不敢支持已经起来和正在起来的伟大农民革命斗争。为了迁就国民党，他们宁愿抛弃农民这个最主要的同盟军，使工人阶级和共产党处于孤立无援的地位。国民党之所以敢于叛变，主要就是乘了共产党的这个弱点。"赵伊坪气愤地说。

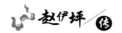

"我们得坚决抵制那些错误思想。"蔡永龄说道。

"对！报告对去今两年在湖南发生的轰轰烈烈的农民革命运动进行了生动的描述和深刻的分析研究，从而用事实驳斥了党内对农民运动的轻视问题，甚至想抛弃人民大众分量最重的农民这个重要的大军，报告明确揭示了农民阶级也是中国革命的主力军，是中国解放的积极参与者。我想，这个报告是今后领导农民革命的基本纲领，确定了农民也是中国革命的主力军的重要地位，为中国革命的胜利发展指明了方向。我们要把它学好学透，应用到实际中去。"

"这也是我们今后运用的武器，得把它学好学透。"

清明时节，风雨潇潇，在中国大地上出现了一股历史上罕见的寒流。刚刚泛晴的天空，霎时被南北对进的乌云遮盖，从寒冬中刚苏醒过来的大地又遭到一场可怕的洗劫。

武昌传来了奉系军阀张作霖在北京突然行动，进入苏联大使馆逮捕了中国共产党创始人之一、时任中共北方区书记的李大钊，还有80余名共产党人。4月12日，蒋介石在上海发动反革命政变，疯狂地屠杀共产党人和革命群众。在帝国主义支持下，中国新老军阀相互勾结，南北呼应，掀起了一股反共、反革命的逆流。这其中，有一些群众团体被迫解散，有一些进步刊物被查封，有一些党组织被破坏，还有一些革命领袖被杀害，成千上万的共产党员和革命群众在逆流中倒下，中国革命受到了严重的挫折。

这时候，在街头、在医院、在农民运动讲习所，人们纷纷议论着蒋介石等军阀的屠杀事件。

有的说："上海杀了不少人，血流成了河！"

也有的说："国共合作搞不成了，只怕又有仗打。"

接着，噩耗传来。4月28日，李大钊等人被处以绞刑。

李大钊被害的消息，像晴天霹雳，使革命党人痛惜不已。五四时期，李大钊和毛泽东曾在北京大学图书馆有过一段一起共事的经历，后来，两人又长时间保持密切的交往。此时的毛泽东深情感怀地说："李大钊是我'真正的老师'。"

赵伊坪不由得回首往事，在京师，读李大钊写的文章，看李大钊编的杂志，听李大钊的演讲，从开始接触马列主义到投身革命，他视李大钊为崇敬的导师。他意识到，李大钊牺牲，这对中国革命是一个多么大的损失啊！

4月27日至5月9日，中国共产党第五次全国代表大会在汉口济生三马路黄陂同乡会馆召开。大会讨论了迫切解决的土地问题，但是，陈独秀反对开展土地革命，结果，毛泽东等人的提案未能提交大会讨论。

这几天，毛泽东早出晚归，是杨开慧思想上很不平静的日子。夜里，毛泽东很少休息，总在写些东西，天亮以后，草草地吃点东西便急匆匆走了。

大会拒绝讨论毛泽东的提案后，毛泽东坚持己见，结果又被排斥在大会领导之外，最后只当选为中央候补执行委员，只有发言权，没有表决权。中央政治局常委会由陈独秀（总书记）、蔡和森、张国焘组成。

"中共五大"是在蒋介石叛变以后，武汉国民党也即将分共的前夜召开的，政治局势已经十分险恶。大会不但没有对险象环生的局势作出清醒的估计，甚至有一种盲目乐观的情绪，简单地认为资产阶级脱离革命，不但不会削弱革命，反而能减少革命发展的障碍。这种观点使毛泽东十分忧虑，杨开慧得知也深深地为中国革命的前途忧虑，为中国共产党的命运担心。

会后，毛泽东想清除一下心中的郁闷，也想让产后坐完满月的杨开慧活动活动、散散心，就一起到了武昌的黄鹤矶。

黄鹤楼在清代已化作云烟，两人登上了黄鹤楼遗址。两人放眼望去，万里长江，烟波浩瀚，龟蛇二山，雾气迷蒙，粤汉线上的火车嘶声鸣着汽笛奔驰。长长的江汉码头，只显出一片模模糊糊的影子。他们都没有多说话。共同的理想，共同的战斗，共同的忧虑，共同的欣喜，早已把两颗心紧紧地连在一起。

黄鹤楼以传说骑鹤仙人费文祎每乘黄鹤到此楼休息而得名。唐朝诗人崔颢的"黄鹤一去不复返，白云千载空悠悠"名句被历代文人传诵。此刻，毛泽东在黄鹤楼的遗址上心情苍凉，禁不住抒发出一位革命家忧国忧民的无限感慨：

> 茫茫九派流中国，沉沉一线穿南北。
> 烟雨莽苍苍，龟蛇锁大江。
> 黄鹤知何去？剩有游人处。
> 把酒酹滔滔，心潮逐浪高！

此时，杨开慧也是心潮澎湃，心事重重。从来不游山玩水的夫妇俩，在赵伊坪的陪同下，徜徉黄鹤楼，到夜幕降临才回到督府堤黉巷 41 号。

此时，屠刀已架到共产党人的脖子了，陈独秀还寄希望于武汉国民政府和武汉国民党中央身上，仍然不做两手准备，不抓武装，特别是不抓军队，只是单纯片面地一再强调纠正工农运动中的"左"倾幼稚病，继续同武汉国民党、国民政府和国民党军事首脑的联合。

5 月 13 日，驻守宜昌的国民党革命军第十四独立师师长夏斗寅首先叛变，通电联蒋反共，攻击武汉政府，并且，切断长武铁路。17 日，他又率部逼近离武汉仅 40 余里的纸坊、土地堂一带，形势万分危急。蔡和森、李立三主张打退叛军进攻，保卫武汉。

此时，蔡和森是中央政治局三个常委之一，担任中央宣传部部长，又代中央秘书长。李立三为中央工人部长，两人都是中央政治局委员。他们提出的以暴动对付暴动的意见，得到了党内大多数同志的支持。在危急时刻，北伐军沿京汉铁路向河南进发，前线急需人员在军前做政治思想工作。毛泽东当机立断，选河南籍的农讲所学员，包括蔡永令在内的 400 余名持枪人员组成国民革命军总政治部特别工作组，紧急开赴前线。特工组设党支部，蔡永令任干事。农讲所学员多数同中央军校学生编成中央独立师，配合叶挺部队，最后终于平定了夏斗寅部的叛变，挽救了武汉政府。

国民革命军直属部队返回武汉。后经总政治部介绍，蔡永令到国民革命军暂编 19 军高桂滋部总政治处任政训员。

1927 年 6 月 18 日，中央农民运动讲习所举行学员毕业典礼。

在会上，毛泽东总结指出，以往革命党人都没有注意研究农民问题。辛亥革命之所以失败，就是由于没有得到三万万两千万农民的拥护。可以说，中国国民革命是农民革命，只有依靠占中国人口绝大多数的深受压迫的农民群众，只有把农民最关心的土地问题放在革命中心问题的地位上，才有可能领导中国革命取得胜利。

掌声过后，他信心百倍地说："剥削阶级虽然很凶，但是他们人数很少，大家只要齐心，团结紧，劳苦大众起来斗争，压在工农身上的几重大山就可以被推翻，百姓齐，泰山移，何愁塔之不倒乎？"

会后，赵伊坪与大多数学生被委任为农民协会特派员，将深入农村开展农民运动，组织广大农民开展轰轰烈烈的反帝反封建农村大革命。赵伊坪收拾整理好书本、资料等需要带回的东西，随后，来到簧巷 41 号，特意向毛泽东、杨开慧、彭湃、夏明翰等人辞行。毛泽东嘱咐他，要参与农村实际研究，深入开展农民调查。

在武昌举办中央农民运动讲习所期间，其他许多地方如广西、湖南、福建等地也举办了农民运动讲习所或农民运动讲习班。广州农民运动讲习所一至六届主任、所长均由共产党人担任；武汉中央农民运动讲习所主要由毛泽东主持实际工作，农讲所教员大多由共产党人担任。仅广州农民运动讲习所一至六期和武汉中央农民运动讲习所，就培养了 1600 多名学员，有力地促进了全国农运的发展。在历届结业学员的推动下，各地农民运动风起云涌，有力支援了北伐战争。农讲所培养了一批有马列主义水平和实际工作能力的领导农民运动的优秀干部，他们将革命火种播撒四方。大革命失败后，许多师生参加和领导各地的武装起义，做出了不朽的贡献。

6月前后，共产国际执委会机关刊物《共产国际》的俄文版和英文版先后转载《向导》周报刊发的毛泽东的《湖南农民运动考察报告》。英文版的编者按说："在迄今为止的介绍中国农村状况的英文版刊物中，这篇报道最为清晰。"当时共产国际执委会主席布哈林评价《报告》"文字精练，耐人寻味"。

毛泽东在农民运动讲习所讲的《湖南农民运动考察报告》《中国社会各阶级的分析》等，为他以后创造性提出农村包围城市、武装夺取政权这一符合中国实际情况的胜利之路奠定了最初的基础。

6月24日，中共中央政治局常委会议才决定成立以毛泽东为书记的新的湖南省委。毛泽东得到中央任命后，当日即乘火车返回湖南，进行暴动的准备……

第七章

建设地方党组织，革命火种勇播撒

盛夏时节，光酷炎阳，蛙呱蝉鸣夏日长。百花绽放，洋溢着芬芳。碧树遮阴，老人煽动着芭蕉扇享受清凉。

赵伊坪回到了家乡郾城。他思念着奶奶和父母，从武汉给老人买了绸缎，让郾城最好的裁缝师傅给老人做衣服。伊坪奶奶见人就夸孙子伊坪有出息、懂事，又是个孝顺的孩子。伊坪父母更是为有伊坪这样的儿子感到光荣、有面子。弟弟廉波（晓舟）敬仰哥哥，内心下决心要以哥哥为榜样。他也给二叔还有堂弟买了礼物。赵家在城内东大街是大户家族，族人们也都来看望伊坪这个京城归来的高才生。

赵伊坪与城内北大街吕瑞芝已有婚约，按照父母的吩咐，到北大街看望未来的岳父、岳母及对象吕瑞芝，也给他们送绸缎布料，还给吕瑞芝买了城里时兴的旗袍等服装。

其实，赵伊坪与吕瑞芝的婚约是旧中国时一种前有渊源的订婚方式——娃娃媒。赵伊坪的母亲和吕瑞芝母亲是远房的表姊妹，虽然亲系很远，但两家相距很近，交往很多。赵伊坪和吕瑞芝同岁，在赵伊坪和吕瑞芝一岁多时，赵伊坪的父母和吕瑞芝的父母就为他们做主，定下了这门亲事。赵伊坪还比吕瑞芝大两个月，随着年龄的增长，他们都能不断地从自

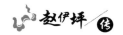

己长辈那里听到对方的消息。因为吕瑞芝小时候，她的爷爷是一个拥有一顷多地的大户人家，大牲口就有十几匹，所以，瑞芝身上尚存着大家庭的贤淑风韵，她的亲奶奶和继奶奶一共生了9个男孩和1个女孩，瑞芝的父亲排行第四。等到这个大家庭大到生产生活都不便于组织的程度，这才分了家。家产平均分成10份，每份有十几亩地、一匹大牲口，划出宅地盖房建院，都自立门户了，弟兄们各自经营各自的产业，以后也就各有千秋，有的发了、有的败了，而吕氏父亲是个本分的自耕农，守业守得不错，他除了分家时的那匹大牲口，早已换成一头小毛驴，其他产业都固守如初。

回郾城没几天，赵伊坪和田方等在大刘和黑龙潭组织农民协会，开展农民运动。他带领农民骨干列出租率、田赋、主佃关系、抗粮的情况等，使他们全面掌握农村的政治和经济情况。他还在郾城城内县立高等小学筹建起郾城文化促进会。

田方是蔡永令在这年3月初介绍加入的中国共产党。赵伊坪又与田方商议成立中共郾城城内支部，赵伊坪任书记，田方、康庆同、赵西白、张光灼、宁香山等为党支部成员，展开党的群众工作。

郾城文化促进会，实际上是党的办事机关，同它并列悬挂着郾城农民协会的牌子。文化促进会后，出版了《扶轮》半月刊，宣传革命道理；组织了新剧团，自编自演有教育意义的文艺节目。在北伐军进军河南的大好形势下，赵伊坪带领剧团到漯河为北伐军演出，受到了热烈欢迎。文化促进会成立后，赵伊坪又创办了党义训练班和农民训练班，从事的是最早教育活动。

他们在城内北大街南头路东租了两间门市开设"文化书店"，表面上售卖"三民主义"一类书刊，实际上出售的是马列著作、《向导》周报等进步书刊。他们还在城内东大街西头路北创办了一所平民子弟小学，使贫苦农民子女上了学。伊坪时常指教一些小学老师弹《国际歌》《革命进行曲》《少先队歌》。

赵伊坪在郾城组织创建文化促进会创办的平民夜校，在那所学校里就有伊坪二弟、三弟、四弟，他们都成了伊坪的学生，后来都参加了革命。通过几个月卓有成效的办学教学实践，年轻的他认识到教育对唤醒民众，对播种革命火种的重大意义。

冯玉祥率部于5月出潼关讨伐奉军，支持国民政府北伐，在6月1日将开封占领。同年6月16日，武汉中央政治部会决定设立开封政治分会，并任命冯玉祥为主席。这是冯玉祥第二次主政河南。开封政治分会设立后，为了补救行政干部的缺乏，先后成立了政治训练班、县长考试委员会、农村训练班、训政学院。

此时的训政学院只是一个地方行政人员训练所，规模比较小，学员主要是"抽调现任各县长及公安局长并荐任、委任各级候用人员入所训练"，学习期限也很短，"两月至六月"。后来训练所扩大，改组为河南训政学院。训政学院由"省政府主席兼院长"，当时的河南省政府主席初为冯玉祥。

在郾城，党领导下的少年先锋队以学校为阵地，组织发动进步青年，阅读《向导》等刊物，宣传国民革命，教唱"打倒军阀，驱除列强"等迎接北伐歌曲。嘹亮雄壮的革命歌声为这个古老的县城增添了新的生机与活力。

此时的赵伊坪青春年少，个子高高的，白净瘦长脸型，戴着眼镜，身着长衫，脚穿布鞋，学生们都知道他是从北京求学回来的，很有学问。伊坪上课时讲一口略带河南口音的北京话，文质彬彬，一派京城学子的形象。他讲课声情并茂，结合课文的内容，打着手势，做着动作，模拟飞鸟、动物等。他在讲社会各阶级分析时也学着毛泽东上课时那样，画出一层层塔，把社会各阶级分层讲述，进行各种演示来吸引学生的注意力，提高学生的学习兴趣。学生们非常喜欢听他讲课。

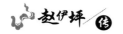

正当赵伊坪在家乡准备播撒更多的革命火种时，蒋介石"清党反共"的"白色恐怖"笼罩了郾城大地。大革命失败的寒流凶猛袭来，中共河南党组织决定让赵伊坪和董保仲、王修理等坚守平民子弟小学的阵地，开展革命地下活动。他们联合左派人士郾城高等小学堂校长常寿峰，在他的支持配合下，经过对县教育局的合法斗争，终于取得了平民子弟小学和县立高等学校合并（这个合并后的学校，就是今天的伊坪小学）。两校合并后改名为郾城第一完全小学，这所"完小"女子可以上学，男女可以同校。这是郾城历史上从未有过的"新事"，成为郾城教育史上的一次革命。

赵伊坪和吕瑞芝已有婚约，瑞芝很想参加学习，但她考虑两边的老人需要她的照顾，地里的庄稼也需要她帮着做，就推辞没去上学。但吕瑞芝的妹妹吕秀芝成了赵伊坪的学生。这一年，吕秀芝14岁，进入郾城第一完全小学的平民班上学。伊坪担任她们班的语文课老师，是她有生以来的第一位老师。

在赵伊坪等带领下，党、团组织在郾城城关、漯河镇及近郊的农村秘密张贴革命标语，开展反帝反封建的宣传活动，还演出反帝反封建迷信、宣传妇女解放的话剧等。他们秘密健全共青团组织，他的弟弟赵晓舟、田瑞等第一批加入了共青团，并且在组织起来的群众中吸收了一批党员，从而在郾城建立了一支党领导下的革命力量。

1928年3月19日，冯玉祥委任鹿钟麟为北路军总司令，主持豫北战事。河南省主席一职又由薛笃弼代行，训政学院因有薛子良（薛笃弼）、余心清悉心努力管理学院，所以显得很有朝气。

据《冯玉祥日记》记载，1928年4月6日，蒋介石来开封视察时，冯玉祥还特意引导蒋来河南训政学院参观。而且蒋介石到各地视察，总会引来大批记者，在蒋介石参观训政学院后，各地报刊对开封训政学院相继做了报道。借此，冯玉祥也为自己赢得了支持国民政府实行训政的名声。

彭雪枫在天津利用空闲时间为报纸、杂志撰写文章，靠卖文章为生。

他还利用各种关系，深入到天津各学校中去，暗中联络思想进步、同情革命的学生，以期掀起新的学运高潮。但是，由于革命正处于低潮，军警、便衣特务比比皆是，每走一步都会受到盯梢和盘查。彭雪枫的活动很快引起敌人的注意，处境危险，天津已经难以存身，1928年夏，彭雪枫决定暂回河南镇平乡下。

回河南镇平乡下不久，余心清通知彭雪枫与原育德学校的同学张维瀚、赵子众、牛连文等报考河南训政学院专修班，他们考入了该校。直至1928年9月27日，该院"为扩充范围，训练豫陕甘各（省）建设人才"，由冯玉祥下令将"河南训政学院"正式改称为"开封训政学院"。冯玉祥教育官长爱兵，特意立下一个"八不打士兵"的戒条：一、官长生气时，不许打士兵；二、士兵劳碌太过时不许打；三、对新兵不许打；四、初次犯过者不许打；五、有病者不许打；六、天气过热过冷时不许打；七、饱饭后及饥饿时不许打；八、哀愁落泪时不许打。冯玉祥把这个戒条，三令五申地告诫各级官长。刚实行时，官兵们都非常不高兴，以为这样一来，军纪就难于维持了。后来日子一长，方慢慢地见出功效，同时逃兵的事，也无形中大大减少了。

冯玉祥把官长目兵分成4个讲堂，加紧训练：一个营长和营副的讲堂，一个连长排长的讲堂，一个头目的讲堂，一个特别兵的讲堂。官长的基本战术同应用战术两课，由冯亲自讲授。方法、原则与应用混合起来教授，一面讲原则，一面讲应用。课堂上讲完了，马上就上操场演做；操场上演做完了，立刻又到野外去实习。

学院还规定了教学程序：一、我做给你看；二、你做给我看；三、讲评；四、我再做给你看；五、你再做给我看；六、讲评；七、你再做。从每个士兵的战斗动作，以至每连每营的战斗动作，必须经过这七道步骤。他认为这样的讲授，才是切合实际的办法，才能免掉纸上谈兵的流弊。后来十六混成旅时代的中下级干部大半都是在这时候训练成功的。

冯玉祥联合蒋介石讨伐奉系，本希望能够战后分一杯羹，但奉系退出关外后，蒋、冯之间的矛盾便暴露了出来。1928 年 8 月，国民党二届五中全会在南京召开，要求各地方实力派裁减军队。冯玉祥把军整编为师，借以敷衍。

此时，原是郾城高等小学校长常寿峰，现是国民党郾城县党部负责人，他收买董保仲（董友昆），董保仲出卖了中共郾城县县委书记谷麟阁及东北乡太子墓村吕某某，谷麟阁、吕某某等人被捕，给押送到开封。国民党反动派为掩盖董保仲的叛徒面貌，国民党郾城县政府也把董保仲押解到开封。由于省委深知谢庭梅和董保仲的关系，就特别秘密地通知谢庭梅，为保全狱中党组织的安全，告知狱中组织无论如何不要在狱中与董谈组织关系。因此，董在狱中未能继续破坏党组织。过了有 3 个月，董由郾城国民党部保释出来。

赵伊坪与常寿峰、董保仲私人关系要好，在常、董二人眼里已超出与组织的关系，董的叛变，没有供出伊坪，常寿峰仍让他为小学教师。但一时间郾城有些人误认为伊坪叛变了，坠入了常寿峰的圈套里。

清者自清，浊者自浊。在严重的"白色恐怖"之下，赵伊坪在忘我地工作。他家成了党、团组织的秘密活动地点，党组织在他家开会。他的父母和弟弟赵晓舟负责放哨、传送情报。在当时国民党恶劣的政治环境下，赵伊坪不畏艰险，坚持斗争，有时隐藏在一个仅能容身的楼梯下，用芦席围着一盏小油灯刻写宣传革命的文件和传单；有时隐蔽在两幢楼房的夹道里，一连几天吃不上饭，喝不上水，但仍在墙上刻下满怀豪情的诗词。由于长期从事地下工作，他全身长了疥疮，行动困难。在其舅父的帮助下，他隐藏在一个粮仓里，经其舅母和小表妹的精心护理才得以痊愈。

1928 年秋，国民党要在郾城搜捕"三赵"，即城东门的赵伊坪、东大街的赵子众、城西门里的赵西白等 3 个共产党员。赵晓舟和几个思想好的青少年利用敌人不注意的机会进入国民党的县党部，得知敌人很快就要在县城大搜捕的情报，迅速报告赵伊坪。于是，"三赵"在敌人下毒手之前安全转移出城。看守城门的老地保陈文泰利用敌人哨兵夜间抽烟喝酒的机会，机智地把城门打开一条缝，为赵伊坪等人深夜进出城门提供了方便。有一次，在城门紧闭的夜间，由陈遂金用粗井绳系着伊坪从城墙上放下去，脱离了危险。国民党军警迫令陈文泰带路到赵伊坪家搜捕，陈文泰便设法故意乱加指点，迷惑敌人，转移其注意力，从而掩护赵伊坪安全转移。由于赵伊坪紧密地依靠群众，国民党多次追捕，都以失败告终。

大革命失败后，赵伊坪还在郾城周边地区临颍、泌阳等地以教书为掩护，从事党的地下工作。敌人追捕他，他对敌人有充分的思想准备。这期间，他的同志和朋友不少人有坐监的经历，就是没坐过的，也谙知狱中的情形。不难想象，监狱里关着他的朋友、同志，而他在带有电网的高墙外边教书，心里的滋味无法言表。他不怕坐牢，但并不情愿去坐牢，因为他要把自己的青春年华贡献在抗日救国的事业中！

1929 年 1 月，全国编遣会议在南京召开。3 月，国民党"三大全会"宣布撤销开封政治分会及第二集团军总司令部。后来蒋、冯又因山东问题矛盾进一步激化。时间不长，形势又发生了变化。蒋介石为了削弱冯玉祥的势力，便收买韩复榘，在河南大搞"清党"运动，河南形势急转直下。由于彭雪枫等人有一定影响，因而被反动军警当作危险人物加以监视。

蒋介石一面派大军讨伐冯玉祥，一面以巨款收买冯部将领。韩复榘、石友三、刘镇华、杨虎城、马鸿逵等先后背叛了冯玉祥。此次反蒋斗争最终以冯玉祥被阎锡山软禁而结束。之后，冯玉祥隐居山西汾阳峪。

冯玉祥的军队撤出开封后，其所创办的训政学院也随之解散。彭雪枫与张维瀚等无法开展工作，在这种情况下，他们决定离开开封，重返北平。彭雪枫、张维瀚向赵伊坪告别后重返北平，一起报考了北平民国大学，虽被文学系录取但因无力缴纳学费，终未能入学。

第八章

西北军中搞兵运，革命工作意志坚

随后，河南政治形势更加严峻，中共党组织考虑赵伊坪的安全，让他到北平，在北平民国大学就读。该校是蔡元培回国后，于民国五年（1916年）冬同友人在老醇王府的南府（今北京市西城区鲍家街）创设的，当时，大学分文、法、商三科。1920 年蔡元培任校长，对于校事颇多改革。20 世纪 20 年代后半期邓芷灵任校长，校名为私立北京民国大学。

1929 年 5 月 15 日，冯部将领刘郁芬、孙良诚、韩复榘等推冯玉祥为"护党救国军西北路总司令"，通电反对南京政府。

此时，赵伊坪因经济困难而被迫退学。遵照党组织指示，赵伊坪奉派到西北军冯玉祥部做兵运工作。经朋友介绍，他在西北军田春芳第二十四师任军械处录事（书记），化名"赵罗萍"。在这里，他结识了两个富有正义感和具有强烈革命要求的青年，一位是参谋处参谋熊义吾，一位是副官处副官朱慨夫。义吾与伊坪同岁，慨夫稍大伊坪一两岁。他们三人共事相处，因他们年龄相近，情趣相投，志同道合，居处厮连，接触较多。

赵伊坪此时弱冠之年，已风华正茂，谈吐风流，意气豪迈，举止洒脱，而且笃学深沉，博采约略，蔼然亲切，人为正道。他们相处时，经常深夜不眠，或畅谈时事，挥斥方遒；或钻研理论，发穷决疑；或翻阅文艺，指点优劣。伊坪每每发言，立论确切，意畅词晰，反复剖解，深刻动人。

熊义吾，即张介民、熊寄飘，1910年4月出生于河南正阳寒冻南街较富裕的农民家庭。曾先后在正阳信义小学、信阳义中、省立汝南六中、南京童子军教练员训练学校、开封陆地测量学校就读。1929年毕业后，入冯玉祥部第十军二十四师司令部任参谋。

朱聘三，即朱慨夫、朱义才，河南商丘人，家里约有百亩地，是独生子，读过私塾，相当聪明，他父亲去世后，他母亲给娶了个自己不喜欢的老婆，他便在北伐期间当了兵。

熊义吾之所以能稍明白革命道理，因像伊坪一样受过训，有学业。朱慨夫性情豪爽，襟怀坦荡，热情洋溢，其思想方面易受伊坪影响。

朱聘三和熊义吾此时还不是中共党员，赵伊坪也未暴露自己中共党员的身份。而在私议中朱慨夫与熊义吾断定伊坪为共产党员无疑，加之伊坪能力超群，衷心愿听其驱策。

当时，他们拟以秦岭以南山区为活动地区，拉队伍，树红旗，入深山，打游击。由伊坪制定方略，具体活动由熊义吾和朱慨夫分头进行。他们不断商谈如何结识好友，深入连队发展进步官兵，进行工农革命，经过近一年的努力，基本上掌握了田春芳部一个多营的兵力，有一个手枪连，一个八二迫击炮连，一个骑兵连，此外，尚有个别班排。这些部队均为冯玉祥之第四路军，即宋哲元总指挥部直属单位和其二十四师中的连队。

1930年3月，冯玉祥与阎锡山组成讨蒋联军，掀起中原大战。冯玉祥西北军全部东出潼关，开抵河南东部，赵伊坪等随军东进。春夏之交，赵伊坪、熊义吾、朱聘三等曾一再研究采取兵变方式拉出部队，终因力量初聚、机缘未熟，未敢冒昧从事。

此时，熊义吾为机械处司务长，朱聘三为机械处运输连连长，赵伊坪为运输连录事，他们随部队到了豫东。在豫东，他们又多次商讨，想率可

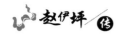

掌握的部队脱离内战，疾驰南下大别山区与红军会合，可又考虑到豫东广阔平原，迢迢千里，不仅脱离战场困难，即通过此遥远地带，也属不易而作罢。

赵伊坪在杞县驻防。杞县位于河南省东部，北接开封、兰考和民权县，东临睢县，南至太康县，西连通许县。杞县县城是夏、商、周三朝国都，历史悠久。在杞县，赵伊坪的连部正好安扎在王长简（师陀）家。

王长简，1910 年 3 月出生，他少年时代先后在农村私塾、杞县第一小学、开封省立第一商业学校、开封省立第一高中读书。在开封求学期间，思想进步，爱好文艺，阅读了不少文学作品，曾与志同道合的同学创办小型刊物《金柝》。

有一天，王长简大哥王乐超在家，赵伊坪在屋子里巡视了一下，见他家有很多进步书刊，心里高兴，便与王乐超交上朋友。

王乐超性格豪爽，让赵伊坪想看啥书就拿，告诉他这书主要是弟弟长简爱看的，他在开封的什么学校上课。

赵伊坪向王乐超表示感谢，并表示等长简回来也要交个朋友。

学校放假了，王长简回到家。但这时运输连已经离开他们家，移驻距王长简家的东南 5 公里路的村庄去了。王乐超把伊坪借书交友的事说给了他。

王长简听了分析，冯玉祥军队里，上自冯玉祥本人以及前敌总司令鹿钟麟，下至连长、排长、司务长，绝大多数是当兵出身，一个相当于班长的上士录事，居然喜欢进步书刊，可见其来历不平常。他表示这个朋友要交。

时值盛夏的一天上午，赵伊坪头戴大草帽、身穿灰布军装、打着绑腿，满脸是汗，到王长简家来了。经过王乐超介绍，他与王长简彼此热烈握手。因为天气炎热，哥俩劝伊坪脱下衣服，他也就毫不客气，脱下军装，从头上摘下大草帽，当作扇子扇了起来。

王长简端来用桑叶煮的大碗茶，坐在大门底下一边喝着茶一边聊了起来。

赵伊坪先问王长简："几时从开封回来的，那里的情形怎样?"

"我刚读完高中二年级。学校放了假，同学回家了，我正好利用学校环境清静写文章，回家晚了十多天，你们运输连已经离开了我家。"

"我是押着大车队去罗王车站领给养的，经过附近，让大车队先走，自己拐弯过来看看。要不还见不到你的。"

"这说明咱俩还是有缘分的。"

"就是。路上我还发生一件事情，一个赶着大车的农民让路慢了，激起了当兵的愤怒，跳下去就打那个农民。这事情引起我动了火，当场训斥那当兵的，'你自己本来也是农民，怎么可以随便打人家呢!'"伊坪余怒未息地说。

"训斥那当兵的就行了，自己就别生气了。"

赵伊坪便站起身来说："不生气，不生气了。过几天你哥俩到我那里去玩。"

"吃午饭再走吧。"

他摆摆手坚持不肯地说："不行，不行，我还得追赶大车队去呢。"赵伊坪又关照王长简说，"我三四天就回来。定好上午来，在我那里吃午饭。"

"好吧，既然你'公务'在身，不便强留。"见赵伊坪戴上大草帽，拿起军装，王长简就送他走出村庄。伊坪在强烈的阳光下，匆匆向西北赶路去了。

王长简望着这位年轻"录事"的背影，心里产生了疑问，对大哥王乐超说："他既然有学问，热爱进步书刊，富于正义感，对农民充满同情心，对人又彬彬有礼，为什么要到西北军去呢?"

王乐超说："是呀，他为什么到西北军的呢? 我也想不通。"

王长简热衷于文学，赵伊坪看到他家里堆放的进步文学书籍，就对文学爱好者及作家发生兴趣，也改变了认知。过了五六天，赵伊坪运给养回来，王长简和王乐超便去运输连部看他。

赵伊坪运输连部驻在一户农民的大院子里，3间堂屋由房主人全家居住，腾出3间东屋归他们连部使用。

这户人家夫妇两人，有一个十四五岁的姑娘，质朴而勤快，长得秀气而有灵性，人称呼她"秀姑"。赵伊坪等人的到来，使她的命运有了决定人生的转折点。赵伊坪曾对她宣传进步思想，这对她后来走出家庭、走向社会影响很大。她开始学文化，注意了解外面的事务了。

王长简和王乐超弟兄两人到来，赵伊坪特安排连长朱聘三、司务长熊义吾招待他们。秀姑忙着倒水做饭。朱慨夫是个性格热情又开朗的人；熊义吾最初给王长简的印象是个沉默寡言的人，后来交往深了，始知他其实是个极天真的人。

之后，王长简与王乐超曾去了赵伊坪连部两三次，话语间，朱聘三曾不住地大喊大叫，要找共产党，要拉起队伍，打红旗上山。他说："只要上了山，来一个通电，成立红军，我任司令，他（指着伊坪）是我的政委，他（指着熊义吾）是我的参谋长。"

有一次，朱聘三刚讲完"他就是红军第多少军军长"，伊坪笑着挖苦说："还吹呢！一年前怎么样？"

朱聘三不好意思地说："全靠你这位政委呀。"

赵伊坪他们从西安出发前是有别的番号，那是一年前他们在杞县时，确实改称军械处运输连了。王长简警告朱聘三不要乱讲。可朱聘三说："你不用怕，全连士兵都是有'觉悟'的人。"

王长简已估计到伊坪是共产党员，可朱聘三大喊大叫要找的共产党，其实就在他身边。后来王长简向伊坪了解过，赵伊坪讲道："他所谓有'觉悟'，一是他不打骂士兵；二是他家里汇来的钱每月改善全连伙食；三是他经常向当兵的讲他们受压迫，为他们鸣不平；四是如果有谁家里遭到变故，需要钱用，他便借给他们。"

王长简似乎明白些："原来是这样。"

赵伊坪又说："你可能不知道，冯玉祥的军队是不管发饷的，师旅长以上的将领们可以向冯将军借钱，或自己想办法弄钱；团长以下的军官如果想用钱，只好靠使些聪明、靠机会了；像朱聘三说的办法是向家里要钱。"

王长简还问伊坪："你是咱河南郾城的，为啥不顺便回家去看看？"伊坪带点儿笑意答道："咱又不是小孩子了，还离不开父母吗？"

王长简是认识共产党团组织成员的，他在开封省立高中读书时，同班同学姚第鸿就曾动员过王长简参加选举学生会主席活动，并告诉他要选一个是共产党员的同学当学生会主席。姚第鸿曾好几次劝他去看在省一中教书的潘训。有一天晚上，还暗暗借给他几期油印的《红旗》杂志，并说暑假后回家。其实姚第鸿放假就在开封，王长简没有去过他家，也不知道地址，只好等开学后再跟姚第鸿讲赵伊坪他们的事，不料开学后却没见到面。后来，王长简回到开封，才知道姚第鸿在暑假期间已被逮捕。

姚第鸿，1910 年出生于山西省河津县，乳名虎子，化名梦熊。其父姚以价是同盟会会员，响应辛亥革命率先在山西举义的首领。1927 年考入开封省立高中；1928 年在开封加入中国共产主义青年团，暑假因参加学生运动被捕。姚第鸿的被捕，是由于王长简的同班同学姓黄的告密，姓黄的是国民党特务，姚第鸿等当面叫他"黄狗"。

由于姚第鸿的父亲姚以价的关系，姚第鸿才获得释放。当时，河南省民政厅长张钫曾在他们学校大礼堂向全体学生讲话解释："姚第鸿的父亲姚以价是我的老朋友，姚以价看一个钱比铜锣都大，他的儿子能当共产党吗？"因为关押在警备司令部时受过刑，姚第鸿腿留有后遗症，还有点瘸。

随后，姚第鸿转入到济南山东省立高中学习，很快与济南党团组织接上关系，积极投入地下斗争。1930 年加入中国共产党。

1930 年入秋后，讨蒋联军兵败，冯玉祥部向西败退。从洛阳西工再往西走便是虎牢关。沿途遭杨虎城部截击，冯玉祥部队已溃不成军，刚到陕境，各部队先后均被杨虎城收编。赵伊坪等辛辛苦苦培植的兵运革命幼芽，经过这一重大挫折，已被荡然，付诸东流。

改编后，赵伊坪所在的部队改编到十七路军杨虎城部的第三旅，旅长为马青苑。伊坪随军在西工暂住。

民国三年（1914 年），北洋政府在洛阳老城以西大规模兴建兵营，当时叫"西工地"，简称"西工"。民国九年（1920 年）9 月，直系军阀吴佩孚以直鲁豫巡阅副使身份进驻西工，并进一步扩建兵营，修筑马路，由5000 余间营房扩建到 1.2 万余间。民国十二年（1923 年），河南省长公署迁驻西工，洛阳第一次成为河南省省会。

赵伊坪从洛阳西工给王长简寄发了一张明信片，说是今后不知到何处去。信中提到，西工是吴佩孚任直鲁豫巡阅使时驻兵的地方，但是偌大的西工，又没有番号，显然他的目的只在通知王长简，他们在听候改编，他仍旧安然活着罢了。

不久，杨虎城部奉命回陕，马青苑率第三旅于 10 月 27 日最先进入西安，被杨虎城任命为西安警备司令。10 月 31 日，蒋介石"讨逆"有功，将所辖旅扩建为师，马青苑被擢升为第五十八师师长。

蒋介石对杨虎城从未信任，唯恐杨的实力扩大，随后下令限其只留两个师。杨遂将马青苑的第五十八师改编为陕西警备师，划为地方部队。

1930 年冬，赵伊坪在西安经朋友介绍，出任马青苑秘书。此时，熊义吾也到了陕西，在朝邑县杨虎城的武士敏旅当参谋。熊义吾因公去西安办事，碰巧遇到伊坪，相见之下，不胜唏嘘。

在酒馆，两人边吃边喝，谈论着今后出路。赵伊坪规劝熊义吾："换个环境吧，离开这鱼珠混杂的部队，寻求新的出路。我建议你回家乡干些实事，那里会有人指引你走向希望的。"

熊义吾意识到赵伊坪的话里带有玄机，不想明说。分别之后，几经挫折，他给赵伊坪来信，信的字里行间流露着惆怅、烦躁和不安。而伊坪对革命前途深抱乐观，他回信开导熊义吾少安毋躁，指出革命前途无限光明，不可能一帆风顺，只要继续努力，自然可以涉登到理想彼岸。伊坪再次劝熊义吾改变一下环境，返回原籍正阳县。

1931 年春节前，赵伊坪率先返回故乡河南郾城，而熊义吾春节后才回到正阳老家。

寒风凛冽。在郑州车站，朱聘三这位做过红军第某某军司令梦的人，当冯玉祥兵败后，看见当兵的争先恐后上火车回老家，自己也跟着爬了上去，要到商丘老家。

为了找"母亲"，他决定先到杞县找王长简打听情况。1931 年春节前，朱聘三在杞县王长简家住了十来天。

当国民党统治时期，除了红军占领的苏区，要找共产党，就得讲找"母亲"或"爱人"，随本人的身份地位而定。

姚第鸿跟他的全家从开封搬往济南时，曾给王长简介绍过一位文科乙班的同学张宏道，说"以后你听他的好了"。但是张宏道很谨慎，怕暴露自己，尽管经常到王长简住的宿舍来，只是见面笑笑，打打招呼，不敢约王长简单独谈话。这是因为王长简班里的"黄狗"还在，校长是新换的河南省党部主任委员，显然是国民党特务。

在国民党"白色恐怖"统治下，王长简有这样的顾虑，对一个相交不深的人，不敢把朱聘三贸然介绍给张宏道。王长简只对朱聘三说："容我慢慢想办法。"

看了几场"狗妞"在财神庙演出的戏后，朱聘三坚持要回家。临行前，王长简转送朱聘三一本朋友赠他的书，书名叫《烟袋》。朱聘三接过书便惆怅地冒着寒风走了。

郾城，赵伊坪再熟悉不过了，这城里的每一条街巷、每一口井、每一棵树木，城里任何一条街不到两里半长，在任何一条街台阶上，人们总能看见家门口时常坐着女人，头发捋得光光亮亮梳着圆髻。她们同自己的邻人谈话，一谈就谈到黄昏。随后她们的孩子一遍又一遍的嚷着、催促着，她们要一直继续磨蹭下去，直到她们去田里耕作的丈夫赶着牲口从城外的田野上回来，这才肯回家。

春节期间，熊义吾专程到郾城看望赵伊坪。夜间，两人联床共话，乐而忘倦。熊义吾问伊坪："怎样才能参加中国共产党？"

至此，伊坪想了想对熊义吾说："我早已是中共党员，你有这个想法很好。"

"你可让我猜对了，你这一说，说明了对我的信任。那我什么时候能加入中国共产党？"

"我已考验你很久了，我现在就可以帮你入共产党。"

"真的吗？"熊义吾惊喜地问。

"真的。还可以告诉你，聘三已改名'慨夫'了，他自冯部失败后，已辗转到了山东，现在山东新泰鲁南民团军谢书贤的指挥部当副官长，谢书贤对慨夫颇为器重和信任。"

"是吗？我以为他失踪了。"

"这是党的机密，也是纪律，不到条件成熟，是不能随便说的。"

"这个我懂，所以就没问。"

"他那里情况很好，机会难得，将来如果我们能聚在一起，能施展抱负，革命前途大有希望。所以，我已决定不日而行，去鲁南和慨夫一起工作。"

"你这么一说，我也看到希望了。"

"你先在镇里小学任教，在本地搞革命活动。我把西安的事了结一下，过去对接，也很希望你能随后前去。"

熊义吾思索片刻说："到时候我就前往。"

春节即将过去，王长简来到赵伊坪家街门口，见门开着，他上前敲了敲门环——

"谁呀？"伊坪从北屋掀帘出来，"嗯呀呀，是长简兄啊！"两人拥抱在一起。

"让我先给叔、婶拜年。"

两人分开，伊坪拱拱手急忙向北屋让道："屋里请，屋里请。"

王长简进屋，向赵树梅、张淑贤夫妇拱手："给叔叔、婶婶拜年了！"说完磕头，伊坪赶紧拉住。

伊坪父亲赵树梅站起身："过年见面就是拜年。伊坪，这是？"

"这是我在去年结识的好朋友，家是杞县的，叫王长简，在写作上可有水平了！"伊坪赶紧介绍说。

"好啊！一看就是一个有才之人，好。"赵树梅夸奖道。

"叔叔过奖，过奖了。"王长简谦恭地说。

"走，到我屋去坐会儿。"伊坪拉了长简一下说。

王长简拱手向伊坪父母说："叔、婶儿，我们过去了。"

"去吧，去吧。"赵树梅也拱拱手说。

赵伊坪带王长简进了配房忙问："你咋到郾城来了？"

"这春节拜年，我咋不能来？意外了吧？"

"真没想到你能来！"

"其实啊，从我记事儿时就年年来，不过咱俩还没认识罢了。"

"是吗？"

赵伊坪母亲张淑贤端来一小筐炒好的花生进来："吃花生，吃花生，伊坪，让客人吃花生。"伊坪忙接住小筐。

"婶儿，谢谢，谢谢。"

"谢啥？你能来，我们高兴还来不及呢。你俩吃着花生聊吧。"张淑贤说着向外走去。

"快坐，快坐，吃花生。"伊坪给王长简抓了一把花生放在桌上。

王长简手捏花生，边吃边说："其实啊，我在郾城有家亲戚，所以我每逢过年都来。"

"怪不得，原来还真有亲戚。亲戚叫什么？"

"我家亲戚叫孟林，曾在这里做过小官。虽然是亲戚，但我知道他的情况很少。"

"孟林，孟林太太，这我知道。爱清洁的老太太，她的院子里总是干干净净，地面扫得老像用水冲洗过似的。"伊坪接过话说。

王长简介绍，孟林是个严厉的人，待他太太极为残酷，因为孟林太太没有为他生一个儿子，只有一个女儿，后来他就抛弃了她。

"她女儿叫素姑，小时候也在一起玩。嗯——命运不济，悲惨的命运呀！"伊坪若有所思地说。

王长简说："因为娘俩的命运悲惨，所以，我父亲每年带我来给他们拜年；后来我入了学校，父亲老了，我仍旧奉命独自来看她们娘俩。他们家里没有男人，我每年到他们家之后，还奉着孟林太太的命令，去看和他们有来往的本城的亲戚。"

赵伊坪多少也知道些孟林太太的情况，她老是穿着深颜色的衣服，喜欢低声说话，用仅仅能够听见的声音说话，而这些习惯使人感到她身上有些神秘色彩。

素姑与王长简同岁，22 岁了，长得瘦长，杨柳细腰，面相像她的母亲温柔端庄，但比她母亲随和。她会裁各样衣服，她绣一手出色的花，看见人或说话的时候总是笑着。

他们两人随后聊起写作的事，一直聊到中午。王长简在伊坪家吃了午饭才走。

春节假期刚过，赵伊坪接到陕西警备师师长马青苑的一份电报。原来，马青苑已有野心，赵伊坪虽然是他的秘书，但不是他的心腹，他要收买伊坪做心腹，就给伊坪在电报中暗示，他要从南京回来，让伊坪听他的好消息。其实，他的野心是扩充军队，自己上级杨虎城不允许他扩充，他就投靠新的主子蒋介石。蒋介石对自己的嫡系军队尽力扩充，对杂牌军队不惜用一切手段，加以收买或限制、分化、削弱，甚至消灭。蒋介石对杨虎城不信任，杨虎城对马青苑不信任，马青苑对杨虎城有怨恨。马青苑赴南京开会，主要目的是见到蒋介石。

马青苑回到渭南，立刻又打电报给赵伊坪，告知去南京的结果，蒋介石应许他扩编部队。伊坪想，这倒是搞"兵运"的好机会，他需要找党组织商量此事。

当时党组织和党员采取单线联系，此时，新建立的西安党组织也派原联系人找赵伊坪。于是，他决定立即回西安，要和地区党委接上头，请示工作。

伊坪向西安党组织陈述两个方案：一个是留在陕西，一个是去山东。组织经过仔细研究，认为马青苑的部队原是杨虎城的老部下，以下级反上级极少有成功的可能，不如去山东，乃是上策。这样，赵伊坪有了组织的意见，就着手准备要去鲁南开展工作。

正月将尽，赵伊坪从西安寄发给王长简一封信。王长简接到来信感到意外和突然，又用的是西安警备司令部的公用信封，信纸是警备司令部的八行笺，用毛笔书写，开头讲他当了西安警备司令马青苑的秘书，接下去问王长简的情况，说王长简如果回信，就写西安警备司令部赵一萍收。王长简明白，他的名字这时已改成了"赵一萍"。

对共产党朋友，他们的经历、入党时间、在党内的职务，王长简并不想知道。知道得多了这无论对朋友、对自己都没有什么好处。王长简猜想的他在逃离家乡时，失去党的关系是事实，现在终于接上关系了。伊坪给王长简写信的目的，除了他认为王长简是进步的，想了解朱聘三和熊义吾的情况外，他实在难以揣测。因这两个人的名字他信中不曾提起，也不便提。

王长简马上回信告诉他，朱聘三如何回老家，春节前如何托他找"母亲"。伊坪迅速答复，谈他在司令部的工作情况，以及司令部的情形，而不提朱聘三。以后还通过好几封信，伊坪也只谈西安的情况，有一次讲到在西安街上打死过人，可以猜想，敢在大街上打死人的，只有蒋介石的特务，仍不提朱聘三，他似乎有所避讳。这又使王长简疑惑不解，其实伊坪此时已与党组织有着密切的联系。

而此时的朱聘三也就是朱慨夫，已加入中国共产党，在山东省委领导下，负责鲁南地区党的工作，为了加强山东兵运工作的开展，山东省委决定让朱慨夫利用他与鲁南民团军司令谢书贤是表兄弟的关系打入该部。朱慨夫懂军事，口才又好，很受谢书贤的重用，不久，就被提拔为鲁南民团军副指挥长。这时，朱慨夫为扩大在民团军的进步力量，积极寻找赵伊坪和熊寄飘（熊义吾）。

初春料峭，马青苑春风满面地从南京军司令部回来，没多久被委任为陕西某垦区司令。马青苑到了驻地，从自己的一个师迅速扩大成 7 个师，引起杨虎城对他的忌惮，杨虎城对他实行讨伐。马青苑又要去南京开会，此次是向南京请示改变防区，汇报扩军计划并请求供应军火的。陕西党组织既然已确认马青苑必然失败，便批准伊坪去山东的方案，并开了介绍信。伊坪拿到介绍信，等待机会，恰好碰上马青苑要带着他去南京开会。马青苑乘坐的是专车，即一辆火车，随行人员很多。伊坪要脱离马青苑，从西安到南京，一路上苦无机会。

归途中的一天夜间，赵伊坪与马青苑坐的专车到了河南省宁陵县柳河车站（今宁陵县陇海铁路柳河货运站），要等车错位，不得已他们的专车停靠在柳河车站。柳河车站位于宁陵县北部的黄河故道，北有古宋河、东有陈两河，距离东面的商丘，交通便利。

时至深夜，全专车的人都入睡了。天赐良机，伊坪便带着一件呢大衣，悄悄下了专车，深一脚浅一脚登上往相反方向许昌开去的火车……

第九章

民团军中闹革命，艰难困苦得锤炼

惠风和畅，翠柳婆娑。赵伊坪到了山东新泰。

新泰地处山东省中部，东接临沂，南临孔子故里曲阜，北与济南相连，西靠泰安。境内北部高山凸起，平阳河东、南部山岭绵亘起伏，唯中部、西部为河洼平原。新泰地形状若坐东向西的簸箕，最高点在莲花山，海拔958米。柴汶河横贯东西，把新泰分为南、北山丘与中部平原三个部分。境内北部山脉属泰山支脉，以莲花山为主体；东部（渭水河以东）、中部、南部为蒙山余脉；南部以白马山为主体。低山外围是各类岩石经过长期剥蚀、切割的丘陵。

经朱慨夫的介绍，赵伊坪到了鲁南，在第四民团军指挥谢书贤部一团一营担任营部文书。在此职务掩护下，他具体负责鲁南民团军中共地下党组织的工作。

在新泰鲁南民团军指挥部，赵伊坪、朱慨夫、王乐超等时常相见，甚为畅快。伊坪同慨夫等人在鲁南民团军中开展建党工作，他们以交朋友和个别谈话的方式，向士兵宣传新思想、中国共产党的政治主张。

赵伊坪想起漂泊不定的王长简，写了一封很简单的信：对他说已在鲁南，刚来这里，还不知道工作怎样安排，也不知道他能否收到信。

　　1931 年的夏天，王长简到了北平，出门前他对家人说是去北平考大学，实际上王长简没有领高中毕业文凭，也没有证明书，没有证明书便不能报考任何大学。他去北平也就是为了找出路，争取参加共产党。在王长简心目中共产党很神秘，总认为自己不够党员的标准，不敢提出要求。他和几位同班同学在北平的吉祥胡同住了一个多月，便搬进银闸胡同北口的一家小公寓。

　　这时，王长简想起赵伊坪，就立刻写了一封信：如果解决"婚姻"问题，最好到北平来一趟。时间不长，他家里给王长简转来朱聘三从山东新泰寄发的信，信封、信笺都用鲁南第四民团军指挥部的，说是朱聘三已经改名朱慨夫，做了副官长，急需找"爱人"。恰好北平"左联"张宏道又来看王长简了。王长简拿出朱慨夫和伊坪的信请他看。

　　等张宏道看完，王长简又讲跟两个人相识的经过。张宏道听过王长简叙述过慨夫和伊坪的为人，笑了，爽快地说道："姚第鸿不是在济南吗？我写信通知他。不过他可能给你来信，也可能不来信。"说完他便站起身走了。

　　姚第鸿从开封转入济南山东省立高中学习，很快与济南党团组织接上关系，积极投入地下斗争。不久加入中国共产党。在 1931 年 3 月已任中共济南特支委员兼共青团济南特支书记。

　　过了几天，王长简收到姚第鸿寄来的照片，只简单地说：你的朋友需要"爱人"，可在某地找某人接头。又过了约半个月的光景，接到朱慨夫的来信：感谢帮他找到"爱人"，还讲了许多充满狂喜的话。王长简写了回信，同时把朱慨夫先后两封信转给赵伊坪，却很久不曾得到伊坪的回音。

　　熊义吾（张介民）听从了赵伊坪规劝，辞职返回河南正阳县寒冻镇，在家乡逐渐从事起革命活动。1931 年 5 月初，熊义吾在寒冻第五小学任教。寒冻的劣绅镇长李宗绪，私派银两，欺压民众，为非作歹，群众对他恨之入骨。为赶他下台，解除民愤，中共寒冻镇地下党组织密令熊义吾把李宗绪的劣迹用宣言形式写成后，到县石印馆印数千份，在当时引起社会反响。

初夏的一天下午，熊义吾同李殿爵正组织学生出操，恰逢李宗绪路过寒冻第五小学操场。一声喊："打"，100余名学生蜂拥而上把李痛打一顿，捆绑起来扣押李于校室内。与此同时，熊义吾派学生在寒冻镇及附近乡村张贴告民众书，并邮寄全县各地，最终将李逼赶下台。这次活动影响较大，国民党县党部伙同地方武装到寒冻镇抓捕进步分子，"白色恐怖"笼罩全县，熊义吾安全受到威胁。

熊义吾的身份有所暴露，赵伊坪得知后再次函催熊义吾到鲁南。

赵伊坪、朱慨夫、王乐超等经过一段时间的努力，发展了若干党员。不久，姚第鸿带着中共山东省委从泰安下达的指示来到鲁南，在鲁南民团军成立了中共鲁南党支部，赵伊坪任支部书记。熊义吾也到了鲁南。伊坪的公开身份是一团一营营部文书，姚第鸿和熊义吾、王乐超均在连队做文书。

在新泰，大家名义上的职务是排连营录事或书记，一律上士待遇，每月工资10元；实际工作是"兵运"，即唤醒兵士和下级军官对现实的不满，对他们指明出路。到8月份，他们在各连队中吸收120多名党员，包括熊义吾等在内。可掌握的武装力量已近300名，约占谢书贤直属部队的四分之一。同时发展了新泰教育局长王者宾，让他专任以后革命部队联络之责和筹集款粮等任务。

当时革命工作活动分工是：上面联系和掩护由慨夫负责，下面物色对象、发展组织由他们四人分别进行。行动计划是先交朋友，逐步发展组织，待掌握了一定力量之后，时机成熟，即扣押谢书贤，拉起队伍上沂蒙山打游击，建立革命根据地。由于赵伊坪等的努力，在鲁南民团军中播下了革命的火种。

本计划再稍稍扩展,即借机暴动,扯旗上山,但国民党山东省主席韩复榘与刘珍年之间爆发了军阀战争。中共山东省委立即发出紧急指示,要求在韩复榘部做兵运工作的共产党组织迅速发动士兵哗变。根据这一指示,赵伊坪和朱慨夫商议,决定在鲁南民团军中组织士兵哗变,然后拉出队伍上沂蒙山开展游击战。

此时的赵伊坪不仅领导全指挥部的党员,而且也领导着全鲁南民团军的党组织。按当时的情况讲,党的首要工作是扩大红军和建设苏区,与之相配合的是利用"兵运"工作在鲁南国民党军队进行策反,其使命之大可想而知。恰在这时,朱慨夫和谢书贤闹翻了。朱慨夫之所以出事,是因为他和总指挥谢书贤的第三姨太太恋爱。那姨太太是洛阳师范的女学生,平常对老粗丈夫就不满意,一旦遇到聪明能干的朱慨夫,犹如干柴遇到烈火。据王乐超目睹,元宵节指挥部演戏,朱慨夫与谢的三姨太眉目传情,关系很不一般。原来,这一年上半年,谢书贤有一段相当长的出差时段,朱慨夫作为副官长可以随时进入后衙,这期间,朱慨夫与谢的三姨太无有顾忌。等谢书贤回来,谢书贤在指挥部有一名候差的穷亲戚想讨好,便直接向谢揭发了朱慨夫这不光彩的事。谢书贤与朱慨夫翻脸,进行彻查,士兵哗变的消息也被谢书贤得知。

在这紧急关头,赵伊坪、朱慨夫带领直接掌握的80余名官兵,星夜向新泰北部山区转移。谢书贤派兵追击围剿,兵变部队因敌众我寡而失败。鲁南民团党组织处境异常危险。

赵伊坪请示山东省委后,决定让朱慨夫立即撤出,伊坪也同时离开新泰。为避免有所挂累,姚第鸿、王乐超和熊义吾也奉省委指示,在伊坪和慨夫走后,一并找个借口撤离了部队,善后问题由省委做处理。赵伊坪、朱慨夫撤离山东后先到了河南商丘,王乐超也回到河南杞县。此时,已是济南市委委员、市团委书记的姚第鸿回到济南,兼任齐鲁大学中共党支部书记。熊义吾撤出后,由省委介绍到济南搞学运,随后又派赴青岛。

1931 年 9 月 18 日夜，盘踞在中国东北的日本关东军按照其精心策划的阴谋，由铁道守备队炸毁沈阳柳条湖附近日本修筑的南满铁路路轨，嫁祸于中国军队。日军以此为借口，炮轰中国东北军北大营。次日，日军侵占沈阳，又陆续侵占了东北三省。震惊中外的九一八事变是由日本蓄意制造并发动的侵华战争，是日本帝国主义企图以武力征服中国的开端，是中国抗日战争的起点，它标志着中国局部抗战开始，这就揭开了第二次世界大战东方战场的序幕。

此时，张宏道来找王长简，问想不想加入"反帝大同盟"。王长简问张宏道"反帝大同盟"组织的性质，知道"反帝大同盟"是党的外围组织，便欣然同意了。随后，王长简给赵伊坪写了两封信。伊坪正处于非常时期，也就没有及时给王长简回信。

赵伊坪返回河南后，先住在朱慨夫商丘乡下的家里，随后，来到临颍县的颍河北岸的坡边村，在万寿寺小学以教师职业为掩护开展地下工作。临颍县隶属于现在的河南省漯河市，位于河南省中部，东接鄢陵县、西华县，西与襄城县毗邻，南连郾城，北邻许昌，距郑州 100 千米。这里的国民党统治薄弱，是郾城与临颍县之间的边远地区，又紧邻平汉铁路，交通便利。他效仿教育思想家陶行知的"生活即教育""社会即学校""教学做合一"的教育理念，开展教学活动，无论在校风和学生成绩方面都有明显的改观，既受学生的拥护，也深得学生家乡和广大群众的称赞。

1932 年前后，赵伊坪在教学的同时坚持开展地下工作，奔波于河南郾城与开封之间，联系进步人士，拓展革命工作，壮大革命力量。在开封进行党的地下工作时，他结识了正在河南大学上学的两个进步学生，一位是康午生（王国权），一位是赵毅然。两人是 1930 年考入河南大学的，此时他们已走上了革命之路。

开封地处中国华中地区、河南东部、中原腹地、黄河之滨，西与郑州毗邻，迄今已有 4000 余年的建城史和建都史，先后有夏朝，战国时期的魏国，五代时期的后梁、后晋、后汉、后周、北宋、金朝等在此定都，素有

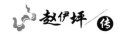

"八朝古都"之称，上承汉唐、下启明清。在宋朝称汴梁，是当时世界第一大城市，也是清明上河图的创作地。

开封境内的铁塔、相国寺、包公祠、延庆观、禹王台、繁塔等重点文物古迹，具有较高的研究价值、历史文化价值及旅游价值。

赵伊坪在开封时，指导康午生、赵毅然、彭寿松、宋一涵等几人组织了西北研究会，受进步思想的影响，不久他们参加了党的外围组织"社联""左联"和"反帝大同盟"。在地下党组织负责人赵伊坪、进步人士王毅斋、嵇文甫教授和江绍文的帮助下，开封创办了大陆书店，出版了《今日杂志》和《大陆文艺》，开始研究马列主义，接受共产主义思想。

九一八事变以后，中华民族有被日本帝国主义吞灭的危险，全国人民都在忧虑、愤慨。日本侵略察哈尔、热河，并对华北虎视眈眈。冯玉祥将军在得到朱子桥将军的东北抗日军后援会的财力支持下，于1932年5月26日，任命吉鸿昌为前敌总指挥，当天通电全国，就任察哈尔民族抗日同盟军总司令之职。

吉鸿昌把辽宁、吉林、黑龙江、热河这四省退下来的军队和察哈尔、山西各地的军队组织在一起，已有20多万人。他先编制了10万人的军队，任命方振武为前敌总司令，他为总指挥。

吉鸿昌带着军队先打下沽源，后又打下康保和保昌，最后打多伦时费了很大的力，冲锋的时候死伤约有2000人，4个团长受重伤，结果把日本鬼子赶出多伦，追击了五六十里。这一仗震动了全国，也震动了全世界。赵伊坪等人利用杂志大力宣传察哈尔民族抗日同盟军战果，鼓舞民众抗日救亡斗志。

秋收时节，赵伊坪想到王长简在杞县乡下，于是他到乡下去看王长简。伊坪来到王长简家里，两人相见，大有老朋友久别重逢的感觉，格外亲切。伊坪得知王长简父亲过世，内疚地寒暄抚慰。

晚上，王长简向伊坪叙述着："今年春天我才知道去年你们在山东新泰的一些情况。3月，我收到一封从新泰鲁南民团军指挥部寄发的信。过去也经常收到那里的来信，这一次特别，把信封直装得鼓起来。"

王长简递给赵伊坪一支烟点上，手有些颤抖，接着说："当时，我打开来一看，首先是朱慨夫的信：'伊坪已经到新泰了。'当时，得知你的消息，激动得我眼含热泪，一年了无音信，可算知道你们的下落了。"

此时，伊坪摘下眼镜，擦了擦眼泪。王长简接着说："慨夫的信中包着从各式各样笔记本上撕下来的纸片，有你的，有熊寄飘的，有我大哥王乐超的。出乎意外的是居然还有姚第鸿的，在这以前我似乎不曾听到姚第鸿在新泰。"

"熊寄飘是熊义吾入党后的正式名字。慨夫这事儿做得地道，真的。"伊坪给王长简倒上水说道。

"伊坪，就你的信写得简单，也就是'刚来这里，还不知道工作怎样安排'几个字。"

伊坪惊叹道："哎呀，当时正不知所以然的，没法写。慨夫真不简单，还真是用心良苦了。我去年春天刚到新泰，上级给我的任务艰巨复杂，当时真的一时不知咋安排？没想到写给你的信一年后才收到。"

"是啊！慨夫所以发动'写信运动'，无非意在告诉我，你到了新泰罢了，也让我知道你去新泰很重要。"

"不过，感情之深，情投意合啊！"

王长简拿出一小坛酒和一盘花生米，用盏盛上酒说："所以，当时看着这些信，让我的心激动得久久不能平静，让我热血沸腾，感觉我们的感情如此深厚，你们真的把我当作亲兄弟，真的，没说的！"

"来，干一碗。"伊坪端起盏，两盏相碰，两人将酒一饮而尽。

赵伊坪住了几天，还把康午生、赵毅然等介绍给了王长简。此时，从表情上看，王长简看出他似乎有什么心事，坚决要走。问伊坪去处，伊坪说："现在连我自己也不知道。"

既然挽留不住，王长简只好派人送他到车站。赵伊坪走了以后，王乐

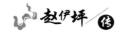

超才告诉王长简，朱慨夫家里出了事情。

原来，赵伊坪原是从鲁南撤退到商丘乡下，住在朱慨夫家里的。为着打游击造枪，朱慨夫外出，临行前从鲁南民团军修械所带走两个修械兵，枪没有造成，两个兵油子摸清了朱家的情形，扬言要告发。朱慨夫托人说情，花几百块钱，打发走两个瘟神爷。乡下自然住不下，朱慨夫便举家搬到商丘城里。

赵伊坪从王长简家里出来，便按事先约定的地点到开封，等朱慨夫的来信。起初住在旅馆里，钱花光了。事有凑巧，恰好朱慨夫的女朋友，就是原来谢书贤的三姨太，带着孩子回洛阳探亲，归途中经过开封，也住进了伊坪住的同一家旅馆里。伊坪知悉后便写便条让茶房送到她房间，向她求助。她打发茶房送来10多块钱，并附回条："在旅途中，手头没有更多的钱了。"

伊坪结清旅馆的欠账，搬进河南大学学生宿舍，河南大学开学，又搬进开封的郾城同乡会，身上只剩一块钱了。

秋收后，王长简向家里要了二三十块钱，要再去北平谋事，并声明以后不用家里钱了。他到了开封，顺便去看康午生和赵毅然。两位在河南大学读书，虽不相识，但伊坪向王长简讲起过，他们出版杂志，又参加了"左翼作家联盟"和"反帝大同盟"，所以，王长简便慕名而去了。

王长简到河南大学见到康午生、赵毅然，从他们那里得知，赵伊坪此时为等朱慨夫的山东来信，被困在郾城同乡会里。王长简与他两人没聊多少，就从河南大学出来，立刻去找伊坪了。

在见伊坪前，王长简曾按照伊坪留下的地址，专程去商丘看朱慨夫。朱慨夫家住在商丘城南门里，王长简到的时间是晚上7点钟，家家户户大门外挂着灯笼。原来韩复榘的军队一个营哗变了，要冲过陇海路往南去，尽管已被制止，商丘城内仍是一片恐怖气氛，所以挂灯笼以壮声色。

王长简从朱慨夫年轻貌美的老婆嘴里得知，慨夫的母亲回乡下去了，朱慨夫去了山东。长简问她慨夫的山东地址，她说："驻在朱集站的一位连长可能知道，他每天早上来，你问他吧。"

第二天，那位连长果然来了，陪着王长简吃早饭。

王长简开门见山地说："我想要朱慨夫的山东地址。"

他故作紧张地说："我看你最好立刻回去，你看看这里的情形，再待下去会出事！"

王长简向来会观察人，从朱慨夫的老婆和"连长"的言谈举止之间，发现他们的关系不正常。

见到赵伊坪，王长简把这插曲讲给伊坪听。伊坪听后说："朱慨夫呀——他托错了人，去山东前曾把全家委托那个连长照顾。"

原来，朱慨夫去山东后，赵伊坪在商丘城朱慨夫家里住过几天。接着他谈自己的亲身经历——

有一天夜里，赵伊坪被什么声音惊醒了，睁开眼睛，看见朱慨夫年轻的老婆正站在自己床前。他厉声问："你要干什么？"

"没，没干啥。"朱慨夫老婆不好意思、有点不舍似的走开。

王长简问："这大概是你决心要离开朱家的原因吧？"

赵伊坪岔开话题说："咱商量个正事。目前我到山穷水尽的地步了，等去山东的朱慨夫来信仍旧遥遥无期。你到北平去也无把握。我提议不如用你去北平的钱买车票，一同到山东去，相互有个照应。"

王长简高兴地说："好，这主意不错。不过我花剩下的钱只够买到泰安。"

"不要紧，到了泰安，我立刻往济南写信，还你的钱。"

"什么还不还的，说走就走。"

赵伊坪与王长简踏上火车，向山东驰去。两人把困难留给将来，使得一身轻松。伊坪在火车上讲："我住在朱慨夫乡下老家时，为了拉游击队，一天晚上，曾跟当地一个土匪头子大块吃肉，大碗喝酒，还去关帝庙烧香磕头，做拜把子兄弟。"

"很难想象，你这个平常待人接物，文质彬彬，不多说话的人，必要时竟会和土匪大块吃肉，大碗喝酒。"

火车路过商丘附近的宁陵县柳河集车站（今宁陵县柳河），赵伊坪感慨地说："去年，我就是从这里悄悄地跳下火车，深一脚浅一脚登上了相反的车到山东新泰去的。"

王长简竖起大拇指："有胆有识，佩服！"

伊坪与王长简乘火车抵达徐州将近深夜11点了，津浦路夜里没有徐州去济南的区间车，开往天津方向的火车要等3个钟头。

出了站在广场观望着，正不知如何打发时间，赵伊坪看到一个熟人，对王长简说："你在那许多路轨间等我，不要走开，我去去就回来。"说完他便钻入黑暗的夜色中，看不见了。

赵伊坪去好久才转回来，向王长简道了歉："对不起，对不起，把你一人留在这儿。刚才那个小伙子在男女关系上犯了错误，被处分了，要下煤窑。所以跟他谈了很久。"

王长简问赵伊坪，在这地方是怎么认识的？赵伊坪说是在会上认识的。

"你批评他没有？"

"人家既然受了处分，只能鼓励，怎么还能批评呢！"伊坪语气之间有些愤然，像是怪王长简不懂事。

尽管王长简内心争取入党，毕竟还不是党员。一个不是党员的人，是不懂组织关系的，也不懂同志之间的关系，也不会明白对待犯错误同志应持的正确态度。

他们两人都会抽烟，由于长期艰苦的生活，使赵伊坪善于精打细算，管理钱财。在徐州车站，花3分钱买了一包山东造的雪茄烟。火车在夜里两点钟从徐州开出，一夜不曾合眼，两人轮流抽那包山东造雪茄烟。那烟实在差劲，头一口就呛嗓子，越抽越呛嗓子。王长简的一生，也只抽了那么一回。他们到了泰安，已经破晓。

到泰安来到一家小客栈，泰安有座泰山、岱庙，他们在店簿上写上"游览"。登记后进了房间，赵伊坪提醒道："现在我们还剩一块钱，要花到济南来人。"

"你看着安排吧，困死了。"王长简打着哈欠说道。

昨天晚上他们每人吃了一个烧饼，王长简既累又饿，啥都没说，连早饭都不想吃，便倒下睡去了。

王长简睡下，赵伊坪已在写信中。王长简醒来时，见他在床上坐着，便问："寄往济南的信发出去了？"

"已经发出去了。"

茶房敲门进来，给他们打来洗脸水，问："午饭吃什么菜？别看泰安府是小地方，爆、炒、蒸、熘样样出色。"

赵伊坪说："我们到外面吃。"

茶房又问："你们要不要雇轿子？逛泰山是必须雇轿子的。秋天上泰山烧香的人少，靠着泰山赚钱的百行百业是淡季，轿子减价，只要大洋3元。"

囊中羞涩，他们只有1元大洋，就是济南收到信，立刻派人前来，至少也需要3天！

"不用了，我们自己随便走走。"赵伊坪回了一句，便与王长简向门走去。

他俩在泰安西关大街上找到一家小饭铺，每人吃了一碗米粉。那米粉价钱大概是最便宜的了，可是分量少些，每碗只有一两多。

第二天，赵伊坪和王长简开始了无规律的日子。两人逛了东岳庙，看了庙里的唐槐汉柏，逛了逛泰安城里用青石板铺的大街小巷。两人边走边

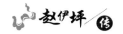

漫无主题地聊着。

　　一人推着独轮车咿呀地驶过来，两人避在道旁，为着让独轮车过去。王长简眼睛一瞥间，见赵伊坪眼里闪着怒火，是那说不清对谁的愤恨的火，但是落寞的感觉。

　　"入狱倒是幸运。"赵伊坪低着头像是自语，声音那样郁闷，虽然低微，反更显得沉重。"人默然迎着捉摸不定的命运，也许是并不小的试金石。"他仍自语着像绅士模样踢开足前的石块。

　　王长简知道他有着一腔的抱负而心事重重，望了望他，拍了他一下："走，上泰山——"

　　"嗯，去他的——上山。"赵伊坪昂首向前走去。

　　太阳高高的，在荒烟上以金色装饰于泰山的连连群峰。"泰山沉默着，神气的倒真像一尊高高在上的神。"

　　爬山上了泰山脚下的一个小村落三家庵。两人都近视，怯光的眼睛向底秃的山下扫了一遍，迂缓地迈着步，有几分类乎浮在水面的病鸭，那重重的晃着的步，趔进不知是谁家的墓园松林里。

　　"这不是登泰山的正路。"当地老乡说道。

　　他俩只是笑笑，心里说：我俩谁有兴趣玩泰山呢？只是磨时间等着济南来人罢了。

　　但老乡这么一说，王长简赌气坐在一块大石上说："他这么一说，觉得我们好像是无知的游民，干脆咱们不往上登了。"

　　赵伊坪没说啥，独自越过前面的一条小溪。小溪有些地方也很宽。水车声在灰色的原野上呼噜着不休，使空旷的山野显得沉寂了。

　　"这儿倒够舒适的！"赵伊坪本是倨傲的眼，里边原溢满着智慧、利爽和果决，几时许已变作愚懒的样子。其实，不必多问，疲倦的旅行人正应有片刻的歇息，还要什么面子呢？

　　蒲公英盛开过金黄的小花，垂萎地藏在泥土下；小星草也历尽了夏日的繁荣，于不经意中枯败。墓穴的偏右处被拨抓了洞，大概是獾的故居。

王长简从石的祭台上立起，打着无眼泪的呵欠，蹒跚着走向那条荒僻的小溪："走过去。"这简洁的双关话语，正在怅望或想着什么的赵伊坪并未听清楚。这荒芜了的山原，不调和的山原，而一个人要冲过去……

麻雀儿啁啾地在头顶的灰空中飞过，很快已不可见，留下的只有将近的黄昏。两人也向往着、惘然地向雀儿消逝的远方眺望。

淡灰色的天，风在林梢呻吟，断续间夹着悲抑。二人转了一圈，在泰安三家庵外谁家坟里的柏树下抽足了香烟。

"不上山，也没什么看的，就想返回三家庵。"

"这样也好！一些人在火光里死掉了，一些人仍在血的泥沟中转着脚颈，闯向人类苦痛的深处，而苦痛是解开胸怀、无限制地迎纳着什么，这就是人生，也是真理。"咽住了，赵伊坪随后摘了一枝松枝插入春留下的蚁穴。

王长简眼睛落定在赵伊坪的背影上，直到此时，才发现他有几分近乎绅士，而他偏不是绅士。

"狼的牙痕，说是能永远留在脖颈上，当真这样？"赵伊坪古怪地问。

"是的吧，也许不。"王长简模棱两可地回道。

他在想：赵伊坪愤怒的火虽依旧在胸中燃烧，然而其胸中的由折够多了——曾背过沙漠地带的霜刺；曾在冷然的月光和发怒的骄阳下驰过弥风的原野；曾混入于夜徙的、有着凶犷的脸和诚意的心的部队，但那已像远处的山隐在荒烟的那面，落在灰色的隔世风云里……

小星草干了，毫无抵拒地被脚践踏，这许还是第一次吧……

捣杵声间续地传送来，一声声落到心里有着经不起的沉重。他们是从山脚下走来，狗的喧哮声传来。牧者的角声和羊的铃声已经很幽渺，像隔世一样远去。诚然，"闯向人苦痛深处的脚并未停留，更多的苦痛是无极地在迎纳"。

丰饶的原野荒废了，现在只有他俩像山兔一样无定向地奔波于践踏后的途中。

赵伊坪和王长简在三家庵住了一宿后，已经是在泰安的第三天了。上午，回泰安西关那家小饭铺吃米粉。随后，正在大街上走着，忽然有一个人扬着手大喊："伊坪，伊坪——"原来是从济南来的熊寄飘，他随身只带着一条毛巾、一块肥皂。

"熊寄飘，原来是你这浑小子。"王长简用手指点着说。

"我住在姚第鸿父亲的专车上，听说你们困在泰安，便搞了一张免费车票，马上赶来了。"

"朱慨夫呢？"赵伊坪将熊寄飘拉到一边低声问道。

"朱慨夫去鲁东南视察工作去了。济南没有钱，长简来了就好办了。"

伊坪沉下脸说："他会变戏法？说有就会变出钱来似的。"

"姚第鸿可是他同班同学，他身后的老爸可是国民党的将军。是吧，作家？"熊寄飘转身向王长简挤了个眼。

"就你鬼机灵。"王长简捶了熊寄飘一拳。

"伙计，还有钱吗？专车上饭有得吃，就是没有酒喝，馋死了！"熊寄飘抓住伊坪的手不住地摇着说。他的一团孩子气惹得伊坪都笑了，说："还有三毛钱，你说到哪里去吧！"

熊寄飘一挥手说："走，去酒楼喝四两！"

于是，三个人走进附近一家小酒楼，上楼环视一圈，给人的印象特别深刻。小酒楼环境幽雅，楼上的窗户全部打开着，凉风习习。楼下面临河，窗外有几棵杨柳，婆娑摇摆着，迎接着晚秋的凉意。他们挑选一张靠窗户的桌子坐下，要了四两白干酒，剩下的钱全买了下酒菜椒盐花生米。

使王长简惊讶的是"总管家"赵伊坪，他们已经在泰安吃了两天米粉，另外买了一包香烟，一块钱居然能剩下三毛，如果不是熊寄飘从济南赶来喝酒，还足够他们两个人吃三顿米粉！

从酒楼出来，钱花光了。他们回到客栈，伊坪写了一张便条，打发茶房送到泰安城里。随后时间不长，来了一位连长。他向三人亲切握手问：

"你们几时来的？为什么不通知我。"

赵伊坪说："来了两天了，本不想打扰你。"

"什么打扰啊——这就见外了。有什么困难需要我帮助解决的？"这个连长倒是爽快人，直截了当。

"不好意思，上济南办事，缺点差旅费。"赵伊坪也没多客气。

这位连长当场摸出三块钱给了赵伊坪："给您买火车票用。"他扭头向外喊道："店家，这儿三位的店钱由我来结——"

赵伊坪在泰安有这样一位熟人，别说王长简不知道，连熊寄飘都不知道。王长简猜想，伊坪在新泰时，领导的不仅是鲁南民团军指挥部的全体党员，而是全鲁南民团军的党组织。

靠着这三块钱，他们去了泉城济南。

济南地处中国华东地区、山东省的中西部、华北平原东南部边缘地带，南依泰山，北跨黄河，背山面水，与西南部的聊城、北部的德州和滨州、东部的淄博、南部的泰安交界。

济南泉城闻名于世，素有"四面荷花三面柳，一城山色半城湖"的美誉，是一座拥有"山、泉、湖、河、城"独特风貌的城市。诗人有颂扬"羡煞济南山水好""有心常做济南人"之词。

他们在济南与姚第鸿相会，姚第鸿很高兴，吩咐他父亲的马弁，让厨子师傅晚上炒四个荷包蛋、炝几碗白菜丝。

马弁应了一声，向厨房跑去。

晚饭是在姚第鸿的书房里吃的。那荷包蛋炒得很特别，卤汁白得像牛奶，蛋是溏黄的。姚第鸿指着炒荷包蛋说，这是他最喜欢吃的。

赵伊坪心里说：我也更喜欢吃，可惜每人一只，太少了。

他们侃大山到深夜，就在书房里打地铺睡了一大觉。

时任齐鲁大学党支部书记的姚第鸿在齐鲁大学读书，白天不在家。第二天，姚第鸿关照说："我不在家时，你们在外忙事，最好不要提前回来。"

他们遵从主人的吩咐，一早出门去逛马路。赵伊坪又成了他们的"总管家"，从泰安来时还剩下几毛钱，中午到济南粥店吃高庄馒头蘸辣糊，晚上去粥店喝稀饭。三个人把泰安抽剩下的两支香烟轮流抽光了。

姚第鸿的老头子姚以价很快知道赵伊坪他们来到他家。晚上，赵伊坪他们刚推开席子准备打地铺睡觉，姚以价穿着草绿呢子军装，脚蹬黑皮马靴回到家。

姚第鸿和他们几个毕恭毕敬立正，并称他道："将军！"

姚以价乌青着脸，劈头盖脸就问王长简："你是干什么的？"

王长简说是姚第鸿的同班同学。赵伊坪和熊寄飘说是来谋差事的。

姚以价一个个看了一眼，点了头训斥道："既然是同学，就应该叫老伯！"接下去他胡子眉毛一把抓，不分青红皂白，极粗卑地把他们痛骂一顿，声言在他的家里不许住共产党。

然后话头一转，又骂他儿子姚第鸿："你每天早上带着我的马弁，骑着马在马路上狂奔。撞了孩子什么的怎么办？"

原来他家里养着两匹洋马，姚第鸿为了学骑马的本领，日后派用场才骑着马在马路上狂奔。

最后，姚以价用长者的话教训了一番："青年人应该学走正道，应该学好，人家有的年轻人现在不是做了县长吗？"

从河南省立第一高中训话里表明，姚以价早已知道姚第鸿是共产党员了。但是姚第鸿母亲去世早，毕竟是他的唯一儿子。父子双方达成协议：儿子可以继续干自己的，但决不让带同志和秘密文件到家里来。

其实，姚以价出身寒微，从学童时代起，就养成了尚武好动的习惯，1902 年考入山西武备学堂。1904 年赴日留学，姚以价因品学兼优，与阎锡山、张维清三人享受公费留学的特殊待遇。回国后他被授予步兵科举人，协军校军衔。1911 年武昌起义爆发，山西新军中的革命党人密谋响应。姚以价虽然不是同盟会会员，但一向同情革命，思想激进，在新军中职务较高，声望素著，因而被推为义军司令，攻占太原，起义宣告成功。为防堵清廷派兵入晋，姚以价被山西军政府委任为东路军司令，率部在娘子关、固关一带据险设防，为山西辛亥革命立下了不可磨灭的功绩。1924 年第二次直奉战争中，姚被任为山西军讨伐司令官，授将军府晋威将军。1930 年蒋阎冯大战爆发，姚被南京政府任命为国民政府军事参议院参议等，为中国近代民主革命家。

赵伊坪他们这次挨了骂，都很生气。第二天早上，伊坪坚决地说："今天一定搬出去！"

上午，他们看完一家廉价的旅馆，中午就搬进去了。安顿好后，他们洗了脸，便又去逛马路。

晚上，在粥店吃过高庄馒头蘸辣糊，刚回到旅馆，姚第鸿骑着自行车找来了。他们不知他怎么查问到他们住的旅馆的，大概他知道他们囊空如洗，只能住小旅馆吧。他是地下党员，又是老济南，对济南的敌人了如指掌。一进房间门他就紧张地说："你们怎么能住在这里？立刻搬！"

赵伊坪说："别的也无处可住啊？"

他说："搬到我父亲的专车上去。"

赵伊坪把他的大衣送进当铺，给旅馆结了账。他们 3 个人押着人力车在马路右边走，姚第鸿搭着自行车走在马路左边，就这么着便搬到姚以价的专车上。

姚以价的所谓专车，其实是一辆"守车"，就是行驶时列车长的办公车，乘务员休息时可以睡觉，只有普通客车的半节长。专车停在挍济路车站外面的岔道上，他们去的时候已经住了四个人，副官是姚以价的侄子，其余候差事的三个人也是他的本家侄子侄孙。熊寄飘是老住户。赵伊坪和王长简经过姚第鸿介绍，知道是"大少爷"的客人，全体热烈欢迎。专车上好像有很多铺板，姚第鸿走后，很快就搭成三张床。

中原大战前姚以价兼任韩复榘的顾问，战后，韩复榘替他要了一节专车，酬谢他的"功劳"。继续做韩复榘的顾问。据姚第鸿说，他每天陪韩复榘去济南最有名的游乐场大观园打高尔夫球。

第二天，他们吃过早饭，看见去"公馆"领菜的人带回来的菜，一块五花肉，一棵白菜，几根红萝卜，米在专车上有现成的。尽管副官说今天改善伙食，叫他们回来吃午饭，平常只有熊寄飘一个人，他身无分文，还可以吃他们的，现在他们三个人，如何忍心从他们嘴里夺食呢？伊坪又成了他们的"总管家"，他身上有五块多钱，由他经管。他们买了一包顶便宜的香烟，他管得很紧，到万不得已时才拿出一根。

从胶济路车站到趵突泉约有30里，他们游览了济南名胜趵突泉，中午吃粥店的高庄馒头蘸辣糊，晚饭吃辣糊蘸馒头。回到胶济路车站，但见铁路北面绵延十多里，全是炼焦厂发出的熊熊火光，那真壮观。

朱慨夫是个大能人，别人没有办法安排的工作，他都能安排，至少给你找个能吃饭睡觉的地方。他们为等这个大能人回来，逛了济南所有的名胜，到过铁公祠、北极阁、大明湖、城墙上的环城路；走过城里的大街小巷，那真是"家家泉水、户户垂杨"；去过大观园听过琴书、相声，看过杂耍。

一天晚上，副官请他们去大观园京剧场看小达子演出的京戏，他当然不会自己掏腰包买票。那场设备着实考究，观众席一律藤椅，连京戏的老家北平也只一家。

"双十节"过了，济南相当冷了。专车上取暖的火炉生起来了，仍没有朱慨夫的消息。有一天，姚第鸿到专车上来，叫赵伊坪走下专车，传达济南市委的决定：老朱最近不可能回来，三人只能留下一个。

在专车外面，赵伊坪生气地说："要留全留，要走全走！"随后又诉说王长简的情况，但是无用。伊坪无奈地从口袋里摸出大衣当票交给姚第鸿帮忙赎回来。

姚第鸿接住看了看："好，等一会儿就送来。"

赵伊坪回到专车上又向王长简和熊义吾转达他对市委的答复。

"要不你留下吧?"王长简劝伊坪说。

"刚才我已经向姚第鸿讲过了。从姚第鸿临走时的扫兴表情看，市委讨论我们去留时，他也发表过意见，他不是市委书记，而大多市委委员又是赞成书记的意见的，集体意见不好改，还是一起走吧。"

"'无可奈何花落去'……"王长简摊了摊手吟道。

赵伊坪乐观地说："没事，'东风一到更繁华'。"

三人都苦笑了一下，表现出无可奈何。

时间不长，姚第鸿派人送来伊坪的大衣，外加三张免费车票。

去事已定，他们不可能再留下来了，当即向副官说明要走的意思。副官听后说："正巧，姚将军专车明天要去徐州替煤炭厂运煤，你们便顺路到徐州再回家。"

"多谢副官美意，就这么定。"伊坪拱手谢道。

第二天，和相处了 20 多天的副官和候差人告了别，他们三人到徐州，再乘陇海路的铁闷子车，懊丧地各自回家了。

第十章

勤劳持家结良缘，知情达理喜成婚

赵伊坪与夫人吕瑞芝

赵伊坪参加革命后，没有过安宁的日子，把结婚的时间一拖再拖。这次回到河南郾城家乡，总算没带具体任务。1932 年眼看着要进入冬季了，22 岁的赵伊坪在父母的再三催促下，与同岁的吕瑞芝结婚。

那时，旧时女性 20 岁以后成婚就算晚的了，吕瑞芝的娘家在郾城北街的一个叫安巷的胡同。安巷的吕家是一户兄弟十人的富足大家庭，虽然陆续分开了家，但每家都很殷实。吕瑞芝出生在那样一个家庭里，颇有大家闺秀的风范，虽然没有较深的文化，但精于针线手工，通情达理，她的为人处世没有人不佩服的。

赵伊坪家原有十几亩地，在他祖父去世时，他父亲赵树梅为筹办丧事，把地当出去了7亩，余下几亩在西乡。因家里没有劳力，地离家又远，出租给别人耕种，那块地本来就是坡地，地势不好，不是旱便是涝，肥又跟不上，打的粮食年年不够吃。以前，赵伊坪虽然不是有很可靠的经济来源，但总能经常接济一些家里的生活，而这时，他眼巴巴地看着缺粮断炊。

吕瑞芝的娘家生活过得去，虽有一头小毛驴但是不能胜任犁地营生，必得找一家农户结伴，这叫"搭伙计"，两家共用两头小牲口从事笨重的农活。瑞芝父亲常把给伊坪家干活视为义不容辞。大凡那些犁地、播种、运输、打场的重活都是他帮助完成的。看他为伊坪家受累的样子，伊坪父母真是有点过意不去。

在旧式婚姻中，不幸中的有幸也是存在的。赵伊坪的婚姻当属有幸之列，他们双方都满意。按旧式婚姻中的"郎才女貌""门当户对"观念的要求，两人的婚姻也都体现出了乐意，当属一种幸福的结合。

常言道：自古忠孝难两全。赵伊坪为人之子，他毕竟是在中华民族文化和道德的传统影响下长大的，何况他又出生在一个书香门第，把尽孝视为人子的责任。可以想象一个经过新文化运动熏陶的革命知识青年，在婚姻上接受这种安排，不仅需要良知，更需要理智。所以，这次伊坪父母提出让他与吕瑞芝结婚，他也理解双方大人的心情，就欣然同意了，只提出与吕瑞芝家商量着办，考虑影响，结婚仪式从简，不要铺张。

见伊坪同意结婚，赵树梅和张淑贤夫妇高兴得合不上嘴。赵树梅立即与兄弟找人商量结婚良辰吉日，筹划收拾新房，张淑贤安排结婚月品。

婚期确定之后，伊坪和3个弟弟开始收拾东屋作为婚房，做好结婚的一切准备。征求家中长辈的意见，选择好结婚日子，写婚帖让管事的送给女方。女方也是通情达理、勤俭持家之主，没有意见。男方家、女方家都忙着结婚用品和准备大红喜字。

在结婚头一天，门口、院里、新人的婚房贴挂好大红喜字。

结婚当天，赵伊坪穿一身新长衫，挎着扎有绣球的红喜带，骑着高头大马，在叔叔、弟弟等迎亲人员的陪伴下，到北街将新娘吕瑞芝接上花轿，唢呐乐手吹着喜庆的乐曲，在上午 11 时左右接到家中，在鞭炮声响中拜堂成亲。

赵家摆了两三桌宴席，新郎赵伊坪、新娘吕瑞芝向亲戚敬酒以表示对大家的感谢。

结婚不久，赵伊坪母亲张淑贤见过门的儿媳妇是个明事理而且有主见的人，就将压在心头的一桩事悄悄告诉了刚结婚的儿媳妇。张淑贤不愿对贤惠的媳妇隐瞒这令人心悸的事，认为应当让她更多地了解这个家，因为那个世道什么事都可能随时发生。张淑贤向儿媳妇吕瑞芝讲——

在这个家里，伊坪这个长子自 18 岁打从北京求学回来，担任县里小学的教师，这可以说是子承父业了，所不同的是伊坪父亲是私塾教师。父母何曾知道自己钟爱的儿子早在进京求学期间就成为一名真正的"赤色分子"，回来后，他以教师的公开身份做掩护，在家乡郾城，播撒着革命的火种。就在 4 年前的秋天，蒋介石叛变革命后，屠杀共产党人的血雨弥漫着大地，反动派在郾城这个小城里终于嗅出了"赤色"的气味。风声日紧，赵伊坪已经预感危险的逼近。终于这一天得到了可靠的消息，反动派要动手抓人了，其中就有伊坪、晓舟，还有他父亲。街坊谢庭梅急忙让他们三人到亲戚家躲避。亲戚家藏身的地方是厕所旁的一个隐蔽的夹道，通向楼梯下的半坡房，里面阴暗潮湿、不见天日。伊坪为躲避搜捕，在那里面生活了 40 天，以致身上长满疥疮。这期间，不管是"白色恐怖"的精神折磨，还是肉体上的痛楚，都不曾使伊坪消沉，他勇敢地接受了这一切。伊坪身上的伤病刚轻些，就离开这生他养他的地方，向东南方向而去。从此，作为母亲许下愿：每天朝东南方向磕100个头，祈求上天保佑儿子平安，指望以绝对的虔诚，能让他平安回来完婚。伊坪是个孝顺儿子，这次终于回到家里来完成这门"娃娃亲"，这才心里踏实。

赵伊坪母亲叙述完，身心轻松许多。吕瑞芝听着内心无比激动，她感激老天赐给她这位英俊文雅、优秀出众的好丈夫，感激公婆对她无比的信任和亲爱，感激伊坪能瞧得起她并恩爱可嘉。听完婆婆的掏心窝讲述，刚成婚的吕瑞芝含着眼泪说："你的话我都记在心里了，我会理解的，会让二老放心，为了这个家，为了伊坪，我啥都不怕，啥都能做，也让伊坪放心，我会做个好儿媳的。"

赵伊坪母亲听了儿媳吕瑞芝的这番话高兴地急忙说："放心，放心，有你这么好又像我们亲闺女的儿媳，咋能不放心呢?"

在结婚10天之后，赵伊坪惦记着地下党组织和革命工作，惦记着修造枪支的器械和经费，要联系有关人员。他告别新婚宴尔的妻子，告别父母，就走了。

去向何处? 干什么? 吕瑞芝知道他不能说，自己也不问。她知道，他不说是爱护，说了怕吓着家里人，那是要抄家杀头的呀! 这是听赵伊坪母亲讲了丈夫的事以后，吕瑞芝悟出的不能说的唯一理由。在国民党反动派灭共、剿共的叫嚣中，伊坪没有理由让自己的亲人与他共担那无时不在的惊恐和不安。

20世纪30年代的前半期，中国正在苦难中挣扎，随着东北三省的沦丧，日寇的铁蹄已开始蹂躏华北，山河破碎，民不聊生，蒋介石不顾民族大敌当前，坚持"攘外必先安内"，在南方对共产党的军事围剿步步升级。中国共产党面对这复杂的政治形势，在生死存亡的抉择中，采取了一系列重大举措，反对国民党反动派的倒行逆施，推动革命向前发展。战斗在各条战线上的共产党人，勇往直前，这其中就有那个离家出走的青年人——赵伊坪。他联系郾城、开封的地下党员，奔走于农村、学校，出没于民团中，为宣传共产党的主张，扩大党的影响，积聚革命的力量而奔波。

1933 年春节前，赵伊坪特意在开封买了些年货，有给奶奶买的，有给父母买的，还有给妻子吕瑞芝买的上好的绸缎布料，然后又回到郾城与家人过了个团圆的春节。伊坪有家国情怀，在外他忘我工作，传播进步思想，但他对家人又有着深情的厚爱，对老人嘘寒问暖，对妻子格外疼爱，对兄弟关心爱护。

春节期间，赵伊坪给族人长辈拜年，陪妻子吕瑞芝到她娘家拜年。在吕瑞芝娘家，见到瑞芝妹妹秀芝，得知秀芝小学毕业，他鼓励秀芝说，一定要好好学习，要继续求学。

吕秀芝神秘地笑道："报告你们一个特大喜讯，想听不想听？"

吕瑞芝切了一声："有啥特大喜讯？这么神秘，难道比我们结婚大喜还大喜？"

"可有一比。"秀芝神气自豪地说。

"嘿——这么神气！那可一定要听，快说说。"赵伊坪看出这事对秀芝来说非同小可。

吕瑞芝也急了："你这疯丫头，就别卖官司了。"

"想听，这大过年的，姐夫老师也得表示表示吧？"

"你这丫头，这年头哪有这么多事？快说快说。"吕瑞芝真急了。

"我说姐，这刚出嫁过门儿，就跟妹妹远了？"

赵伊坪说："说啥远的近的？我们出门前，你姐还真嘱咐我给你带上礼物嘞——你不说，我也不给了。"

"别别别，我说我说，我说还不行吗？"

"看看看，卖官司卖过了吧？"吕瑞芝得意地说。

"听好了，我，吕秀芝——"秀芝故意停顿了一下。

"什么？"夫妻俩几乎异口同声地问。

"考入开封女子师范学校了！"秀芝提高嗓门说道。

"啊?!"全屋的人都同时惊叹了。

赵伊坪也为之一惊："这，这真是郾城'石破天惊'的大事！太好了，太好了！"

吕瑞芝也激动地说："你这死丫头，这么大的事，还真能沉住气瞒着大家。"

"我要是提前说了，不就冲淡了你们的喜气了吗？"

"好！这真是喜上加喜，是该表示表示。"说着伊坪从身后座上拿出包，从里面拿出几本书，"这是特意给你买的"。

秀芝接过来迅速地一本本看了一下，是高尔基等作家的作品《我的大学》以及哲学书等，她高兴地说："这几本书真是'及时雨'，太好了！谢谢，谢谢姐夫给我带的这么好的礼物。"

"谢啥？开封女子师范学校可是了不起的学校，那里会集着河南好多青年女子的精英。你要好好珍惜多向她们学习。"

"一定，一定。老师的教诲我一定听。"

吕瑞芝父母也高兴得合不上嘴，一家人其乐融融……

回到家里，赵伊坪给王长简寄发了一封信，告诉他办了一件一个人一生必须办的大事，他结婚了，并说出了对婚姻的满意。

春天，王长简得知一位初中同学在太行山里辉县区公所担任小差事。想起赵伊坪在朱慨夫家乡，为着拉游击队，曾跟土匪头子在关老爷面前磕头烧香、喝大酒，认为太行山是"开店"的好地方。"开店"是拉游击队的隐语。王长简写信给伊坪说明，伊坪便写信问王长简是否可以为他打前站，让王长简不妨先去看看情形。王长简立刻写信给那位在区公所做事的初中同学，说想到他那里玩玩。信发出后，王长简又告诉大哥王乐超，想再去北平，王乐超有些犯难，到底还是为王长简筹集了25元钱。王长简不等同学回信便动了身。

王长简先乘火车到新乡，然后改乘人力车直奔辉县西北部百泉镇。他有位姓张的朋友在百泉师范学校图书馆当馆员。那朋友会写小诗，是个热心人，给王长简安排了吃的住的。王长简为赵伊坪委托的事情心急，请他马上给辉县区公所挂电话。他说百泉是河南有名的地方，难得一来，应该多住几天，看看各处名胜古迹。王长简坚持要走。第二天，姓张的朋友给王长简打通了电话，第三天又替王长简雇了木架轿车，先付了车费。于是，清明前后，在细雨朦胧中王长简动身了。

辉县区公所设立在太行山里一处盆地中间一个相当大的村庄里，人称"盘上"。王长简去太行山目的是保密的，但是区长是国民党辉县县党部的书记，嗅觉毕竟灵些。没过不久，区长就向王长简的初中同学说：某某人肯定是共产党，否则他来这里干什么？

为着打消区长的顾虑，王长简去区长办的政治训练班教书。在那里3个月，王长简曾跑遍了全区，接触过各式各样的人物。了解到那里枪支很多，较集中地抓在地主们开设的毒品公司保卫队手里，而保卫队则是被地主们收买雇用的土匪。那地方又十分落后，排外思想严重，一个外地人到了那里，如果和当地地主没有特殊关系，很难站得住脚，甚至有被杀害的危险。

王长简把上述情况用隐语报告赵伊坪："货色极多，生意难做，是否来，请考虑。"伊坪没有回信。于是王长简乘一列运枕木的火车，离开了太行山，回到开封。王长简向伊坪写了汇报，伊坪回信，顾及他的安全，叫他离开河南。他便第二次到了北平，并把北平的通信地址通知伊坪。

第十一章

乡村探索似春梦，传播思想事事艰

　　赵伊坪春节后离开家乡后机会凑巧，1933年开春不久，收到从一家中学发来的聘约。介绍人是他的中学时代的同班同学，来信中说，学校是在他家乡的镇子上，离他的祖宅有1里多路程，他家里人都在省城里居住，房子空着，假如伊坪觉得方便的话不妨住进去。伊坪考虑到需要联系农民朋友，呼吸田园空气，此外也还可以体验农村生活，实践自己的理想，决意前去临颍县那个偏僻的乡村任小学教员。

　　临颍县位于河南中部，东接鄢陵县、西华县，西与襄城县毗邻，南连郾城，北邻许昌，平汉铁路从境内穿过。赵伊坪带着自己一粒火光似的理想，到了临颍的那个镇子的一所小学，想着一边教书育人一边传播进步思想。

　　到了学校，校长热烈的招待完全把他弄蒙了，让他感到这位校长是个人物。他的脸色微黑，浓浓的扫帚眉，高高的颧骨，噘噘的嘴唇，粗硬的头发竖立着不用梳头。这相貌如从不好的方面说主阴险毒辣，从好的方面说就是主果敢立断。他个子矮矮，但交谈起来，话如泉涌，声音洪亮，话里带有些"虎气"。

　　然而，使赵伊坪迷惑的倒是他的坦白和诚恳，在会面的几分钟内，他讲了别人都不敢讲出的话。他骂这里的坏人是专横的"帝国主义",他解释说,实际他倒是绝顶的"自由主义";他说他不反对别人的信仰、各家各派的理论,高兴时都随你去谈,但同坏人绝对是势不两立。他说他有一个计划,就是以学校做基础,使先生、学生和政要及老百姓打成一片。这计划统统写在一篇名为"地方建设救国论"的文章里面。

"管你是神是鬼,"伊坪心想,"既然来了,总要弄出一个名堂给你看看!"

他征求校长的同意,就将行李搬到那朋友的庄园的房子里。

朋友的庄园坐落在镇外的一个小丘上面。门前有槐树、榆树、白杨和银杏树,有人工种植的,也有天然生长的,都是有数十年树龄的大树。墙外有极规则的老柳树,经风一吹,婆娑起舞。从外面望去,隐约的门墙和屋瓦呈现在一片静寂笼罩下的绿荫中。周围还栽着杏树、李树和胡桃树,树下生长着青草和野花。走下冈坡,临着庄园的是一片菜园,早晨和傍晚从那里会传出"哗啦、哗啦"的车水声。

沿着菜园往左走,不远处就是大路了。路上光坦,行人也很稀少,偶尔走过一辆小车、一头毛驴,或者有担着担子到镇上去沽酒的商贩。路两旁栽着白杨树,那窈窕的躯干、疏疏朗朗伸向天空。

这静穆的环境与和平的田庄倒也不十分冷落。早晨,人刚醒来,还正在床上打着呵欠,喜鹊就已经在枝头跳跃着,喋喋不休地吵闹起来。随后麻雀也从墙洞里出来,接着鸽子、斑鸠(俗称"春咕咕"),还有"咯咯哒"母鸡下蛋后的叫声。庄园里一只小狗偶尔偷偷地望一眼家禽,然后又大模大样地走开,到菜园旁边的柳树下去打鼾。

住守庄园的是一个农家老人以及他的家人。这位老人经营着菜园,让人觉得出有着勤恳、正直的脾气,他虽不爱说话,但待人倒也和善。他的妻子,像是生来就带了忧患来着似的,脸上总遮盖着阴沉沉的愁绪。她原是贤惠的农妇,但不幸的是数年前忽然害了下肢瘫痪病,此后便一直坐到蒲团上了。

他们的儿子是个吃粮当兵的，其儿媳是泼辣的女人，笑声尖厉，有一张刀子似的嘴。老人还有一个女儿，名字叫眉姐。她很爱笑，脸上总弥漫着撩人的少女春光和香气，并时常哼着什么小曲，但时而又会变成若有所思的样子。

这人家全是老实人，赵伊坪不久就同他们混熟了。他住着向西的三间轩厅，房子不十分大，后墙开着方形的小窗，正对着果园。早上，雾色弥漫，里面充满了晨光；傍午，绿色成荫，清爽宜人。墙上映闪着从水面反射过来的朦胧错杂的树叶投影。

春天迷人，赵伊坪仿佛觉得身体各部位的血管都在奔流，也许是由于忽然置身到充足的自然氧吧里的缘故，竟有几分飘飘欲仙的感觉。他刚到这里，除了去一里多地的镇内小学上课，一时也想不出有什么要紧的事可做。

走出庄园，这里的天空同地面显得格外辽阔，春风吹拂，鸟儿欢叫，虽然知道无数的人在忙来忙去的跟命运博弈，但是到这里来的人任谁都难保自己不会迷失志向。我也好像弄得自己捉摸不住自己了，但我要把自己找回来，决心努力开垦心灵，在荒原上点亮一盏小灯……

赵伊坪给王长简这样写着信，微风从窗外送进来，夹着温暖和芬芳，他把笔笺一推，就往果园里去了。

出了大门，赵伊坪沿着围墙正在爬上斜坡的时候，适逢一个少年穿出树丛，正吹着口哨向他走来。那少年看见赵伊坪，局促地闪到旁边盛开着花的桃树下面，红着脸向他鞠躬。伊坪知道少年是自己的学生。

"他为什么到这里来？"赵伊坪心里说着向他点了点头，纳闷地想着弯下腰去，顺手摘下一朵蓝花，随即又寻着鸟儿的叫声走去。他想起自己还是童年的时候，跟着童伴们到田野上去玩耍，却迷进人家的坟园，捉到不少黑的甲虫，还用柳枝做成笛子，一路上吹着回家去的事。他微微地笑着，那时光多么像云烟，多么光亮，多么像一首天真烂漫的诗呀！

回到园子里，寂静的能听到蜜蜂轻微的"嗡嗡"声。阳光布满了果园，通过树的枝叶，斑斓点点洒到地上，春意融融地拂过人的眉梢、草的尖梢。桃树时常伸出花枝来抚摩他的脸。在园子的角上，赵伊坪突然站住了，他看见眉姐正在胡桃树下坐着，低着头，鬓上簪着一朵白色的不知名的野花，轻声哼着曲儿。阳光洒到她的肩上，她正在一片绢料上刺绣。

他想悄悄地绕到眉姐背后。

"你又……呀！"眉姐回过头来，见是赵伊坪，不觉大惊失色，脸都羞红了。她慌乱地将手工藏到衣襟下面，失措未解地笑着说："我还当是谁哩……你真把我吓坏了！"

"你还当是谁哩？"赵伊坪有意无意地重复着她的话。眉姐依旧低下头去，道："你管不着！"

"我猜着了，你在想刚才的那一个呀！"眉姐的脸又涨红起来。

眉姐很羡慕当老师的，爹爹说老师喝的墨水多，一瓶墨就是一瓶金，老师可金贵了。

眉姐原也读过两年书，不过，那吃粮当兵的哥哥后来又另外讨了嫂嫂，不再往家里汇钱了，从去年起她才不学。起初眉姐很难过，做梦也还梦见火车、轮船、摩天楼，还有椰子林、海、北极光，等等。她渴望着想多了解一点事理，很想明白外面究竟是怎样的世界。

本来校长非正常的表现、乡村风俗族规让赵伊坪无从入手、无可多言，充满抱负的他无法施展，闲得无聊，很想找人聊天，能有传递新文化、新思想的对象，此时他不由得说："这样吧，在无事的时候我教你念书吧。"

"真的吗？"她急迫地逼住伊坪问道，"那么从什么时间开始呢？"

赵伊坪没有随即回答她，眼睛落到眉姐的刺绣上面，只见她的手指是那样灵活、那样轻巧，绣布上绣的是一只小小的正在花上采蜜的金黄色的蜜蜂，才绣成一只翅膀。

赵伊坪问："刚才的那个学生是谁？你认得吗？"

"望峰，姨家的表哥。"眉姐低着头细声应道。

赵伊坪轻声说："你干吗躲到这里？"

"爱这儿，怎么了？"

"爱这旷野上的花吗？"

"爱的！"

"这地方，也就是这园子风水不错，有啥来历，你知道吗？"赵伊坪换了个话题说。

眉姐饶有兴致地介绍，最初，东家的上辈儿做过半生的小官员，曾捞得一笔可观的银子。后来忽然寻思人生有限，觉得宦海里不足以终，便想买一块地皮留有业绩，便让风水先生看了此地，修造起这园林来了。

赵伊坪感受到，这田庄的妙处在乎既没有城市的污浊嘈杂，也不似山林的障眼幽闷，可望远山平畴，又可闲庭信步，有着说不尽的开朗与娴静。住到这样的地方，自己忽然觉得有一种说不来是怎样来、怎样去的幸运。他在日记上写道：

人们都以为自己是聪明的，利用着地位和机会，把别人推下陷阱，借以满足自己的私欲。谁也没有想到的自然赋予的优厚，谁也没想到要抓住时机去做好事，只在那里互相穷折腾，将天下弄得乌烟瘴气，这样弄污了世界，凌辱了人性，还给邻舍造下不知多少命运，但是根——依旧不免落到命运的手里。时光偷偷拨下他的眼睑，轻轻停止了他的呼吸，于是他死了，骨质不久也就化成灰土。而世界却留着。这田园的首创者，留下家业和园林，留下朝露和晚霞，同时还留下鸟语和花香。他曾预料中许多年后到这里来享受的是一个全不相干的人吗？

赵伊坪觉得新的生活开始了，伴随着春天，连自己也都新生了一次。在他看来，人类需要聪明，社会需要聪明的人前去改革、去推进，他自己却又恰恰肩负着教人向上的责任。本着这样的理想，他热情地选取教材，开始用心作讲义。那些讲义是由各种性格、用各种不同的心情与文本写出来的，多半很果敢、很热狂，一提起未来，又都有着单纯的信仰。不用说，教材一出手，学生们就喜欢上了他的讲课和他这个人。渐渐地，大家没有课的时候到庄园里来看他。他们向这位年轻帅气的先生提出许多令人头昏的问题，谈着美好的未来和糟糕的现况。譬如母亲为着得到助手和传宗接代，娶进来儿媳妇是该要还是不要啊？父亲被乡绅打伤了，因是牛跑进了人家的田地，该不该告到衙门里去啊？将来世界是不是比较太平一点，人们都能够好好地活着，不再为捐税逼迫得去上吊？他们虽然为伊坪带来头痛的问题，同时也为伊坪带来兴奋和喜悦。他们是单纯的，有时单纯得可笑或可爱！伊坪把他们看成一畦苗芽，看得见他们在慢慢地生长，从这些学生那里他开始了解生命的意义，使他意识到自己责任的重大。他利用机会同乡亲们接近，虽然他们只把他看成乡绅党里的人物。有时他回来得很晚，也非常疲倦了，但是依旧教眉姐念书，并为她解决疑难问题。

眉姐是很聪明的人，阅读普通的书，譬如小说之类，简直就用不着讲解。

在经常到田庄里来的学生之中，使赵伊坪忘不下的就是眉姐的姨母家的表哥，叫望峰的少年。望峰不大喜欢说话，当人家把应该讲的同不应该讲的通通说完，站起来要走的时候，他也默默地忧郁地跟着走了。望峰到田庄上来的次数要比别人多些，伊坪时常看见他独自在丘岗上的果园里徘徊，或者是背倚着菜园里的水车，出神地在望着远空。

"他在做着什么梦？"一看见那神情，赵伊坪便要惊讶。望峰这位学生极肯用心，功课也都上得很好，身为先生的伊坪特别对他注意。

有一天，他说要搬到庄园上来住，不知何故终究不曾搬来。赵伊坪怕冷落了他，通常走过去带几分玩笑的口吻道："有时，你可做我的先生了，望峰。"

望峰望着旁边，只是笑一笑，常常是很寂寞的笑。

虽然如此，自到这里当先生后，赵伊坪却觉得像冲过一个冷水澡，已经洗去多年间濡染来的阴晦，神志松快起来了。他同少年人一处生活，不必动心计，也不必顾忌有人暗算自己。

师徒们并没有忘记是春天，而且连性子也都玩得野了起来，一到傍晚便一起爬上较远的丘岗。有一次，远处的晴空下，辽阔柔软的绿色原野间，裸露着、反着光的荒丘上空，一只孤鹰正在翱翔。

"望峰你看，喜欢那东西吗？"赵伊坪指点着孤鹰问道。

望峰遥望着前面，却意外地回过头来反问伊坪："先生喜欢吗？""我喜欢——你看它多么高傲、多么大胆。它定是发现了田鼠或什么的。"

"我不知道……"望峰仍旧凝视着前面，停了一刻，嗫嚅着说："但它是一只野鸟，它总爱吃别的动物。"

赵伊坪惊讶地望着这孩子，他没有笑，他说话的声音是那样的干涩、那样平静。小小年纪，他就有这样的悲哀神态，连挣扎一下也不想。他心里到底装着什么鬼呀？

赵伊坪这样想着，并不曾领悟这孩子的话里究竟包含着什么意思，便说道："你该学它，就是那只鹰！"

"也许要学的吧……"望峰的话只说了一半。

同伴们有的到坟园里去看碑文，有的则是采摘植物，准备做成标本。渐渐地，天近黄昏，村林的顶上冒出了炊烟。

师徒们懒懒地返向归路。周围是静寂的，天空是明朗平和的，丝毫没有风雨的征兆。大家平静悄然地走着，谁也不出声音。夕阳的光芒映衬着他们，红醉了他们，也红醉了村庄。

虽然是这样好的春天，又住着这样好的地方，但烦恼却渐渐地侵来。赵伊坪听说校长先生的"自由主义"只颁发给饭桶教员，被学生喜欢的决没有享受的权利；他还听说这学校简直是"招贤馆"，校长虽然竭力网罗有才能的教师，但请来之后，不是人家自动辞职，便是遭到了他种种方法的驱逐，有的甚至更倒霉。伊坪也正从同事那里得到了这种暗示。他在日记中写道：

世界上有许多人我们是无法了解的，他们嘴上把青年人恭维成未来的主人，暗中却下毒手，戕害他们的心灵，夭折他们的生命。他们命令青年去学正直，而他们自己，才能小的却蹂躏了地方，才能大的竟蹂躏了全国，他们亵渎了清洁同神圣。我们真正的人不该畏瑟，我们要坚忍耐苦，因为我们年轻，必须有大无畏的精神。

赵伊坪原来还是规定每天要写日记的，他想看看自己是在怎样生长，但来这里以后就新养的习惯，时光尚早，他便草草地结束了昨天不曾写完的日记，到菜园里去了。

红日已从远处的丘岗升起，照亮了庄园门前的树林，一些枝叶光彩如醉、泛着蜡光。斑鸠一早醒来，在大树上发出"咕咕、咕咕"的咽鸣。从树隙间望去，白杨闪耀着银光，原野的碧绿上面还笼着薄雾，但眼看着轻烟似的很快在消散。

菜园是春天人们忙碌的地方，驴儿在井上拉着水车转悠着。眉姐在井旁洗着衣裳。小狗时而嗅着地面，时而欢快地在旁边遛着圈子。陇沟里有两只灰鸽，低着头在觅取食物，以它们独有的娴雅姿态散步。菜畦里大半都浸在水里，刚钻出针似的芽韭苗同蒜一样欣欣向上生长着，菠菜和莴苣展开着肥美的嫩叶，菜园充满着绿色、充满着生机。

眉姐的父亲在园子角上掘地松土，时而用力打碎土块。

"早呀，先生。"他将钢叉刺进土里，向赵伊坪招呼道。

"你也早。"赵伊坪抬手晃了晃回了个招呼。

洗着衣服的眉姐自然是听着他们在打招呼，她报了赵伊坪一个微笑。

他往手掌上啐了一口吐沫，仍旧去翻撅泥土，还愤愤地咕噜道："一只虎，好个一只虎！国要亡了，你们应该拿出钱来救国！结果怎样呢。他分了一分赃，放出去吃三分利。人家爹娘生养的女儿，他却想着法儿弄到自己的手里。"

赵伊坪高声地问眉姐他父亲在生谁的气？

眉姐父亲说是在生"一只虎"的气，那个校长。校长说自己是个"好人"，可他胡乱过人家二三十个女人。

赵伊坪问为什么不把他赶走呢？

"你赶他呀！"老人挥着手说，"民团的团总是他的什么'老头子'……他会袭了你的村庄，他会把你扔进西牢。你赶他——人还都没有活到悲死的地步哩！"

赵伊坪此时真的意识到潜在的恐怖和危险。

太阳渐渐地升高起来了，暖洋洋地蒸发着潮湿的土地。毛驴拖着水车在不停地转圈圈。

赵伊坪感到气闷，悄悄地走到井边，低声向眉姐问道："你爹时常是这样发脾气的吗？"眉姐向他笑了笑，依旧洗她的衣服，却没有回答。他折了一根柳枝，在手里转弄着，望着麦田里安详自在的鸽子。

"这里是悲惨的，我感到古怪。"他自言自语地这样咕噜着。眉姐停住手里正待绞干的湿衣服疑惑地望着赵伊坪。

当初答应教导眉姐读书，在赵伊坪看来不过是随便说说而已，并非出于诚意。现在看来，使他有了一种不自觉到自觉的成就感。他确切地想使眉姐能增加一点知识，原来眉姐各方面都和他有较大的落差或代沟，他要将这落差或代沟填起来，并没有什么明确目标。

赵伊坪感受到，自己就像春天的景物和色彩，看上去原带着几分虚浮，尽管他希望能够在泥土里生根，但总觉得虚飘飘的，又好像与这块土地毫无关系。

那诨名叫"一只虎"的人，一看见民团的团总有着实力，就想方设法拜作自己的"老头子"，教育局长也成了他的"家门内"的兄弟。"一只虎"为了扩张自己的势力，还训练年轻百姓作为自己的爪牙。这人却恰恰是自己的校长，实际上也就是他的上司。现在伊坪已经不能再以为和这地方毫不相关了，他已经不得不准备应付别人的伎俩，他已经隐隐觉得，或早或晚他将被拖进泥沼。这就使他渐渐地心情沉重了起来，他在日记上这样写着：

> 天下有着高山，也有着幽谷，有着大海，也有着森林，人类凭了沉着同勇力都能通过。没有东西是值得怕的，也没有东西能吓倒我们。

赵伊坪坐到窗下正在闷闷地想着，世界也许比人想到的更加忧郁。

这时候，树木成荫，落花缤纷。过去的时光常似落花，看上去很美丽，但缥缈得难以让人捉摸，伊坪不免感到惆怅。

赵伊坪抬头看到窗外的眉姐向窗口走来，绿盈盈的果园映衬着她从窗外探进头来。

赵伊坪更加感到忧郁："唉，无聊啊！"

"先生，你有不顺心的事？"

伊坪郑重地说："人呀——往往很古怪。书这东西，在你看来是可爱的，你用感觉，你用想象，于是看见强和弱、天堂和地狱。看见拙笨，你笑了；看见爱，你感动得流泪；看到美丽的地方，你又感觉被迷惑。它像清醇芳香的酒似的，沉醉了你。而我，我不知道世间有没有东西使我比想起读书的事来更加烦恼！我宁愿去种地。"

"这么古怪的呀！"眉姐打断他的话，"你以为种庄稼的人是多有福的吗？"

他苦笑着说："当真去干也许会感到苦恼。"

赵伊坪并不失望，也不怨恨，他只热心地凝视着前面，凝视着那闪闪的一星光亮。他勇敢地、毫不停留地向前追赶，那是追求光明的一种精神，体现了向往美好的一种动力。

要来的总会来的。清明时节，细雨蒙蒙，赵伊坪终于被邀进"虎校长"的办公室里去了。校长从头到脚地将他打量了一番，然后告诉他"坏人"已经在外面布遍谣言，是在开始攻击他们了。为了安全，为着能不被

"坏人"诋毁，以后大家须多多留神。他要结束自己的谈话时强调道："最重要的——除了功课上的事务以外，还是少跟他们接近才好。"

"少跟他们？他们是谁？"赵伊坪惊讶地望着"虎校长"疑惑地问。

"当然是他们，"校长冷笑道，"学生也并不都是安分的呀！"

"他们难道还会更坏吗？"伊坪也冷笑道。这话里头暗示着"比起你"的意思。

"虎校长"皱起眉来，挺了挺身体，用手抚摩着胸部，那嘴也就闭得更紧，显然是生气了。他从堆在盒子上的案卷中间抽出赵伊坪的讲义，打开说："瞧瞧这讲义，先生！"他用手指敲着说，"这是你选的讲义！你是不是要教他们造反？"

"我咋就要教他们造反了？"

"请你自重。""虎校长"背过脸去，下了逐客令。他想着"干不了就滚蛋！"

赵伊坪不卑不亢地说："行，给我两个礼拜的假，让我思考一下。"

只是一回到田庄，赵伊坪想到不得不走的时候，倒有点留恋起来了。他悄悄地走到远处的那座丘岗上，从那里望着青灰色的远山，望着丘岗下面，有两个春耕的农夫在坟茔旁边坐着，一面闲谈，一面吸着烟。耕牛安静地低着头在吃小麦，喜鹊却大胆地落到它的背上。

"蒿丛里那是谁家地……"伊坪自语着，感到疲倦和淡淡的哀愁。他采摘了一束野花，在归途中想起眉姐，还计算着怎样同平常一样消磨过半个下午，无意间从小道绕进果园里去了。

空中吹着潮湿而又凉爽轻风，果园里没有人，它是幽静的。树木都投下浓重的阴影，暗暗地流动着苔藓和艾草的气息，还有腐木的气息混合着各种野生植物的芳香。地面上留着雨滴敲打后的斑痕，洼里积聚着枯落的花瓣，处处显现出暮春的景色。

一到园子里，便荡尽赵伊坪满腔的烦躁，完完全全地安静下心来。他分开胡桃树的丛枝，学着庄稼人的模样用手垫住头，在地下睡倒，望着树顶，树枝向四周伸开着像一柄硕大的伞盖。阳光在枝条缝隙间闪烁着射下光条。他享受着那透过午后的熏热，听着从菜园里送来的迟滞的水车搅动的水声，渐渐地沉醉到纷杂的往事里去了，直到暮色来临。

"先生，先生，你在哪里呀？"眉姐用短促的声音一路上呼喊着，从园子的那边跑了过来。

"什么事？这么慌张。"他从地上坐起来说。

"你原来躲在这里，"眉姐用手分开树枝，一面弯着腰走进来，"你的学生来找你，他们在等着你。"

"他们找我吗？"他揉着眼睛，随后又望了望眉姐。

"他们在等着你，他们说你要走了。是真的吗？"眉姐双手按住膝盖，弯着腰，孩子似的望着他。

"真的，要走了。"他侧着头声音涩哑地向眉姐说，并示意让她坐下。

已经黄昏了，鸟儿找到了安谧的树枝，各种生物也都走进它们的巢穴，准备休息日间的疲劳。只有一只蜜蜂还在嗡嗡地寻觅着它失迷了的路径。果园树木下渐渐显出夜晚的幽暗。他们面对着留下霞光的旷野，苍然的雾色也已升起来了，在慢慢地向这里逼近。

赵伊坪一看见眉姐深邃的眼，令人莫测，发着光亮。他问道："你总是快乐的吗？"

眉姐则摇了摇头，不懂得他是什么意思。

"看见望峰了吗？"他又问道。

她手指在地上画着，想了一想说："你为什么总是想着他呢？"

"为什么吗？那可不知道……我想是因为他很可爱。不是很可爱吗？"

"是呢。他近来变了……"她顺口支吾着，指着远处的天空叫道："你看那块红云，先生！"

赵伊坪朝着眉姐指点的地方望去，别的云已经暗了，只有那一片还很明亮、在慢慢地移动。

"你喜欢云吗？"

"喜欢……"眉姐一面这样应着，一面在凝神地倾听着什么。

这时候，忽听得果树丛里一声口哨吹来，眉姐跳了起来，钻过树枝，影子迅速消失了。

暮色苍茫，赵伊坪默然地继续留在果园里，直到入夜时分才懒懒地走进庄园。

当下他收到一封下署"全体学生"的信：

当我们听说你要离开我们的时候，先生，我们的心里不知道是怎样难过。我们包围了"一只虎"，初时他还发他的"虎威"，可是我们的人多，是不会被他吓住的。他也明白我们将会怎样对付他，这贱骨头专怙硬的，我们在暗中已经为他准备下石块。这样一来自然他就吓坏了，软了下来，答应亲自去挽留你。假如他没有诚意，我们一定将他打倒；假如先生固执着一定要走，我们是会感到悲哀的。我们敬重先生，也爱先生，也知道你爱我们。你不能抛下我们这一群迷路的羔羊，亲爱的先生，希望你不要使我们失望。

来送信的学生们，说是他们已经准备动武了。为着他个人的去留，竟引起这样大的风波，赵伊坪先是很兴奋，接着就感到老大的不安。事态将要发展到怎样的地步去呢？他不知道。他在房子里踱着步，直到夜深才睡去。

第二天早上，的确意外得很，"虎校长"居然伴着他的"麻脸"训育主任到田庄上来了。一进门他就嚷嚷道："有罪，有罪！特地谢罪来了，先生！"

"虎校长"依旧带着他的可惊的虎劲：坦率、热烈、谦恭，喷着吐沫，发着喘，"咯咯"地笑着，就像完全没有发生过什么不和的事一般。

最后他承诺："伊坪先生有绝对的自由，过去全是因为误会，是不足介意的；假如先生势必要走，那么，我这校长也就不再干下去了。总之，我以先生的进退为进退，请求先生的原谅。"

赵伊坪心里酸溜溜地想了想，就是老虎也跟你较量几手！最后说了一声："好。"

"我感激你的大量，先生，明天我非请两席客不可。""虎校长"抓住赵伊坪的手摇了两摇，随后"咯咯"地笑着，同他的训育主任一起告辞走了。

赵伊坪被挽留下来，从此存了戒心："一只虎"既然碰了钉子，那么下面将怎么样呢？他不再觉得这乡下是简单的了，也不再以为这里的变化不会擦痛他的皮。他已经看出左右是一池臭水，横竖是难以干净的。然而人是不甘心遭难的，他要躲避不必要的麻烦，为自己另外选择一条通路。他把自己当作试金石，放进污秽里面去受检验，以为通过悲剧与喜剧的火焰，会变成真的黄金。这期间他写着日记，因为内心的呼声伴着他赛跑，鼓励他向前寻觅前进的路。

他去信给王长简没谈过具体活动内容，只讲那里办得"有生气"，并让王长简回信要寄到临颍县第一小学。

他在日记里记述着一段段感受：

都市里的人没有春天，他们出钱去买春天。他们永远不会明白斑鸠何以要这样叫，要那样叫；黄莺同云雀又自有它们的叫法。他们不明白在夜色后面跳动着的野火，他们也不明白姑娘们的怀春的小曲。

世界是寂寞的、是苦恼的，到处都流着血，有形与无形的血。唯独寂寞能使我们睁开我们的眼去看，苦恼才产生勇气。那最懂得春天的人还活着在人间吗？

请到大地上去吧，沙漠上好，草原上也好，到烟雾的海上去也好。在那里你将明白，土地是如何广大，天空有多么高渺。在以上的地方，则将受尽苦楚；但是莫要悲伤，莫要叹息，莫要怒骂，因为有了苦才有甜，那是真实中的真实滋味。

聪明的艺术家在圣像顶上涂画光圈，在佛的头上塑出火焰。他是有头脑的人，称得起发明家，也算是天才。火焰并不是夸张，光圈亦非装饰。它表示着圣与道、结果和升华，生命的永恒在同一思想的圆满。牧师与和尚，则是两号牌子的一料蠢货！

傻子是世界的救主，非人的家伙们将会自己烂掉。傻子若是永在，则旷野将遍开百合的罢。

应生活于人海，莫湮没于人海。

了解人的人是幸福的，他将永远年轻。

爱是火，爱是热，爱是光，照亮着前进的路。

虽然如此，赵伊坪这些日记，让人们也许感到他消极起来了。做起事来，他常感到懒倦，又唯恐被坏事搅扰。近来，他把闲暇的时间都用到思索上面。他在脑子里搜索着，这便来了许多哲理，究竟是从路旁捡来的呢，还是自己的心得，连他自己也不十分知晓。总之，他喜欢那本日记。他往往对着果园满怀喜悦地一遍一遍地去读，并且咀嚼着、回味着，从并不新鲜的意境中得到一点安慰。只是在这"满怀喜悦"中间，却时常不安得很，想起"又要来了罢"，仿佛等待着什么东西。

这时，王长简的信恰巧来了，除了告诉他遇事留神，此外都是平常的话。到了晚上，他便坐到窗下去写回信：

芦焚（王长简的笔名），现在梦已做破，谢谢你的关心。学生们的情绪很好，唯一使我烦恼的是，我的实际经验不够指导别人，要做的时候又常常感到无从下手。因此便有许多不得不向你请教的地方——

烦恼又找上他了。他听见背后的门被推开，并且听得出那进来的是一个女人，还在门口踌躇了一下，然后直向着他的背后走了过来。他已经猜出是那笑起来像一把小刀的眉姐的嫂嫂。他等待着。

"请你给画一个花吧，先生？"停了一刻，那女人终于请求道。

"不会！"他没好气地说，依旧不动地坐着。

"那么写几个字行的吧？"那女人又请求道。

只听见"嚓"的一声，伊坪已经把手里的信撕碎。眉姐的嫂嫂见状就说："算了，算了，不麻烦你了。"她无趣地走了出去。

随即，他又低下头去手颤抖着写道：

芦焚：

手书奉悉。这里是古怪的地方，两月来仿佛是在做梦。要做的虽然很多，结果总不大好，看情势也许将要更坏。我打定主意到你们那里去，或者还能做一点事情。希示近址，切切。余容面告。此候时安！

顿首　五月三日

外面是黑暗的，他带着信到镇上去了。初夏的夜晚已经十分温暖，树木庄严地在夜色下挺立着傲岸的身躯。星斗闪耀，他的心松畅下来，轻快地吹着口哨。为了成全别人，他要远远地走开了。这的确是值得满意的决断。不过，也有一件是他自己忽略了的，那就是——他已经预测到人家要对付他，已经感到自己的孤单和无力了，而他自己也许还没意识到恐惧的地步。

赵伊坪可以不再看见这里的丑恶，也就不再有无名的痛苦。不幸的事情竟完全出人意料，来到是那样快，当天夜里他并没有回到田庄。次日早晨，他已经被押解到城里去，又第二次被下狱了。罪名是"思想反动，煽惑青年"。他并不为自己的冤狱不平，回想起前后的种种，他只有苦笑。至于在外面的学生，也不曾因此闹出风波，因为"虎校长"先生已经为他们准备下恰当的办法……

过了一段时间，他又不知所以地被放出冤狱。

第十二章

椽笔诗文蕴豪情，乡土掌故是源泉

赵伊坪妻子吕瑞芝也快临产了，临颍也无留恋了，让他空空如也地离开这让他伤痛的地方，回郾城老家。

赵伊坪妻子吕瑞芝挺着大肚子，看到他头发老长，衣服老脏，心疼得鼻子一酸掉下眼泪。她对伊坪爱怜心疼地说："看你，整天整月在外地忙，俺都想照顾你也照顾不上，老是让人放心不下。"她帮赵伊坪脱下外衣，右手掂着衣服，左手轻轻地捶着伊坪的背。

赵伊坪双手扶着吕瑞芝的肩膀，眼含着泪花说："最苦的是你，上有老下有小，让你操持这个家，不容易，我心歉疚啊！"

吕瑞芝把衣服挂上衣架说："这次你就安安稳稳多住几天，好好养养再走。"

"行，不但多住几天，还要陪你临产，让我亲眼看看我们的小生命诞生。"

"就知道你嘴甜，会哄人。"

"不哄你，真的好好陪陪你。"

"这还差不多。"吕瑞芝心里踏实地依偎在伊坪的肩膀前……

1933 年 11 月 6 日（农历九月十九），赵伊坪与吕瑞芝的恩爱结晶，第一个要喊他爸爸的莉莉出生了。

赵伊坪勤快地忙里忙外，细致地照顾妻子，帮家里做些家务。一有空，他就喜悦地抱着白胖的莉莉，亲得没个够。

赵伊坪的妻子吕瑞芝虽然因顾家失去了读书的机会，但她以自己的聪慧感悟着周围发生的事物，懂得如何辨别是非。自从嫁到赵家，她就把生命的意义与这个家庭结合在一起，她把身心的全部能量用来照顾家里的老人和养育年幼的女儿。她心甘情愿地挑起家庭生活的重担，一来这个家离不了她，二来为了自己优秀的丈夫。尽管并不知道，也无法知道丈夫的所作所为，但她了解这个遭通缉的被视为"叛逆"的人；她理解他所做的一切，她只是坚信丈夫是个好人，他做的事对国家、对老百姓是有益的，至于其他的都已经不是重要的了。但是作为妻子，她的要求仅仅是人之常情，就是希望丈夫能够平安地回来，回来看看这个属于他的家。

赵伊坪对家人充满挚爱，他对孝道、恩爱更有着中国优秀传统文化儒家思想的理解。在家里，对老人他尽可能地尽到孝心；对妻子，努力尽到做丈夫的爱心责任。这一月多时光虽然短暂，但是对家庭能让他觉得踏实了许多。

女儿莉莉满月后，他按照上级的指示，到革命火种薄弱的河南省泌阳县象河关小学任教。

泌阳县象河关小学校设在一座祠堂里。泌阳县位于郾城西南部，南接桐柏县，北连方城县、舞阳县，西临唐河县、社旗县，东交正阳县、确山县。泌阳河为江、淮两大水系支流上游发源地之一。象河关位于泌阳县北部，在方城、泌阳、舞阳三县交界处，历史悠久，人杰地灵。象河关原地名称"象禾"，大象能生活、繁衍的地方，在春秋时属天下九大名关之一，关口两侧有楚国长城、烽火台遗址依稀可见。传说唐末时李希烈兵屯这里，在此获大象以为祥瑞，后改为象河。

赵伊坪在泌阳象河关小学一边教书，一边走出校门传播革命思想，发现进步青年。教学余闲，他有时步履匆匆地走在乡间路上，在农家庭院，在田野地头和农户交流，传播阶级思想、土地民权；有时步履蹒跚地登着楚长城，看着烽火台遗迹，凝视着烽火灰痕。遥想那烽火连天、边关告急场面，疆场上铁血男儿奔赴雄关，血洒边关的豪壮，壮士豪杰横刀立马、奔腾向前的威武；有时想象如血的残阳下醉卧沙场的悲壮与洒脱。有时伊坪想着想着，心潮澎湃，热血沸腾……

但是小学校长思想落后，总是限制他的活动。他在此孤掌难鸣，想起在济南的熊义吾（张介民），写信给熊义吾让他回家乡正阳县。1933 年底，熊义吾从济南重返故里正阳县，他与赵伊坪东西互动，继续从事党的革命工作。当时，正阳中共地下党组织已遭破坏，熊义吾就以在汝南埠做卖布生意，在雷堰、油坊店西北贺楼教书做掩护，培养进步学生，先后发展了 7 名党员。

1934 年春，河关小学校长打了赵伊坪的小报告，伊坪和校长发生冲突，在泌阳只干了几个月就辞职离开学校，回到郾城县。

赵伊坪在漯河站下车出站，掂着手提藤箱走到市街。一位红脸膛、短胡茬的壮年拉着洋车赶上："你是到城里去的吧，先生？"

"当然了。"

"我拉你去吧？"

赵伊坪一看吃惊地说："虎头哥？"

"是我'虎头鱼'，老弟是？"

"我是廉越。"

"廉越，赵家的秀才？""虎头鱼"迟疑地在想。

伊坪点点头。"嗯呀呀——赵家大少爷，快快快，上车吧。""虎头鱼"放下车，夺过箱子放到车上，又推伊坪上车。

赵伊坪看他强壮的肩膀和腿，知道推辞不过就坐上车。

"坐好——""虎头鱼"拉起车就朝前跑。

"你这个做锡匠的，啥时候拉起洋车了？"

"师父眼瞎了，锡匠店原料后来又紧缺就不干了，快 10 年了。家里一帮子小的都要吃，没办法呀！"

赵伊坪向他问大刘姐的消息。

"甭提了，一提她我都恨我自己。你说我咋就那么笨，上个月她坐上我的车到城里兜了一圈，我就没认出是她。满身的肥肉，戴着金子耳环、手镯，耀眼欲花，没一点清新气儿。"

"她回来看你了？"

"她一路上问问这个，问问那个，药铺的掌柜、小郎子，撕开嗓子唱的车夫，连我都问遍了，那古塔、那狐妖都问了。到城里她还见到'十二美女'白毛妖那个老娼妇。见到我那要饭的师父，又老又脏，满身的泥垢，她丢下几个铜板就让我拉回车站了。真奇怪，世上满是怪人，有钱的无聊人闲兜风，我当时没在意，这是为啥？"

"为啥？她也许是失望，面目都不是了，现在的十字街跟当年的又多么不同！小车夫、驴夫、脚驴、褡裢、制钱的时代过去了，和那个各种好声音时代一同消灭了。"赵伊坪回答说。

"在车站附近我放下车子，拿出手巾擦汗。接着让我大吃一惊，她往我另一只手里塞满了钱，随后，还远远地在车站门口，红着脸向我笑。人家走了好久我费了好大劲才想到是她。哎——你说我多蠢！"

"虎头，虎头，你真是虎头鱼。你好福气呀！"

"好福气个屁。"

"人家大刘姐有情有义，快 20 年了，她还惦记着你嘞——"

到了十字街转角处，见跪着个要饭的，伊坪赶紧叫停，下了车，塞给"虎头鱼"钱说："记着给你师父买碗饭吃。"

赵伊坪目光巡视着，"十二美女"她的头发上只剩下脑勺上几缕白毛，牙齿落光了，坐在城门口大青石上，依着拐杖，嘴里前言不连后语地咕哝着，自己跟自己在那里说话。在原来的锡匠店地方，现在另外有人开一家棉花店，先前的划拳叫嚣声，终日闹成一片的酒楼，苍蝇飞着，成了个无人问的饭铺。那个老药铺看上去也远比先前卑陋。棉花机器"呵吱呵吱"吵闹着。一个饭铺的伙计，一个小贩，两个去弹棉花的一男一女，都瞅着他。他提起箱子疾步向东去了——

经组织商议，以漯河镇文麟阁书店老板张嘉范的名义，在郾城县西南部的问十镇东街文庙祠堂办学，以便赵伊坪组织开展农村工作。

问十镇距郾城 17 千米，原名问津寨，后改问十寨，至今已有 3000 余年的历史。由于地处南阳到漯河的交通要道上，所以一向是郾城县之重镇，与新店镇、召陵镇、王沟营镇史称四大名镇。它东与大刘镇毗邻，南与西平县权寨镇接壤，西邻舞阳县吴城镇，北与阴阳赵镇和舞阳县九街乡隔河相望。

春光明媚，赵伊坪和赵德风、兄弟赵晓舟在张嘉范的陪伴下共同来到问十镇。远见寨墙高三丈，墙垛像锯齿一样，均匀地排列在墙上。

赵晓舟不由惊叹道："好壮观的古寨啊！"赵伊坪等人看了看赵晓舟不由得笑了。

城墙外的护城河岸柳树婆娑，河水澄澈。他们走过东桥，见寨门高丈余，宽九尺，厚约半尺，且外裹铁皮，刀枪难入。寨大门上筑有青砖绿瓦之高大门楼，门一侧设一尊直径约 20 厘米的生铁大炮，使得寨门更显威严。

见旁边还设有一个小角门，赵伊坪说道："这有小门与众不同。"

赵晓舟问："这有小门是做啥用的？"

张嘉范解释："平时为农民出城耕种提供方便，战时则成为安全通道。"

走进东门，街上繁荣，商贩云集，商品琳琅满目。问十街向来繁华，有烟厂、酒厂、染坊、钱庄、银匠铺、铜匠铺、屠行、粮行、饭店，一街两行店铺林立，生意兴隆。每年四月四、六月六，都有两台大戏对唱，每次会期半个月，郑州、南阳、信阳、汉口、淮阳等地商人也都到此贸易。

前面就是文庙，学校所在地。文庙外建有坐东朝西的魁星阁。赵晓舟说："问十镇这名字有些特别。"

赵伊坪说："据说，这问十镇的名字与孔子有关。"

张嘉范说："是，你们来了，陪你们先看看，熟悉一下。"

庙门口已挂上"张氏小学"牌子。赵伊坪说："好，咱先进去看看。"

进了庙门，他们见院内翠柏葱茏，大殿巍峨壮观，孔子端坐在正中。大殿外分别置有大石碑、小石碑和方石碑。大石碑记载着孔子周游列国的经历。

相传春秋时期孔子周游列国历经此地，一条大河拦住了去路，孔子即派其高足子路前去打探渡口。这就是论语记载的"长沮桀溺耦而耕，使子路问津矣"。当地的隐士长沮、桀溺一起耕田，孔子路过，让子路询问渡口。

长沮和桀溺对孔子与子路都很了解，宁愿做个隐士，却不愿像孔子那样到处周游宣传其政治主张，所以对子路也很轻慢。长沮说："驾车人是谁？"子路说："是孔丘。""是鲁国孔丘吗？""是。""他早知道渡口在那里了。"子路再问桀溺。桀溺说："你是谁？""我是仲由。""是鲁国孔丘的学生吗？""是。""坏人坏事像洪水一样泛滥，你们同谁去改变它呢？你与其跟随孔丘那种逃避坏人的人，为什么不跟随我们这些逃避整个社会的人呢？"他边说边不停地播种。

子路回来告诉孔子，孔子失望地说："人不能和鸟兽同群，我们不同人打交道同谁打交道？如果天下太平，我就用不着同你们一道来从事改革了。"后来孔子的名气越来越大，当地的读书人就将村名改为问津。又因寨内张姓的人最多，为了突出张店村，将村名改为问十。《论语》为政篇第二十三章"子张问十可知也。子曰：殷因于夏礼，所损益，可知也；周因于殷礼，所损益，可知也。其或继周者，虽百世可知也"。

看完文庙，赵晓舟说："文庙没白看，在这受益了。"

赵伊坪接着说："是啊，我们今后也要拿出孔子的精神，去开展农村工作。"

赵伊坪他们在问十镇"张氏小学"教学生一面学习文化课，有时讲红军故事，一面以教学为掩护，组织开展农村工作。

转眼间一年了。寒假将至，赵伊坪置买些年货，回郾城过春节。

年后，他接到组织通知，推荐他到杞县大同中学任教。

前两年，赵伊坪在商丘、开封一带从事兵运和学运，曾与河南大学康午生（王国权）、赵毅然相识，在河南大学的秘密组织"西北研究会"做过关于西北军的专题讲座。因这缘分组织介绍安排他到杞县大同中学任教。原来王国权在日本从事革命活动，并在日本加入了中国共产党。他帮助民主人士、河南著名教育家王毅斋在杞县新创办了私立大同中学。

赵伊坪对吕瑞芝说过几天我要去杞县中学任教。吕瑞芝提出随他一起到杞县去生活。

赵伊坪何尝不希望让妻子与自己形影相伴呢！但这事最终还是作罢了，这一方面是经济上的原因。伊坪在杞县大同中学教书，还带着他四弟廉超在那里读书，要负担他的费用，妻子再去必然要带着年幼的女儿萍萍，这样一来就要担起4个人的生活开销。那时，学校有时几个月都发不下工资，生活是没有保障的。还有一个原因，伊坪是一位善孝智德之人，他对父母是十分孝敬的，如若妻子走后，家里没有照顾父母的人，把两位老人留在家里，他不放心，他也不能那样做。

第十三章

大同中学育群英，寻求革命道路坚

春光明媚。在王国权的支持下，由王毅斋先生领衔在杞县创办的私立大同中学开学了。

王毅斋，1896 年出生，杞县人，自 1923 年起，在德国、奥地利留学，1928 年毕业于维也纳大学，是著名的爱国民主人士，他以维也纳大学博士的声望和河南大学法学院教授的身份，在共产党的组织协助下创办起大同中学。这所学校是一个以共产党员为主导的、团结了一批进步教师任教的学校，是河南培养爱国青少年的摇篮。

在王国权的推荐下，经河南党组织联络，赵伊坪到了杞县大同中学任教。党组织并委派赵伊坪在大同中学成立中共地下党组织，担任豫东特委书记和中共杞县县委书记。从此，大同中学成为豫东党组织秘密活动的中心，也是当时中共杞县县委秘密所在地。

大同中学设立在杞县县城银子井畔的孔庙里。杞县孔庙始建于明洪武三年（1370 年），建筑占地面积 1504 平方米，史称"黉学"、文庙。杞县孔庙历经多次维修，基本保持原貌，大成殿 5 楹，木质结构，歇山式建筑，东西厢房 10 楹，灰瓦山顶。殿前为祭祀台，有明柏、明槐两棵古树，雄姿挺拔，历经风霜。大成殿南 40 米处有一座三孔桥，桥的左右各有泮池。后院为明伦堂。孔庙东厢房后有一南北通道，学生可由此到后院明伦堂读书学习。

学校有一批地下党员加入，容纳了一批党的秘密工作者和思想进步的教员，先后培育了许多革命的学生，逐渐成为共产党在豫东地区开展活动的中心和培养革命青年的阵地。地下党员有赵伊坪、郭晓棠、梁雷、傅立民、杨伯笙、王乐超等，进步作家姚雪垠、王长简等也都在这所学校。他们有共同的爱好和向往，所以相互交往很深。穆青、冯若泉等大同中学的学生，都是杞县人，积极参加学校进步活动，赵伊坪与他们有着密切的关系。

郭晓棠原名郭全和，1910年4月出生于河南省沁阳县。1924年考入河南省中州大学附属中学；1927年考入河南中山大学，成为学生会骨干；1931年9月担任河南大学师生代表组成的反日救国委员会主席；1932年4月，由中共河南省委秘书长杨斯萍介绍加入中国共产党。

梁雷，原名梁德谦，曾用名梁雨田，生于1913年1月，原籍河南邓县（现邓州市）刘集镇齐集村梁营村。1928年加入中国共产主义青年团，1932年加入中国共产党。

傅立民，原名付功绩，别号孤侣，中共党员。1907年生于河南省济源县西逯寨村的一个中农家庭，青少年时在沁阳、开封求学，后入南京晓庄师范就读，因参加进步活动而被通缉。1931年后回济源、沁阳等地任教，又在《焦作日报》《豫北日报》当编辑，因继续从事进步活动而被捕入狱，出狱后改名立民。

杨伯笙，学名杨烈熏，曾用名巴生、沈百扬等。1910年12月2日出生于河南省济源县杜八联槐树庄一个书香门第的地主家庭。7岁在本村私塾学习。先后在县立第一高小学校、开封私立黎明中学学习。1929年考入河南大学理学院预科，1932年转入本科化学系。1933年到北平找党、参加左联。

136

赵伊坪到大同中学任学校的训育主任，兼国文教师，王衡儒是校务主任，教务主任是梁雷，他们都是同学们十分敬爱的老师。学校里所有的抗日救亡活动，也都是他们领导和组织的。当时日寇侵华加剧，国家危如累卵，全校师生义愤填膺，毅然成立了抗日救国牺牲大同盟，赵伊坪亲任同盟的主席。同盟的主要目的，就是通过校内外的各种活动，反对国民党发动内战，主张全民抗日。每次同盟集会或学校开周会时，伊坪都要发表讲话，分析国内外时局，痛斥国民党的倒行逆施。

在课堂上，赵伊坪总是以其深厚的文化底蕴、充满激情的教学模式赢得同学们的喜爱。他本人又是一位诗人，表面上看似严肃，但内心却充满激情，讲起话来激昂慷慨，极具感染力。记得有一段时间他教穆青等同学古文，一篇袁枚的《祭妹文》把全班的同学都讲哭了。特别是讲解那些爱国主义的历代诗词，如陆游的《示儿》《书愤》，岳飞的《满江红》，文天祥的《正气歌》《过零丁洋》等，他总是先把全文写在黑板上，一句一句地讲解，让每首诗都成为爱国主义教育的课程。讲到动情之处时，他激情难抑，声泪俱下。他带领全班学生一齐朗读"人生自古谁无死，留取丹心照汗青"这些充满民族气节的不朽诗歌，深深地印刻在青年学生的心中。

赵伊坪不仅讲课讲得好，而且有时根据需要画上两笔，还写得一手好字。他的字刚劲有力，结构优美。如果说字如其人的话，这正表现了他坚强、刚毅的性格。由于同学们都很喜欢他的字，所以每次赵老师下课后，他留在黑板上的粉笔字，他们都不忍擦去。许多同学都比照着写，穆青更是其中最用心的一个。

那时的杞县，是河南一个贫穷偏僻的小县，与外界联系十分闭塞，可唯独杞县大同学校有点特殊，不仅可以看到北平、上海、武汉等地的报纸杂志，而且还能通过各种渠道，及时了解国内外的动向及全国关注的焦点。有时候学校甚至还收到过共产党当时在巴黎创办的《救国时报》，以及其他一些秘密发行的印刷品。

为了广泛开展抗日爱国的宣传工作，大同学校建立了各种群众性的革命组织。出墙报、办刊物，读进步书刊、唱救亡歌曲，演出新剧，赵伊坪、王乐超为辅导员，主要编辑是穆青、冯若泉等人。他们揭露时弊，宣传抗日。举办民众夜校，宣传马列主义，进行抗日救亡工作。

赵伊坪在进步教师和青年学生中积极传播马列主义，开展抗日救亡活动，激发大家反帝反封建的革命热情。讲课时，他常常撇开课本，向同学们讲中国历史上民族英雄的故事，启发教育学生树立革命的人生观和爱国主义思想。在"白色恐怖"的环境里，大同学校抗日救亡的空气异常活跃。伊坪还应河南大学党的同情者赵松涛（赵毅然）的邀请，曾一度就社会科学方面的课题在河南大学从事讲学活动，传播马克思主义。

为帮助学生们每周出刊一期墙报，赵伊坪组织学生研究墙报内容，修改墙报稿件，都针对国内外形势和师生的思想认识开展思想教育，揭露时弊。同时，告诫同学们搞好团结，注意斗争策略。

有一次，冯若泉同学写了一篇署名为"冯大红"的稿子。赵伊坪问他："为什么起'冯大红'这个名字？"

冯永清说："红色象征革命，不但红，而且还要大红。"

赵伊坪耐心地对他说："我知道你是出于好心，但现在全国还处在'白色恐怖'的情况下，反动派时时都在盯着我们，如果写文章考虑不周，发表出去，就会引起国民党的注意。你以后写文章要讲究策略，这是革命的需要。"

在赵伊坪的启发下，冯永清就学习鲁迅的办法，改姓母亲娘家的姓，将"冯大红"改为"赵蕴"。

有些同学常常为写不出文章而感到苦恼，赵伊坪就耐心帮助他们，从日常生活小事到国家大事，锻炼同学们分析观察事物的能力，培养他们的写作兴趣。

此时，河南杞县的王长简已跻身于中国一流作家行列。1931年九一八事变发生后，他进行救亡宣传工作。他在1932年1月的"左联"《北斗》

等刊物上发表《请愿正篇》和后来的《请愿外篇》，反映青年学生的抗日激情。同年 5 月，他与汪金丁、徐盈合办刊物《尖锐》，鞭笞国民党反动派的罪行。其后，他又在《现代》《文学》《文学季刊》《申报·自由谈》《大公报》上发表一批具有进步意义和独特艺术风格的小说和散文。如小说《里门拾记》《落日光》等，反映 20 世纪 30 年代中国劳动人民的苦难生活，表达对旧社会的强烈斥责。

麦收后，为解决家庭纠纷，王长简回到杞县家里。他在家里住了几个月，家庭纠纷让他心里极苦，终日很少出门，其实家里的纠纷王长简不用管，父亲生前已经分过，王长简既然不要他的遗产，当时应该撒手不管，走自己的路，不该重新把它撮合起来。由于王长简满心痛苦和愤懑，在家里的几个月一次也没有去杞县县城，到大同中学看赵伊坪，倒是伊坪经常去看王长简。

解决了家庭纠纷，真像脱下一件湿布衫，对于那个家庭痛恨极了。回到北平，王长简心里充满了愉快。之后，有好多年王长简不跟家里通信，反而和赵伊坪常常通信。

1935 年下半年，国民党反动当局对赵伊坪、梁雷他们日益高涨的抗日救亡活动采取镇压和迫害。先是教世界语的老师傅铭第，被反动当局逮捕了，接着他们的校务主任王衡儒也被牵连入狱。

傅铭第，1908 年出生，江西高安人。曾用名：傅明谛、默它。1931 年向朝鲜著名世界语者金铿（化名张以仁）学习世界语；1933 年开始从事世界语的宣传、推广工作，曾主编《世界日报》副刊"世界语之光"，编辑出版世界语刊物《国际语言》，曾发起成立北平世界语协会，并在一些学校举办世界语班，编写过讲习班用的《世界语讲义》；1934 年毕业于北平师范大学国文系；1935 年到河南杞县大同中学执教。

傅铭第、王衡儒入狱后，师生并没有屈服，在赵伊坪、梁雷的领导下进行了针锋相对的斗争。同学们群情激愤地贴标语、散传单，游行示威，强烈抗议国民党反动当局镇压的抗日行径，逮捕进步教师，抗议运动要求无条件释放被捕人员。经过近一个月的斗争，加上各方面的设法营救，被捕的教师终于放回来了。但他们的学校，从此更陷于反动当局和国民党特务的监视之中。

共产党员在杞县大同学校的活动，引起了杞县国民党政府的仇视和恐慌。他们多次秘密派遣特务、流氓到处检查、捣乱，在城墙上贴了"打倒共产党赵伊坪"的大标语，并以恐吓信的方式扬言要严厉制裁赵伊坪和梁雷老师。但是在校长王毅斋的支持和保护下，赵伊坪同大家一起置个人生死于度外，继续坚定地从事革命工作，照常组织学校的抗日救亡活动，而且越来越红火。在当时茫茫中原一片黑暗低沉的社会气氛中，播下了革命的火种，点亮了一盏抗日救亡的明灯。大同中学的师生对赵伊坪非常拥护和爱戴，称赵伊坪为"大同学校的三个灵魂之一"。

大同中学校长王毅斋自聘教师，自筹经费。九一八事变后，他满怀爱国热情写出慷慨激昂的《泣告河大同学书》，倡议组织"抗日救国敢死团"。他还常被邀请到公共场所做抗日救国演讲，受到广大爱国青年的热烈拥护，因而引起国民党河南当局的仇视，于是让河南大学以思想"左"倾罪名于这年暑假将他解聘。为实现"挽国魂于童蒙"的愿望，他甘愿被河南大学解聘。

为维持大同中学正常上课，他变卖了仅有的家产，还不得已又去求助国民党安徽省主席刘镇华，谋到合肥烟酒税务局长职务。他一人在外，省吃俭用，把节余的钱全部献给学校。他聘任的教师都是进步知识分子，对学生进行抗日救国教育，有时，讲到国难深重、国家民族危如累卵时，慷慨悲歌，声泪俱下，师生无不深受感动。为培养学生的革命意志，他又聘请了军事教官和武术教员，要求学生学文习武，文武兼修，随时准备保卫祖国。

9月18日国耻纪念日，王毅斋亲自领着学生到街头宣传，游行示威，而且总是走在队伍的最面前，不顾可能被迫害的危险，赤着臂膀，敲着铜锣，激昂愤慨地高喊抗日救国口号。为此，他曾被人称为"王疯子"。赵伊坪和其他进步教师组织学生走上街头，进行游行示威。他还带领学生到县城内店铺商行里查禁日货，撕毁日货商标，搞得热火朝天。

随着国家民族灾难日益深重，大同学校的抗日救亡运动更加深入，杞县国民党当局采取各种手段禁止宣传抗日，而大同学校一进门的影壁上就有王毅斋教授手书的"坚决对日抗战"六个醒目大字。为此，国民党杞县党部曾多次派人来校寻衅闹事，甚至给学校戴上"赤化"帽子，但在他正义凛然的斗争下，县党部也无奈何。

金秋十月，赵伊坪出于关心，给毕业后到河南南阳乡下任教的妻妹吕秀芝去信，问候工作、生活情况。吕秀芝看到既是老师又是姐夫的伊坪来信，非常高兴，回信给他。伊坪收到回信有点惊讶，见信中写到她对伊坪的信百读不厌，还写到她在边远的乡村教小学不太情愿等意思，11 月 24 日，他给吕秀芝回信——

秀芝：

想不到您还会回信！

我本不想问的，因为我知道您忙，不回吧，自然不舒服；回吧，哪有那么多时间？人本不懒，一教书就变懒了，我有这经验，不过现在竭力抑制，要学得勤奋些，事情有那么多，懒也懒不过去。如果一懒就会"歌舞升平"了，一了百了，那我倒很愿意把这态度变一变。人能够多多想到自己，倒是幸福的。我常想把往事整理出头绪来，更清楚地看看自己，可是不行，没有那余暇，不免还得在忙碌中打发日子，那样说，实在太客气了，我的信有什么值得百读不厌呢？意见永是那么老老实实的，不会安慰人，不会鼓励人，非常拙笨，非常拙笨的呀！

那样想，太悲观了吧，虽然有人有意的或无意的当了汉奸，那毕竟是少数的，那势力并不可怕。教书也是生活，并不十分可叹，"方块字""白纸花"并非绝对要不得，从自己立着的地上，向远处看，光明还没绝迹，向你采取摩登求婚法的是谁？我想不到，请告诉我。

我想给您姐写信，不是没什么道写，我还不止如此吧，这并非谁把谁瞒怨了（这里3个字原迹看不清，有疑问），那"小东西"（伊坪女儿莉莉）也会问候我？我太不像个爸爸了，对孩子没一点好处，有时想起来，不免惨然。秋天了希珍惜！

祝阖府均安！

廉超问候您。

伊　坪

十、廿九。

为参加在上海举行的反帝大同盟会议和"左联"活动，1936年的春天，王长简到了上海。随后，赵伊坪寄给他一篇散文，标题"保障"，署名蔚灵。内容对叛徒特务充满憎恶之情，所谓做共产党员"没有保障"，显然是路某人到郾城来看伊坪时亲自讲的。同时伊坪还寄来一部中篇小说，内容是写一个叛逆的寡妇，标题是"河"，署名蔚灵。王长简看完后，认为审查官老爷很难通过，写的也欠完善，寄回去请伊坪再改。伊坪回信说，实在太忙，没有时间修改；又说，文艺这行饭他吃不来。

暑假，王长简从上海回到河南，事先通知了赵伊坪，王长简很想到他家里去，跟他见见面。他回信说："定好在暑假结束以前，开学后他得回学校上课。"王长简如约前往。

火车过郑州时，从后面车厢里走来一个人，向王长简招呼："简兄，你好！"

王长简抬头一看，一张四方脸红通通的正冲着他笑，原来是王长简高中同班同学"黄狗"。接着他问师陀："几年来做什么？"

王长简心里骂道："狗改不了吃屎"，但王长简还是说："瞎混混。"

"黄狗"俯身接着又问王长简："什么地方下车?"

王长简怕牵连伊坪，顺口撒谎说："驻马店。"王长简也回问他："你在哪里'发福'？"他说："在老家县党部。"他也许自以为很光荣吧，其实王长简连他的原籍也忘了。他站着谈了几句话，脸笑得也吃力，便说："我回头看你。"说着向前面车厢走去。

王长简真怕这个国民党特务再回来，使他到驻马店的谎言露了馅。火车很快到了漯河站，王长简赶快提着小手提藤箱下了车。车站上没有看见赵伊坪的影子。王长简心里倒也踏实，记得伊坪家的地址：崇圣祠街5号。

王长简雇了一辆人力车进了漯河镇。此时，赵伊坪在大街上正匆匆赶往车站去接王长简。

尽管王长简也戴近视眼镜，但一眼就看见一位瘦高的身材，上身穿着人造丝的白长衫，戴着深度近视眼镜的下尖壳稍长的脸。他立刻跳下人力车向他招呼："石庵（伊坪学名）——"尽管赵伊坪急得满脸大汗，霎时却笑了。

赵伊坪握着王长简手说："家里有点事，来迟了。"他家里有什么事，照例王长简也不问。王长简的习惯对朋友的过去、现在，绝不打听。对朋友如此，对朋友的熟人更是如此。因为他交的是朋友本人，并不是人家的历史，更不是现在的什么地位。

其实，王长简这次来的目的仅仅是看看这位老朋友，见他活得很好，活得健康就满意了。他们一路走，一路谈话，摆渡过了沙河，又走了两里路，进了郾城县城东门。

崇圣祠街5号离郾城东门只有几十步路，进东门往北再转向西就到了。离伊坪家西边不远，有一个方形红墙大院子，大门终年关着，从红墙里伸出树的枯枝，那就是崇圣祠，即郾城文庙。伊坪家并不富裕，好年成大概勉强可以糊口，现正值麦收后不久，还可以吃上烙馍凉面条，按河南的习惯，平常要吃杂面窝窝头。

在巷子口，赵伊坪的三弟廉泉接住小手提藤箱进了他家前院的堂楼。

赵伊坪家里共有六间房子，三间堂屋是瓦房，归他祖母、父母、小兄弟居住；三间东屋是草房，由他、他的夫人吕瑞芝和他们的女儿莉莉居住。现在来了客人，他没有空房安排，便借用前面寡嫂的三间堂楼。

"住这里不错。"王长简说了一句。

赵伊坪给王长简半开玩笑地讲，这堂楼据传说有狐仙，没有人敢住，已经空锁在那里好多年。今打扫清爽让大作家住。

王长简说："有狐仙，我才不怕嘞。就当作《聊斋》来亲身实践一次。"

"那您就美美地在这多享受几天吧。"两人开着玩笑上了楼上。等廉泉放下王长简的小手提藤箱，赵伊坪推开后墙上安的方形板窗，一阵凉风吹进来，首先映入眼帘的是耸立城头上的高塔，在高塔下面，是城墙里面茂密的碧绿青草，有几只雪白的绵羊在那里吃草；板窗前面是一棵结了青青枣子的枣树，绿油油的。

"难怪狐仙喜欢在这楼上居住，连我王长简这个凡人也喜欢上了！"

伊坪关照说："晚上睡觉要把这板窗关起来，否则要着凉的。"

王长简回头问他："郾城有什么好玩的地方没有？"

他幽默答道："没有。连石头都是从老远的山里搬来的。只有花红园值得一看。你先休息，我下午陪你去。"

王长简美美地睡了一觉儿，到后院跟伊坪和他父亲吃完吕瑞芝做的烙饼，便带了只竹篮上花红园了。

花红园离伊坪家对过不远。走进园子，"哎呀！这花红园真大"。左右望去，从东城根到北城根，西面接近北门大街居民的住宅，全是高大的花红树。那些花红树有相当年岁了。他们走进树林去，上不见天日，四面看不到边，简直如走进了林海。

"果子还不到采摘时节，向阳的树梢上的，开始红了，上面敷着白粉，像少女的粉脸，令人爱惜，感到吃它们是一种罪过。"（师陀《果园城》的描写）

这绿色的林海把王长简给吸引住了："这小县城的花红园让人陶醉了。"一阵狂喜，一阵激情，他一边欣赏着一边说："我准备以你这小县为背景写《北方小县城里有果园》一书。"他心想，这样的果园也许只有这郾城了吧？

赵伊坪看着他兴奋的样子说："这可是你说的，我等着欣赏你的佳作。"

"我王长简说到做到。"

最后，他们带回去一竹篮花红果，这花红果美的咬一口就让人感到是一种犯罪。以后王长简经常"对这种粉脸犯罪"。

赵伊坪问："最近你打算写什么作品？"王长简告诉他想写《马兰》，并大体讲了《马兰》的情节。

郾城是历史上的古城，唐朝末年已相当有名了。它东门大街的市面房高大整齐，全上起排门，可以设想，在京汉路通车以前，它曾经繁华过；京汉路通车，漯河更加繁荣，它遂成了被遗弃的"商人妇"，在昔日的美梦中打发日子了。

郾城的南门紧临着澧河，赵伊坪、王长简和廉泉等去洗过两次澡。沙河里有黑龙潭，伊坪告诉，传说黑龙潭里有水"鬼"。又特意雇了一条船，伊坪请王长简玩了澧河，但澧河两边河岸高高的，除了绿苇蒲草外实在毫无可观赏的。

王长简住进去的第二天上午，伊坪牵着女儿莉莉的小手上来了。莉莉3岁左右，是个白胖小姑娘，很像她妈妈。大概从出生起没有上过这座堂楼。她一上楼，高兴极了，来不及爸爸教她叫王长简"伯伯"，立刻跳起来，拍着小手叫道："这儿真好呀！"王长简塞给她几个花红果。莉莉转着圈跑个不停。

伊坪关照女儿："不要乱跑。"

莉莉俏皮地说："在这儿，我都不知自己是谁了。"

"看把你高兴的。"见莉莉在窗口向外望着，就转头问王长简："你大概知道路某人吧？寒假曾经来过。"

王长简说："不但知道，而且认识这个特殊材料造成的人。"

去年，王长简回杞县时，路某正在杞县大同中学教书，赵伊坪领导过他。下半年路某应聘去了洛阳一个私立中学教书，王长简已回到北平，还通过信。不久路某人被捕，做了叛徒特务。

骤然间王长简感到奇怪问："当时，我不知道你已不在豫东，所以我在想路某人在豫西，从党内说没有上下级关系。天寒地冻的，他特地从洛阳跑来看你做什么呢？"

"来请求原谅，别的他还能讲什么！"伊坪说道。

王长简自己不是党员，对共产党朋友，他们的经历、入党时间、在党内的职务，他从来不想知道。这是因为无论对朋友对自己都没有好处的事。但有一次例外，因为伊坪平常讲话，有几个字爱用北京音，曾问伊坪："别人说你在育德中学上过学？"伊坪没有否认。王长简暗暗为他高兴。

路某人做了叛徒特务，特地跑来求赵伊坪原谅，又似乎是上下级关系了。究竟是否如此，当时王长简无从断定。伊坪是个不喜欢表现自己的人，甚至是个竭力避免表现自己的人。可以设想，路某人曾向伊坪痛哭流涕，伊坪也曾劝告路某人以后不要再陷害革命同志。这一切都不曾向王长简讲。这时，提到路某，让王长简想起自己到上海后，伊坪寄给他一篇散文，标题为"保障"，署名蔚灵。内容对叛徒特务充满憎恶之情。所谓"没有保障"，很显然是路某人到郾城来看他时亲自讲的。

此时，王长简恍然明白了。那篇散文《保障》是这样写的：

保　障

蔚　灵

第一次南下快车，停在平汉路一个小站口上。

　　路文先生跳下三等车厢，踅进一条不明亮的街，街口耸立一座小气的阁楼；楼下有条狭的洞，可通到路文先生从前的一个朋友家里去。两年前，是一条常走的路，默默地，心头总荡着神圣的感情。路是太熟了！然而，因为是夜间，熟路也生疏起来。何况路文先生风尘仆仆，十分辛苦呢。

　　倘说路文先生如何辛苦，最好从两年前往回算。就假定是五个年头吧，一直地，路文先生在人群中，是个最能吃苦，而且绝不叫苦的人。然而，近两年来却有点异样：最初是发现自己不该再吃苦，该享福了；心虽幽咽，但绝不出声。渐渐就像一个化子似的，逢人请求怜恤了："怎样都好，首先，给我保障！"

　　"保障？自己保障自己吧，这世界向来没那样文明。"被请求的人匆匆走去。

　　路文先生开始跪在另一群人脚前，并且说："哇……我忏悔了！收容我！""哼！"响着鼻子，一百个不信任。

　　"我发誓：我从心里皈依！"滴着驯服的泪。

　　"心！谁信那东西！我们的保障是使用别人的自由甚至生命换来，你，也不能例外。要呢，就这样……去吧。"

　　路文先生接过一张纸，上面写着自己朋友的名字：

　　××，×××，××……

　　心跳一下，随即沉静了，有如无声无影的古潭。

　　一个月，两个月，扣遍了太熟悉的门，看别人下了绑，受了拷问，关进铁窗；幸运点的递了悔过书。而自己，新的同像，新的笑，新的保障。

　　——还不该休歇吗？神经衰弱的家伙！

　　路文先生站在朋友家的门外，徘徊复徘徊，不忍触动门上的铁环。终于自己说："人见了双头蛇是要打死的。啊，双头蛇！"

　　徘徊……

　　终于，迎着黯黯的风沙，投向叫啸着的夜的原野去了。

　　大概是第三天，赵伊坪谈到姚第鸿和朱慨夫。姚第鸿在日本，这个王长简早已知道的，只有和伊坪通信王长简不知道。伊坪说："其实，我们离开济南三四天，朱慨夫就回去了。"他讲的还是1932年他们去山东的事，事隔四五年，而朱慨夫化名"老祝"。那年春节前后，朱慨夫也从南昌寄给王长简一张名信片，大概是到苏区了。伊坪言下还对朱慨夫不胜惋惜。王长简此时不明白他旧事重提的意思。后来，王长简在整理资料过程中，才注意到朱慨夫在新泰那桩子事，所以朱被调往苏区了。

　　有一天，赵伊坪还陪王长简去看那座城头上的高塔，指着塔门嵌的夹着铁矿石的石头，调笑说："这就是城里人传说的黑狗精的血！"随后，他给王长简讲述了前年在临颍的小学所经历的那段让他忧伤难忘的故事，讲述着让他挂念好久的可爱少女眉姐、深沉的少年望峰，痛斥着装扮"自由主义者"而糟蹋地方的"虎校长"。

　　他们散步的最好去处是上城墙。这一天下午，两人站在城头居高临下欣赏着眼前的景色。极目远眺，一片葱翠，河水泛着细细的波纹，闪着银光。尤其夏天，河更有生机和风情，妇女们三三两两地在河边抡着棒槌敲打着石上的湿洗衣服，说笑着，别有风韵。孩子们跳入河水中，嬉戏追逐着，爽快地享受着自然爽意。偶尔几只小鱼在身边游过，不禁让人享受自在的快乐。哗哗的流水宣泄着会带走人们的忧郁和伤痛，让人情绪舒展放松……

　　太阳西斜，人来到河边感受河水带来的愉悦。微风吹拂着柳枝，吹拂着河面，吹拂着衬衫，让人十分惬意。河面上像铺了一层明镜，耀人眼目。那城坡上浅浅的青草，密密的一点也看不出泥土，整个城坡全在青色中。雪白雪白的羊羔吃草，格外显眼。

　　桥上，一个脚夫赶着驴子匆匆地跑过去了。王长简说："伊坪，你看那赶驴车的，似是到车站上去接生意的，他恐怕误事，在追赶他已经错过了的时间。"

赵伊坪笑着说："就是。你不愧搞写作的，目光犀利，判断准确。你知道'虎头鱼'现在干什么吗？"

"'虎头鱼'？大刘姐那个'虎头鱼'？"王长简问，赵伊坪点点头。

"我哪能知道呢？不会是当脚夫了吧？"

"差不多，命运有时候真会捉弄人，'虎头鱼'原是打算学成当个好锡匠的，你怎么也不会想到，结果却拉了洋车。"

"怎么会是这样？"

"大刘姐跟师爷做姨太太走了后没几年，锡匠店因为买不到原料关门了，老锡匠双目失明了。'虎头鱼'娶了老婆，老婆给他生下七八个孩子。为应付全家老小的衣食，他每天从城里到火车站、从火车站到城里，终日不停地奔跑着。至于那个在十字街摆摊的大刘姐，他曾经倾心过的少女，他也没有闲暇去思念她了。"

"我忽然想赞美'长耳公'——叫驴了。"

"已经有《黔之驴》了，不过那不是赞美驴的。"

"是啊，所以我想赞美'长耳公'，你看它们拉磨、耕田、搬运东西，试想，一头驴能替人做多少活呀！"

"可以写，会不同凡响的。"赵伊坪在城墙上往下看着，眼前一亮，见妻子吕瑞芝河岸边正在洗衣服。"你看，那不是你弟妹吗？在洗衣服。"

"可不是吗？弟妹好勤快，也不怕热，出城到河边洗衣服。"

"虽说是夏天，这荷花初开时节，午后的下半晌相对来说还是凉快些。另外，你没觉得这很有诗意吗？"

"对对对，有诗意，有诗意，还有风情。"

"看看看，贫嘴不？那可是你弟妹。"

"多心了吧？看那儿——"王长简指着河边，"不只是弟妹吧，还有好几个在洗衣服的，那还有两个女子在打练白布。"

"转移话题，狡辩。"伊坪向下侧看，还真有两个女子在打练白布，"不过，这使我想起来了一首著名的唐诗与郾城有关，值得一提。"

"著名的唐诗？哪一首？"师陀好奇地问。

"杜甫的《观公孙大娘弟子舞剑器行》。杜甫年幼时，记得在郾城看过公孙大娘跳剑器舞，洒脱流畅，飘逸而且节奏明朗，超群出众，当代第一，才有了后来诗圣的《观公孙大娘弟子舞剑器行》一诗。"

"那不是在郏县吗？咋就跑到你们郾城了？"

"你说的也在理，但你说的是唐代擅长书写草书大书法家张旭，他在郏县经常观看公孙大娘舞一种'西河剑器'，从此草书书法大有长进，放荡不羁，豪放激扬。"

"对对对，是张旭在郏县经常观看公孙大娘跳西河剑器舞。"

"你不是郾城人，不留心罢了。杜甫在这首诗的序言是这样写的，这原文，我背给你听——

大历二年十月十九日，夔府别驾元持宅，见临颍李十二娘舞剑器，壮其蔚跂，问其所师，曰："余公孙大娘弟子也"。开元三载，余尚童稚，记于郾城观公孙氏舞剑器，浑脱浏漓，顿挫独出。冠时，自高头宜春、梨园二伎坊内人洎外供奉，晓是舞者，圣文神武皇帝初，公孙一人而已，玉貌锦衣。况余白首，今兹弟子，亦非盛颜。既辨其由来，知波澜莫二，抚事慷慨，聊为《剑器行》。昔者吴人张旭，善草书帖，数常于郏县见公孙大娘舞西河剑器，自此草书长进，豪荡感激，即公孙可知矣。

> 昔有佳人公孙氏，一舞剑器动四方。
>
> 观者如山色沮丧，天地为之久低昂。
>
> 霍如羿射九日落，矫如群帝骖龙翔。
>
> 来如雷霆收震怒，罢如江海凝清光。
>
> 绛唇珠袖两寂寞，晚有弟子传芬芳……

"行，打住，我服你了行吗？"王长简做着暂停手势说道。

"当年，杜甫还小，见到的公孙大娘服饰华美，容貌漂亮，从皇宫内的宜春、梨园弟子到宫外供奉的舞女表演中悟得此舞的，在唐玄宗初年，只有公孙大娘一人而已。所以对公孙大娘舞剑器印象深刻，铭记在心，才有后来白首杜翁见到公孙大娘弟子李十二娘舞剑器，抚今追昔，心中无限感慨，姑且写了《剑器行》。咋样，我没说错吧？"

"怪不得你老弟写诗比我强，原来诗圣给你了灵性。"王长简竖着大拇指说。

两人在城墙上无拘无束地从东门往南门走去。

"说点正事儿，你春天从北平往上海都做些啥，让咱听听，也提高些见识。"

王长简想了想说："这次去上海，还真做了些有意义的事。为表示对中共抗日民族统一战线政策的热诚拥护和加强文艺界团结的强烈愿望，我分别在鲁迅、巴金、曹禺等人联合签署的《中国艺术工作者宣言》和郭沫若、茅盾、叶圣陶等人联合签署的《中国文艺家协会宣言》上签名。还在《尖锐》创刊号上发表的文章，热情歌颂了'五一'国际劳动节，向劳动人民致以同情和敬意。"

"这我可看到了，你发出'被压迫者的嘶叫'，号召被压迫者'起来，到尖锐的旗帜下'。能发出这样的心声不简单，来劲。"赵伊坪向王长简拱手表示敬意。

"别恭维我了，在你这儿打扰，你得给我点儿正事干吧？"快到南门了，王长简说道。

赵伊坪对师陀说："我这儿正想给你说。秋季开学，我想请你一同到你老家杞县，在大同中学让你做个讲演，题目是'如果战争爆发，知识分子应该怎么办'。"

王长简笑道："我也好久没去杞县了，但杞县必定是我家乡，去就去。可我没教过学，讲演还真有点儿怵。"

"大上海你都去了，还怕在这小城讲演？"

"那我就不揣冒昧了，但不一定能讲好！"

"别嘚瑟啦，就这么定了。"

到南门了，王长简向西指去："你看——这真是'城上赤云呈胜气，眉间黄色见归期'。"

"呀——韩愈写郾城的这首诗你也知道？"伊坪有点儿吃惊，他向西望去，城上云蒸霞蔚、气象灿烂，行人的脸上和臂膀泛着金光，夕照金鳞、渔船靠岸、倒映出版画的质感。

"幕中无事惟须饮，即是连镳向阙时。"伊坪就势也把韩愈的《郾城晚饮奉赠副使马侍郎及冯李二员外》诗的下两句用上。

"'即是连镳向阙时'，正好该下城墙回家了。"王长简说罢，他俩拾阶下了城墙，一路说笑着回到家。

走进院门里，见吕瑞芝正在那里晾衣服，伊坪一副惊讶的神情说："嘿，神速！神速！我和芦焚（王长简，即师陀笔名）在城墙上还看到你正在河边洗衣服呢，怎么比我们还先回来了！"这显然是他们两人聚精会神谈天说地，不在意时间的长短了。

王长简诙谐地说："这叫心有灵犀一点通，情感融洽一片情，弟妹猜你到回家的时间了，怎能让你赶到前面进家，让你空惆怅？"

吕瑞芝看着他们好似谈兴未尽的样子，冲他们微笑地摆摆手，示意让他俩先进屋。

赵伊坪用手推了王长简一把："别逗了，快进屋。"

王长简进屋环视了一下，见伊坪倒水，说道："你怎么想让我讲那个题目了？很敏感的呀！"

"我关注着抗日救亡的形势与发展，不少知识分子有的盲从，有的惆怅，不知目标，不知所从，不知责任，不知担当。我们应思考知识分子该怎么办？我就是想通过这个讲演，让听到的知道，在中华民族危亡时，知识分子也要担负其责任，投入抗日救亡运动中，实现自身价值！"

王长简竖起大拇指道："思考缜密，有真知卓识啊！佩服。"

"你准备好了，可以先进行一次试讲，就在家里，让我三弟涵晖（廉泉）和他要好的一两名同学听你讲演。"

"好，就听你的。"

夜里风凉盖被单，点蚊虫香，没有蚊子，就是跳蚤太多，虽然不曾把人抬起来，但很久王长简才能睡熟。

王长简在前院住了半个月，吃饭都在赵伊坪家里。他的全家人王长简都见过，给王长简的印象：他父亲是个厚道的先生；他小兄弟是个瘦弱少年，不多讲话；印象最深的是他夫人吕瑞芝，身材比伊坪略低，比伊坪白，长得丰满，是个能干贤惠的家庭妇女，全家的饭得她来做，全家老小的衣裳鞋袜也得她来做。偶然碰见，总是笑脸相迎，有时简短地招呼一声。总的印象，这是个充满友爱和睦的家庭。

第十四章

抗日救亡担使命，大红灯笼照前程

8月末，要开学了，赵伊坪与王长简一同到杞县大同中学，请王长简给学生讲演。王长简上台讲演很不习惯，硬着头皮走上讲台，面对满教室的学生，头上直冒汗，讲了自己的创作心得，又讲了在郾城时赵伊坪给出的题目"如果战争爆发，知识分子应该怎么办？"

杞县大同中学掌握在进步青年手中。在当时"白色恐怖"笼罩下，像大同中学那样没有国民党和蓝衣社活动是极其少见的。学校中抗日空气十分浓厚，连各教室的名称都改为"乌苏里""哈尔滨""黑龙江""松花江"等，使师生们触目惊心，勿忘收复国土。

根据形势的需要，在进步作家姚雪垠、王长简等人的帮助下，大同学校还创办起校刊《蓓蕾》等刊物。《蓓蕾》是铅印十六开文艺月刊。姚雪垠、梁雷任主编，由学校进步师生撰稿。为了把刊物办好，赵伊坪协助姚雪垠、梁雷组织稿件，为刊物撰稿。他以蔚灵、芒种的笔名发表诗文，激发了大批青年的民族热情。

教务主任梁雷在杞县大同中学与赵伊坪共事快两年了。两人都是共产党员，以教书为掩护，从事革命工作。

这一天，秋高气爽。梁雷高兴地对赵伊坪说："告诉你一个好消息……"

"什么好消息？"赵伊坪急忙问道。

"我得了个儿子！"

"什么，你有娃子了？"

"是的，有娃子了！"梁雷脸上笑成了一朵花儿。

"好了，我们又多了一个有生力量，多了个与黑暗势力抗争的动力，多了个了进步力量的接班人。起名字了吗？"

"起名字了，叫克伦。"

"克伦，克伦，克服封建伦理，有开拓精神，好。"

此时，王长简推门进来，得知梁雷有儿子了，也很高兴，但他也有一件好事要说。最近写了一篇名字叫"谷"的短篇小说发表了。

"《谷》，一个字，不用看，不同凡响，别出心裁！这是收获的季节。"赵伊坪扶了扶眼镜为之兴奋地说。

王长简在杞县大同中学住了三天要到上海去，临行前，赵伊坪给了他3期《蓓蕾》。王长简翻开目录，见有评论、论文、杂文、小说、散文、散文诗、诗歌、通讯等，他翻着《蓓蕾》杂志说："内容比当时一般的文艺刊物丰富得多。嗬！还有咱芒种的文章。"

赵伊坪笑着，像是玩笑毫不谦虚地说："那是必须的！"

杞县文庙的大殿的东壁开了两个大窗户，整日整夜的，能看到几株苍劲的老松，在神秘地望着他们，守候着他们。

1936年9月27日的早晨，伊坪忽然看到围墙的一角，开着几朵粉红的小花，披了一身金色的阳光，伊坪也豁然高兴了。

王长简去上海一个多月了，晚上，赵伊坪想该给他写封信问问情况，也给他寄两篇自己的作品，看能否推荐发表，于是提笔写道：

长简：

　　分别没多久，好像没什么话说，小城（指赵伊坪的故乡河南郾城）虽不简单，也没生出什么变化，但愿如此！《马兰》怕已走到了山坡了，不知回头望未？上海怎样？较之北平，怕要生疏些，是否要到杭州或别的什么地方？"变成机器"自然得像机器，少时固然可爱，也只好让给另一批少年人了。散文诗自然要写，稿纸堆在案头，需要还这笔友谊的债。秀芝（吕秀芝，赵伊坪的妻妹）有信来，不想订婚，愿把自己交给朋友、交给事业。

　　信写到自己的生活情况，赵伊坪告诉王长简比他在这里的时候要充实些，也紧张些。还是以为牢狱邻居，杞县大同中学与之毗邻，每夜仍然有巡逻者打梆敲锣报时的巡夜更声传来。

　　他信中告诉王长简也认识的，1930 年伊坪在冯玉祥的西北军从事兵运，部队到了豫东杞县，连部曾驻扎在一个村农户家，那位"秀姑"姑娘现在杞县县城杞县师范读书。他告诉王长简，"秀姑"怀念伊坪，信中写道："一天，不期然的邂逅了，她的话虽多，但始终没敢抬起头来。据说，她会失去安静的。"伊坪说："谁知道？"

　　最后伊坪写道：

　　"想起在河边小城的日子，你会烦恼的吧。（此时）隔着窗子可以看见月亮，比你幸福多啦，牧歌。"

　　《牧歌》是王长简写的短篇小说，有影射攻击蒋介石的内容。在这里"牧歌"成了他的代号了。这一天是农历八月十二，再过两天就是中秋节了。

　　10 月的杞县天蓝地阔，清清爽秋，绿草开始泛黄。古色古香的文庙因做杞县大同中学校园而出现了生机。赵伊坪既忙着教学，又忙着《群鸥》杂志创刊。17 日，忙忙碌碌一天，晚上他又给在上海的王长简写信，为长简写作提供素材：

长简：

　　如果不是为重述那位"大人物"（原型是当时鄄城北门里的一个青年），早就答复了。因为你的提起，我记起他，我没能力处理他，即如像我们说话时那样的叙述，也颇不容易。想起几年来徒然的努力，是很凄凉的。他不姓刘，我姓什么他也姓什么，这有什么要紧呢？关于他的幼年，我的父亲和母亲告诉过我，但极模糊。仿佛记得他自幼就是倔强的。同许多和他一般年龄的人一样，他上过私塾，在学校里是个极坏的学乞，不久，便被斥退了，一直浪荡着。帮助父亲染布，是一个要不得的学徒。在未入伍前，他娶了老婆。不久，走了出去，许多年月吧，他当了军官，一年"锦衣还乡"，父亲仍然当染匠，母亲也当染匠，简直不像少年军官的老太爷、老太太。他不理会这些，他从未想到使自己的家繁荣起来。少年军官不愿为家所苦恼，他做着英雄的梦。可是英雄也要受折磨的，不名誉的事终于来到了：他的老婆和舅舅通了奸，这对英雄自然是大事，为洗雪这一耻辱，英雄佯装带老婆上任，一走到空旷的田野，想枪毙她。可是女人发觉了，并且路人不绝，没法下手。一同过了河，一同到了朋友家里休息，准备夜间打车，好从车上推她下去，什么耻辱就完了。但女人不跟他走，没法，立逼她回娘家，饶她一命，从此成为路人。英雄毫无牵挂地走了。他是一个很好的射击手。步兵、骑兵、炮兵、司书、军需……什么都干过，是个"文武全才"。狗肉将军（指当时的一个军阀张宗昌的诨号）失败后回到家乡来，这时，亲近了书，练习写文章，结交善良的人，据他说，从这时起，更深刻地认识了社会，非革命不可。在家乡一停便是几年，旧巢破了，另筑新巢，大摇大摆的做起新闻记者来，（还记得那小城里一个小报社记者访问你的情形吗？）以记者为名义，他结识了不少的贵人，穿衙门，走机关，真是够轰（轰）烈（烈）的。替人家管"官司"诈钱。酒量极大，喝醉了就骂人，发疯。打小牌是每日的功课，牌订得极好，总是赢钱，在赌博场里是很闻名的。也许是因为报酬吧，他曾帮人害过一个主妇。在他的身边常放着一帧婴儿的照片，是他妹妹的儿子，可是许多人都说像他，在街坊间，把他和妹妹的事成为极流行的话柄，许多人见了他，要吐口沫的，他不在乎。因为没有老婆曾勾搭了一个妓女，差点没入洞房，据说这是他最大的创伤但没有掉过泪，他知道那妓儿为什么不跟他。他遭了过多的鄙视，小城住不下了，临走，他向我辞行说："这次跟大马戏团出去，能到外国自然很好，即（使）不能，无论哪里也比这块土强啊。"于是，他在妓子、饭馆的讨账的包围中，冷清的、悲愤的跟马戏团走了，这一次他洒了眼泪。半年光景，他走了许多地方。给××长上条陈，就在这次漂泊中，以后才想起卖碑帖的。

生命力极强，刚果有时极粗野，有时极柔顺、矜夸。也阴险，也坦白。一双凶暴的眼睛，下颚极长极阔，大嘴巴，很会说话，爱用"坎子"，好批评人，也接受批评。有人怕他，怕他会拿手枪解决一切。受再多的磨折，也不会屈服。永远是那么坚定。

别的一些人吗？他们没有什么特别，总是平平淡淡地过日子，同你所见到的许多人一样……

赵伊坪本想写得更详细些，但实在太累了。说自己"写的多么啰唆呀，然而不是什么也没写出来吗？"这一天是礼拜六，学校墙外的监狱里打起了子夜 12 时的更。他以"真高兴看看你是怎样'颂扬'那小城（郾城）呢？"而收笔。

还附言：有人办一个刊物，在北平出版（指当时杞县大同中学办的刊物《群鸥》，梁雷在大同中学编辑，在北平出版），要伊坪请王长简给写点东西，"不拘什么，是否可以呢？请速复"。

赵伊坪给中国左翼作家联盟成员、好友王长简写的信刚寄走两天，"左联盟主"鲁迅先生去世。在杞县大同中学的校园，这时古朴静穆，教室里传出悲愤、激扬的声音。面容清瘦、戴着眼镜的赵伊坪正在给学生上课，讲述着刚刚离世的鲁迅先生的故事。他潸然泪下，情不自禁朗诵起了自己刚写的悼念鲁迅先生的《这死亡紧贴在我们身上》悼亡诗：

> 我抱着一颗惨寂的，惨寂的心，
>
> 投入这沉痛的，沉痛的青年之群。
>
> 我们忘却了一切，忘却了一切的，
>
> 追悼这苍茫独立的巨人（指鲁迅先生）。

> 我们的巨人倔强的离开了人世，
>
> 不求人谅解的也不宽恕别人。
>
> 就在弥留的一瞬——
>
> 一九三六年十月十九日上午五时廿五分。
>
> （鲁迅先生逝世的时间）

> 这死亡不同于一个平常的死亡，
>
> 这死亡紧贴在我们身上。
>
> 我们觉得他有着无穷无尽的生命，
>
> 因为他有着过多的青年的热情。

> 这不同于一个平常的死亡，
>
> 这死亡紧贴在我们身上。
>
> 当人群还是多么卑怯、阴毒、自私……
>
> 我们正需要着这样的斗士。

> 这不同于一个平常的死亡，
>
> 这死亡紧贴在我们身上。

他一生是一场不歇的鏖战，
向着哥萨克、奸细、各朝各代的帝王。

他看见赵家的狗，
看见青面獠牙的笑，
看见胜利的阿 Q，
看见疯狂的枪炮。

他是冷静、冷静，第三个冷静，
一切欺骗恐吓都没有用，
他不信你应许给的事物，
善恶、真伪他第一个看得分明。

这决不是，决不是一个平常的死亡，
这死亡紧贴在我们身上。
他嘲骂了这人世，
也喊出了强烈的希望。

他是一直迈着步，迈着步，
从不肯停留片刻。
他清算了这吃人的历史，
要救世世代代的孩子。

他是智慧、勇敢、善良的化身，
像高尔基一样的做了贫民大众的友人。
他护导着这新兴的势力，
教养了千千万万的人群。

我们怀着神圣的哀痛、爱惜，

在我们身上筑起瑰丽的坟茔。

这决不是，决不是一个平常的死亡，

这死亡在千千万万人的心上。

1936 年 10 月下旬《群鸥》杂志创刊了，发表的文章有朝气、有魄力，敢于创新，敢于写出社会上进步的革命的事物；文章能起到投枪、匕首的作用，对准社会上的阴暗面进行猛烈攻击。赵伊坪长诗《这死亡紧贴在我们身上》发表于《群鸥》创刊号，署名"芒种"。

此时的杞县大同中学进步分子涌出，急剧增长和发展起来的爱国热情早已多次冲出校园。师生们上街游行，宣传反日货的行动引起了当局的注意与不满，他们为了压压这种高涨的情绪，采取了一些手段，其中一种就是恐吓。在大同中学校内外，贴了大标语。有人竟在赵伊坪住室门外舞着大刀，威胁他。显然不能再待下去了。

11 月 4 日，赵伊坪想起上一封写给王长简的信，"那个他的故事"还没给长简写完。趁着夜深人静，伊坪继续给王长简写信讲故事，为长简提供素材：

长简：

那人回到家，是在我们离郾（郾城）的前两天。我只同他见一次面，在夜间。要写出他一日的生活来，照你所问的那四个时间，多少有点困难。不过我可以从想象中得来。因为他是怀着一颗羞辱的心回到家的，不大出门，很孤独。早晨起得很晚。一下床就拼命的吸烟，三支五支连着吸。六月的早晨苦恼着他，像蚱蜢一样的跳出狭小的住室，打量着要去的地方，有时走向郊外绕圈子，有时跑跑城墙（他的家离城门很近）。踅回家来，谁也惹他讨厌，停也不停地再走出去。太阳已升得很高了。困在难堪的寂寞里，想找人谈话，但想起那些厌恶自己的人，便改了方向，仍然孤独地走着。像是正午了，有些饿，身边有不多的钱，走进一家小饭馆吃东西。酒比饭还重要。但不喝醉，醉了就驾驭不了自己，不是傻的。太阳斜了西，小城满是炊烟，该回家了。坐在狭隘的院子里，父亲、母亲、小妹妹都围拢来，大家不多说话，都惯于沉默。那人耐不住，又走出去。一个赌博的能手，这次进了一家熟识的门。直到夜深才离开赌伙，大约是回家去。那老染匠——他的父亲在打盹，候儿子回来，什么也不做，想想在远方的妹妹（曾经像自己的妻一样的妹妹），想想那抛开自己的小娼妓，想想过去的"光荣"他焦急，过去的不会再来，而未来又捉摸不住，眼前是一大团灾难。他拿出委员长的批示，说不出是什么滋味，他想着今后的流浪生活，感到松适也感到忧虑。他自信地说："我已更进一层的认识了社会。"

我想同他通信，那是可能的吗？

伊　坪

十一、四。

赵伊坪虽然察觉到反动派对他有了注意和暗中监视，有所防备，但也晚了，还是被他们拘禁到监狱。审问了多次没啥收获，加上校方和地下组织努力，警方把赵伊坪从监狱里释放出来，但他害着沉重的肺病。

赵伊坪在养病期间，他就给回到上海的王长简写信说："很不喜欢那个隔壁就是监狱的学校，已经给朋友去信，希望能在那里找到工作。"随后，他又给王长简写了一封信说，他准备到陕西一趟，暂不要给他写信了。

王长简接到赵伊坪前一封信时，就敏感地想到敌人已注意到他了，看到第二封信后证实了他前面的判断是正确的，当时不能明说，所以，王长简便没回信。

赵伊坪知道当时西安有中共中央办事处，他去了一趟西安找中共中央办事处，向办事处汇报在杞县待不下去的情况。他带的两件东西，一件正式文件是豫东临时特委的介绍信，另一件非正式文件则是聊城牛连文和张维翰的信。这两份文件没有得到办事处当即承认。但他提及和问起彭雪枫，办事处可能知道这个人，答应替他问一问。最后，他要求办事处向党中央汇报，办事处答应了他的要求，叫他等候通知。

1936 年 11 月 8 日（农历九月二十五），赵伊坪的妻子吕瑞芝又生了一个女孩。因赵伊坪在杞县教书，还忙于党的地下工作，他不在家，赵树梅给二孙女取了个乳名叫"西杞"，这是因为赵树梅的两个儿子，大儿子赵伊坪在郾城东边是杞县，就取出一个"杞"字；二儿子赵晓舟在郾城西边。"杞"字更有一种悠远的历史韵味，赵树梅知书达理、满腹经纶，他在选用这个字时，大有可能是想到了李白在《梁甫吟》中"杞国无事忧天倾"的诗句，这也是赵树梅用以时时宽慰自己、不要忧虑和担心赵伊坪和赵晓舟的内心写照！

1936 年 12 月 12 日，西安事变发生，中共中央的英明决策推动了西安事变的和平解决，蒋介石被迫接受了"停止内战，共同抗日"的主张，全国抗日形势大变。西安事变后，抗日民族统一战线逐步形成。一时，反对内战、坚决抗日的浪潮席卷了全国，国内形势出现了某些转机。

西安事变后的西安情况复杂，为安全起见，赵伊坪就在渭南第一小学等着。两个月就要过去了，他终于得到办事处的口头通知，他们已经如实向党中央汇报，经过组织部门研究，他可以去聊城工作。让他回河南开封，近日派人跟他联系。

赵伊坪有了上级的指示，就怀着兴奋的心情返回河南，在开封住下，到河南大学、大陆书店等联系"社联""左联"和"反帝大同盟"成员，打听他们的下落。

一天，赵伊坪突然收到多年不见、又是从神秘地方寄来的彭雪枫书信，他喜出望外，高兴得跳起来。他默默读着彭雪枫的信，彭雪枫要与他会面。他平下心来等候着与彭雪枫相见。

不久，两人秘密地会面，紧紧握手，又紧紧拥抱，阔别七年多，真像是失散多年的亲人相见，又似乎是浴火重生的激动。赵伊坪眼含热泪说不出话来。

彭雪枫拍了拍赵伊坪肩膀说："你的情况我都通过组织了解了，干得不错。"

"这几年，七年多啊——彭兄！你杳无音信，我以为再也见不到你了。"

原来彭雪枫于 1930 年 2 月奉中共中央之命，从山东烟台到上海，当时全国红军代表会议和全国苏维埃区域代表会议在上海召开。五一时，他向军委领导周恩来等要求到红军中去工作，痛痛快快干一场。随后，中央军委满足了他的要求和夙愿，5 月中旬，派他前往鄂东南红军第五军第五纵队工作。他匆匆告别了周恩来、邓颖超，踏上了投笔从戎的新征程。在途中，他写信给学友路庭训，信尾署名"修道（雪枫）"，从此正式更名彭雪枫。后来他在彭德怀麾下的红三军团第八军第一纵队任职，参加了长沙会战。当彭德怀的红三军团得知毛主席、朱老总的红一军团也在湖南浏阳附近的永和驻扎，于是在 8 月 23 日，彭总就亲率红三军团跟毛主席的红一军团在浏阳永和会师，组成了红军第一方面军。他经历了第三次、第四次、第五次反"围剿"，参加长征，任军委第一野战纵队一梯队队长、红三军团五师师长、陕甘支队第二纵队司令员、红一军团四师政治委员。在中央红军进行的历次战斗中，他无役不从，每次都披坚执锐，身先士卒，且多次担任先锋部队的指挥员。

彭雪枫这次与赵伊坪会面，鉴于赵伊坪在山东已有工作基础，是让伊坪春节过后立即奔赴山东，与在范筑先部的张维翰、牛连文同学等联系，去鲁西北开展民族统一战线工作。

赵伊坪深知彭雪枫指示的重要性，郑重地站了起来敬礼："决不辜负党的信任，保证完成任务。"

他顾不上回郾城，就到开封女子师范看望实习回校的吕秀芝，说了些嘱咐话，给她 15 块钱，又让吕秀芝带些钱给他家里，还有一件旧棉大衣给他父亲用。

赵伊坪回到杞县准备辞行。1937 年 1 月 12 日，他在大同中学分别给爱人吕瑞芝还有王长简写信。发往家里的信中说，准备动身回家，明天就要"到西方去了"。"到西方去"看起来很玄妙，其实也就是从豫东的杞县向西行到郾城去，这不过是地下党成员为安全障人眼目罢了。

他给已成为教员的吕秀芝写信，信中说："教书是苦事，因为不容你想到自己。我的教书生活一向很严谨，从不浪漫，把责任看得很重。也很珍惜友谊，这年头找友谊比什么都难，因之也越可贵。"

他给王长简的信中说："明天是考试的最后一天，准备三五天内动身回家，如果有路费的话。这学期糟透了，平常日子过得很艰苦，到头来一文莫名，真不知怎样自解，私立学校照例困难，这里更甚，前天接一友人信，下学期我准备另找出路。说实话，我真想奋飞一阵……"

赵伊坪给友人的信中还说："我的教书生活一向很严谨，把责任看得很重，早起晚睡，连自己的健康都不在乎，有时想找回自己的存在，简直连影子也看不到，我悟到自己完全变成一架机器了……"

仅仅这些话，包容了多少历史的痕迹啊！这里不仅说出了他生活的窘迫，工作的辛劳，同时，也为他要争取一个更广阔的活动空间发出了一个信息。他苦苦追寻的时机就要到了。他决意要奋飞了。他是一个睿智而稳重的人，他的任何一次选择都是出于他对党的忠诚。

赵伊坪要离开大同中学开始新的战斗生活了。在进步青年学生穆青、冯若泉等人邀集下，学校寒假前夕，一群进步师生要悄悄地聚会欢送他。

14 日的黄昏后，穆青、冯若泉、姚雪垠等在十字街口买了一包咸牛肉，一包咸花生米，一碗白干酒回到学校。

姚雪垠虽不是大同中学的教员，但那时他也受着迫害，正在吐血，又没有钱往上海或北平，在茫茫中原几乎被迫得无处存身，暂时隐姓埋名地匿居大同中学校里。所以也参加了这次欢送会。

还有一位极热情的、爱好真理的校长王毅斋。因为他敢说良心话，敢和恶势力相抗争，人们在背地里都说他是个"疯子"，也出席了这个欢送会。

深夜，寒星闪闪。为躲避敌人的耳目，到了更深人静，等教员和寄宿的学生们都睡熟后，才聚在文庙大殿里，关上大门，围着一张小方桌，边喝酒边小声谈话。几个人谈新的时局，谈国家的苦难和希望。最后商定，伊坪明日走后，对教员和学生只说因急事请假回家，他的课程由朋友分担几天，赶快从开封再请一位朋友前来接替。在送别的小会快要结束时，已经临近午夜了。大家要求伊坪临别赠言。他很谦逊，不肯谈抽象的大道理，意味深长地给大家讲了一个寓言式的《红灯笼的故事》，这个很感人、很有诗意的故事作为他临别的赠言——

从前，当原野还停留在没有文字的时代时，有一个较文明的部落，居住在一个青山绿水、土地异常肥沃的地方。他们勤劳智慧，逐步发展了农业和畜牧业，还创造了象形文字，铸造了青铜和铁器，于是就一代一代繁衍下来了。但是经过长期太平安逸的岁月，人们在懒散和保守中失去了进取精神，就逐渐被周围的部落欺凌和侵蚀。很多人战死了，很多人沦为了奴隶。

一次又一次的退让和屈辱，使整个部落面临着灭亡的危险。这个部落的老酋长，在战争和忧患中早已筋疲力尽奄奄一息了。在又一次强敌入侵的时候，他把两个年幼的儿子唤到跟前，叮嘱他们长大成人之后，千万不要忘了为爸爸和部落复仇。孩子们问他："我们长大成人后到哪里去寻找爸爸？"他说："到深山里去，在那里，在一棵高高的树枝上，每逢漆黑的夜里都有一盏血红的红灯笼，在为你们指引着方向。"

当伊坪说这几句话的时候，把眼睛抬起来，望着上空。听故事的人也都随着他向上仰视，仿佛他们都看见了那飘荡在漆黑夜空中的红灯笼。

校长喝口开水，拧小了面前桌子上的煤油灯，只剩下一点点昏黄的火苗。在周围十分昏暗中，大家凝视着赵伊坪神情沉重的脸孔，但见他的双目在昏暗中炯炯发光。他继续讲下去——

这样，一年一年过去了，孩子们都已长大成人，两兄弟中的弟弟再也不能忍受被奴役的痛苦，便率领着一群挣脱了枷锁的奴隶，用鲜血在帽子上涂上一颗红星，逃出了敌人的樊笼。他们翻过一座又一座高山，路过陷人的沼泽，在敌人的不停围剿和追击下，忍饥挨饿，百折不挠地向高挂着红灯笼的深山走去。不幸的是，正当他们快接近红灯笼的时候，一支毒箭却从背后射伤了英雄的弟弟，而发出这一毒箭的射手正是他的哥哥。

这时，天地一片漆黑，远远地随风传来了老酋长仰天呼唤的悲声："孩子们回来吧，回来吧！千万不要再自相残杀了……"而在他身边的那盏不息的红灯笼，在黑暗里正闪烁着血红的光亮，它比人世间任何一样东西更美丽、更鲜艳。

赵伊坪将故事讲到这里就结束了，全场的人都被感动得鸦雀无声，但谁心里都明白这寓言的现实所指和它深刻的含义。当时，国民党反动派就像"故事里的'哥哥'"。

最后，不知谁小声哼起了《国际歌》："起来，饥寒交迫的奴隶……"接着大家便一起唱起来。就在这曲热血沸腾的歌声中，同学们度过了一个终生难忘的寒夜。

在这次的送别会后，那盏红灯笼始终在师生心中闪耀。在红灯笼的光辉照耀下，一批批大同中学的师生，先后离开书桌和课堂，告别母校，或奔赴延安，或奔赴山西抗日前线，有的参加了八路军、新四军，有的加入了当地抗日武装力量，投入伟大的抗日战争，融入为中华民族的独立和解放事业奋斗牺牲的历史洪流之中，向着那红灯笼高挂的地方走去……

这样的抗日救亡的场景是多么壮观，多么激动人心、振奋人心，如果不是有什么特殊的感召力，能使那么多的青年把生死置之度外，义无反顾走上抗日战场吗？！这动力所在就是人们眼前有一个红灯笼晃动着，放射着奇异的光彩！

赵伊坪介绍三弟廉泉、四弟廉超到延安参加革命。穆青和冯若泉又一起到山西抗日前线参加八路军决死队，穆青是战地记者。当年用心血哺育学生的老师，许多人都为中华民族的独立和解放而献出了宝贵的生命。梁雷离开大同中学到了太原，被党派到雁北地区开展抗日游击战争，先后担任右玉县县长、偏关县县长兼第二战区雁北游击司令、第二战区牺盟会雁北战时工作委员会军事部长、第二战区执法司令等职。梁雷同日本侵略者和汉奸打了许多仗，敌人自然是很怕他也很恨他的。（1938 年 3 月的一天，敌人纠集了大队人马把他包围，被捕后，残暴的侵略者竟割下了他的首级悬挂在城头上示众！）

《红灯笼的故事》是赵伊坪和姚雪垠共同创造的作品，是他们友谊的升华，是他们智慧的结晶，是他们在黑暗的旧中国燃起的一簇火焰，是在沉闷大地上发出的共同呐喊，是他们为唤起爱国青年走上抗日救亡战场而共同擂起的战鼓、吹响的号角！让人如饥似渴地读了一遍又读一遍，让人沉浸在那动人的故事中……

第十五章

贤妻良母顾全家，抗日救亡开新篇

赵伊坪此时归心似箭，离开杞县就直奔故乡郾城。离开了那个令人烦恼的地方，他很兴奋，他想到就要见到一个白胖的小女儿，第二个叫他爸爸的人——西杞。

回到家，赵伊坪抱着刚刚三个月的小女儿在屋里踱来踱去："西杞这个名字很雅，我很喜欢。"

"她爷爷为她起名字，还真动了脑筋了，一听名字，就知道你和晓舟弟兄俩一东一西，让老人惦记着。"

"是啊——忠孝难以两全，我愧对这个家。"

赵伊坪对家庭的眷恋，也是难以言表的。那时奶奶有胃病，他特意去买了些馒头，掰成块晾干，让她能多吃几天。他有时抱着西杞常常陷入沉思，他莫不是在想：他要离开她们了，此一离别不知何日才能相见；也或许他在想着未来的一切……

赵伊坪一家人相依为命，两位老人，两个孩子，支撑这个家庭的是吕瑞芝。要把家庭的担子担起来，首要的是吃饭问题。吕瑞芝是个要强的人，她辛勤劳作，省吃俭用积攒了一些钱，硬是把典当出去的五亩地给赎了回来，这五亩地在东门外离家不远，她下决心自己耕种。此举非同小可，那春耕秋种、运粪施肥、收割打场，各个环节的艰难不是几句话可以说完的。

吕瑞芝对土地精耕细作，不辞辛劳，干活有时把露出的胳膊晒脱了皮。自己家有了自耕地，连孩子莉莉都派上了用场，大人在地里耕作时，奶奶要烧茶。当时，郾城人的喝茶，其实就是把几片干桑叶放到小瓦罐里，把锅里烧开的水舀到罐里，就是茶了。农忙时还要送饭，间或还要拔草、间苗等农事。最使人难忘的是看庄稼。"看庄稼"如同瓜园里看瓜、果园里看果，并不是看瓜看果，而是看那些偷瓜盗果的人。那年月挨饿的人多，常言说"饥不择食"，人们在饥饿中把尚未完全成熟的庄稼弄去吃是常有的事，这种损失对种庄稼的人往往是不可低估的。为防止有人偷庄稼，每年两季在收获之前大约有一个星期的时间，要有人起早贪黑地守在地里。

正是大寒节气，吕秀芝也放假回家，隔三岔五来姐姐家串门。

有一次来家串门，吕秀芝对老师又是姐夫的赵伊坪说："哲学书我不看了。"

伊坪问吕秀芝："为什么？"

她说："不好理解。"

伊坪说："这些书我都看过，看这类书，要弄清概念，循序渐进，只要有耐心就可以看懂。"吕秀芝被说服了。

有时赵伊坪和吕秀芝一起谈感想，像老师给学生上课一样启发教育吕秀芝。每次与伊坪交谈，都让秀芝感到他的知识渊博，并能从他那里吸取许多新思想，这对吕秀芝以后的成长影响很深。去年秋天，秀芝给他来信说，不想订婚，愿把自己交给朋友、交给事业。伊坪循循善诱地开导她，吕秀芝似乎明白了人生的意义和追求。前面伊坪给王长简写的信也曾提到秀芝不想订婚一事。

1937年1月26日，不到10天就春节了。吕秀芝的同学许子英从开封来到郾城，在秀芝的陪同下来赵家拜访伊坪。

进门后许子英说她认得王长简，并拿出明信片指着，说明片上所说的学生是指她。伊坪给她们介绍了几种杂志，还有另外几本书是王长简送的。许子英看到有王长简赠伊坪书上的题词，见写的是 1936 年暑假期间在伊坪家做客时，住在伊坪寡嫂家的堂楼上的情景，随即她跑到那堂楼上，从窗口望了望城上的塔，依然耸立着，她很高兴。

送走吕秀芝和许子英，赵伊坪当日写信给王长简——

长简：

十六日的信和二十日的明片（明信片）均已收到。

到家已七八天，什么都没干。明天到许昌看我的弟弟（胞弟赵晓舟当时已在许昌某部队中从事党的秘密工作），大约住三两天才能回来。他们的队伍是从江西开来的，显然是为对付陕西的（指 1936 年 12 月 12 日，张学良、杨虎城为要求蒋介石联共抗日在西安发动事变。当时国民党南京政府中以汪精卫、何应钦为首的亲日派，调集大量军队，主张进攻西安，置蒋介石于死地，企图取代其统治权）。和秀芝见了几次面，比从前会说，大约是当教员之故。你开给他的书目，我见了，还好。《文凭》（茅盾翻译的一本俄国中篇小说，原作者不详）此地有，随即买了一本，别的还几本到开封买，另外我介绍了《被开垦的处女地》（苏联作家肖洛霍夫的长篇小说）、《圣安东的诱惑》（法国写实主义作家福楼拜的长篇小说），还有几本哲学书，都是我去年读过的，哲学书她不大喜欢，说是不易理解，我劝她耐心读，已答应了。今天她的同学许子英从开封来，说是认得你，说明片上所说的学生是指她的。我给他们介绍了那几种杂志，还有另外几本书。看了那题词，随即跑到楼头望了一望城上的塔，依然耸立着，所不同的，是那时蹲在热风里，而今却做着雪的梦了。河水较以前更绿，只是没有那么阔，那么深了。河边只去过一次，使得你怀念的果园也没有我的足迹。官未必做得成，因为还没有得到回信。杞县虽是年聘，我也不想去了，那地方使我更穷，这是无法忍受的，我一定介绍乐超（王长简的胞兄，中共党员）到泌阳去教书，在家再住下去，会不堪设想，继孟（王继孟，王长简的四弟，当时就读于杞县大同中学）的作文我一篇也没看，一来我太不负责，二来他也不肯给我。《废料》（师陀的短篇小说。其中描写的人物与梁雷并无关系）中的那位吗，是不是梁雷？先谢谢你送我的《里门拾记》（师陀的新体短篇小说集。后由上海文化生活出版社出版）。开明的那本怎样（指师陀交开明书店出版的一本小说集）？有东西一定给你寄去，现在没工夫动笔。姚第鸿从日本来了信。

祝好！

伊坪

元月廿六日

赵伊坪此时收到姚第鸿从日本寄来的信，从信里得知1932年初冬，他与王长简离开济南后，姚第鸿被父亲安排去日本留学，现要准备回国。伊坪高兴，可能是天意，他们可能又要走到一起了。

赵伊坪非常珍视友谊，他与进步作家姚雪垠、王长简联系很密切。他们之间能够推心置腹地真诚交流，同甘共苦地亲密相处。在杞县大同中学分别时期姚雪垠的政治处境还不好，回家后，他时常惦记着姚雪垠，多次试探着投信打听消息。

没几天就是春节了，这一天，吕秀芝到赵伊坪家来，正与姐姐吕瑞芝一起聊天，赵伊坪突然从外边跑进屋内，兴奋地过来告诉姐妹俩："雪垠回信了！雪垠回信了！"他得知雪垠很平安的消息，那高兴的劲是姐妹俩很少见到的。

吕瑞芝抱着西杞晃着说他："看你那高兴的劲儿，像小孩儿吃了糖块儿似的！"

莉莉在一旁正和奶奶缠纺好穗线，一听吃糖扭头就说："糖在哪儿？我要。"

屋里的人全笑了。吕秀芝说："莉莉改天小姨给你买好吗?"

"好，还是小姨好。"莉莉臂撑着盘线说。

见西杞睡了，吕瑞芝抱着西杞去东屋了。

"叫咱也欣赏一下大作家的来信。"吕秀芝从赵伊坪手上拿过来姚雪垠的来信看着。

赵伊坪问秀芝在大西南镇平县偏僻的地方实习是否很苦？

吕秀芝说："那里虽然偏僻，但很安全、很清静，环境也不错。春天杏花盛开的一天，我和同事还到过镇平的一个菩提寺去玩，那寺里有一片竹林，郁郁葱葱，十分幽静。菩提寺气势独到，秀色呈异，它位于镇平县杏花山麓，前临兰溪河，背依杏花山。山脚下栽的桃树、梨树，山上有好多杏树。我们到的时候，春风拂面，那里落英缤纷、杏花铺锦。好美啊！"

"那你没有流连忘返？"

吕秀芝说："那倒是不至于流连忘返，但我还是非常喜欢那寺院的竹林。"

"我看你还很有文学天赋的。"

"哪像你写出的话幽默、乐观，含义很深，富于哲理，我每每读了又读，甚至连你那流利的字体我都想模仿。"

"别别别，你可别学我，我写出的东西有时生涩，不流畅。"

"谦虚了吧？"吕秀芝把信还给了伊坪。

西安事变刚刚和平解决，中国的政治气候有了一点转暖的气息，像"春冰"一样，春天就要到来，坚冰就要融化。他写着对春天的向往和赞美："天暖了，遍地的青草都在抽芽，春风撩得人和马整天在绿油油的原野上欢叫、跳跃和奔驰。"这是一幅多么有生机的春意盎然的景象啊！

1937年的初春，赵伊坪怀着对祖国对人民的忠诚，怀着对未来的憧憬，迎着料峭的寒风，踏着尚未解冻的黄土。3月初，他到了聊城，找到了山东第六区行政公署。从此，在这里掀开了他最辉煌的战斗篇章，也在这里走上了他壮丽的人生。

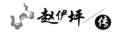

聊城位于山东省西部，东南隔黄河与济南市、泰安市为邻，南部隔金堤河与河南省为邻，西部隔漳卫河与河北大名县相壤，北部和东北部与德州接壤。它代表着农耕文明的黄河文化与代表着商业文明的运河文化在这里交相辉映。城内古迹有明代光岳楼、清代山陕会馆。中国古典文学名著《水浒传》《金瓶梅》《聊斋志异》等书中的许多故事都发生在聊城。

当时，聊城、茌平、博平、东阿、阳谷、寿张、范县、莘县、冠县、朝城、观城、堂邑、濮县等 13 个县属鲁西北第六区。

聊城主要河流有黄河、金堤河、卫运河、京杭运河等。其中黄河、金堤河属于黄河流域，卫河、卫运河属于海河流域。黄河、卫运河长年流水。京杭运河境内段称小运河，自阳谷县张秋镇入境，至临清入卫运河，仅利用张秋闸至与赵王河合流处一段。

6000 多年前，聊城就有大汶口文化古城，先后创造了史前文化、运河文化等。大汶口文化遗址 18 处，龙山文化遗址 45 处，龙山文化古城址 9 座，占山东省龙山文化古城数量的一半。明清两代，被誉为"漕挽之咽喉，天都之肺腑"和"江北一都会"。

东昌湖也是聊城的核心区域，有"南有西子，北有东昌"之美誉，是中国江北地区罕见的大型城内湖泊。东昌湖始于北宋年间，水质清澈，景色宜人。

光岳楼始建于明洪武七年（1374 年），是一座由宋元向明清过渡的代表建筑，系中国现存明代楼阁中最大的一座。它与鹳雀楼、黄鹤楼、岳阳楼、太白楼、滕王阁、蓬莱阁、镇江楼、甲秀楼、大观楼共同组成中国十大名楼。在中国古代建筑史上有着重要地位。

山陕会馆位于聊城市东昌府区东关古运河西岸，是全国现存会馆中第二大会馆，整个建筑布局紧凑，错落有致、古朴大方，装饰华丽，对于研究古代建筑史具有很高的价值，而且也是研究古代商业史，经济史、戏剧史、运河文化以及书画、雕刻艺术史的珍贵资料，对于研究清代商业发展也具有十分重要的意义。山陕会馆俗称"关帝庙"，始建于清乾隆八年

（1743年），历经四年，心门、正殿等到主体工程施工，其后逐年扩修，嘉庆十四年（1809年）方具有今日之规模。会馆东西长77米，南北宽43米，占地面积3311平方米。

赵伊坪到了江北水城、运河古都聊城，同学张维翰和牛连文在这里迎接着他。不巧的是这个专员公署的编制名额已满，他的求职得到这两位同学给专员范筑先将军推荐，所以才没有被断然拒绝。

张维翰把他介绍给范筑先，范说："编制已满，无处安置。"

张维翰说："人已来了，怎么办呢？"

最后范筑先说："叫他做一篇文章，考考他，看他文化程度怎样。"范出的题目是："日本来了我们怎么办"，这题目确实不是谁都能轻易答得好的。但这对于赵伊坪，虽不能说是"胸有成竹"却完全可以说是"切中下怀"。因为他一直在探求着"如何抗日"这条道路，做着"如何抗日"这篇文章。他满怀着一腔报国之情，来到了范将军的麾下，此时的他，首先想到的是"一定要考中"，他要留下来，这是个战略要地，是必然与日本侵略者遭遇的战场。

范筑先又给赵伊坪出了一个题目，叫他拟一个《六区抗战实施计划》。伊坪把苏区一些经验如组织青年队、妇女队、儿童团以及如何发动群众组织游击队、自卫队等，都写得很具体。范筑先看了这个计划很满意。

范筑先亲自"考"了赵伊坪两次，终于决定录用他，职务是办事员。范筑先称赞他"政治上很有见解"。与其说是"考"，不如说是主考人与被考人深入地进行了两次畅谈，范筑先对他的精辟的、深入的、独到的见解十分赞赏，这个求贤若渴的老人独具慧眼，大有"将遇良才"之感，认为伊坪有才能。但是专署的人员配备已经满额了，只有给他一个办事员的职务，这是国民党政权机构中的最低职务。赵伊坪同志职务虽低，但并不计较。

从此以后，赵伊坪就与可尊敬的范筑先将军建立了十分密切的关系，

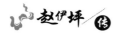

并开始相伴他抗日的历程！

当然，要说是"考"的确也不含糊。他考中了，他踌躇满志。党的抗日民族统一战线是包括进步力量、中间力量和顽固力量的广泛统一战线。执行"又团结又斗争""以斗争求团结"，发展壮大人民抗日力量的政策。

此时，赵伊坪想起去西安感慨地写的一首抒情长诗《嘱咐》，抒发了他的革命热情：

咆哮的孩子们／去，跟他去！／忘记我，忘记我……你们该去养活更多的人／趁你们还勇敢，还年轻／快踏上广大的路程。

跟他去／他是我们这地上的好人／值得我们献上虔诚的心／他干过很多了不起的事……

他爬过高山，涉过大川／走出无光的森林／夜宿饥饿的荒原／但他从不诉说疲劳、辛酸！

他永远在走／忘了路程的近远／像骆驼，又像永不停止的车。

他沿路插上树秧／好叫黄莺儿给过客歌唱！

这里盖起灯塔吧／为赶夜路的人照引方向。

他永不疲乏，永不灰心／把真实的消息／送给各地的人群。

去，跟他去！

《嘱咐》这首长诗就像他的写照，赵伊坪改了一下，写好后寄给了王长简。在长时间中断联系之后，王长简忽然接到他从济南发出的信，极其兴奋。他去西安一趟，并附寄一首长诗《嘱咐》，说："写于渭南，改于济南。"按王长简当时和现在的理解，认为是用象征手法歌颂长征。同时还收到他的一首纪念鲁迅的诗。两首诗均署名蔚灵。后来收到他送王长简的《蓓蕾》，才知道他用蔚灵这个笔名，发表过许多文学作品。这些信息，已给王长简说明，伊坪已到山东，并有神秘的老朋友在帮他走到一个海阔天空的好地方，可以施展他的才华。

当时王长简不曾问他用蔚灵这个笔名的用意，自己不懂，便自作主张，改署赵石越化名。伊坪原来的学名叫赵石庵，乳名廉越，王长简只是把他的学名和乳名各选一字合起来罢了。得到他本人同意后，师陀把两首诗同时交给巴金、靳以主编的《文丛》月刊。王长简不敢把伊坪的地址告诉看"外稿"的靳以，尽管那时伊坪已考进专员公署秘书处，也正因为他考进专员公署秘书处，王长简了解伊坪，靳以并不了解伊坪，担心他看到"专员公署"不肯采用。结果他只用了《嘱咐》，纪念鲁迅那首诗没有录用，王长简想作者本人总会留底稿的，不曾讨还原稿。《嘱咐》有几元稿费，王长简问伊坪是不是汇给他，他说"你花了吧"。王长简一直认为伊坪在专员公署搞秘书工作，薪俸至少有 20 元，尽管他在提到专员最恨要钱那封信讲过：他不知道他的部下竟有拿 8 元工资的！王长简万万想不到这拿 8 元工资的竟是伊坪！按王长简当时的经济状况，不要说几元，就是几十元、一百元也支援得起！

赵伊坪到聊城不久，同学王化云从北平来信说："北平精业中学的领导权，被国民党反动分子溥庆隆窃走了。"

王化云，1908 年 1 月 7 日生于河北省馆陶县，1931 年考入北京大学法学院读书，其间，动员家庭出资，在北平创办精业中学。1935 年毕业后，他亲任校长，和溥庆隆共同筹建精业中学。精业中学内共产党活动十分活跃，溥庆隆想谋校长职位未成，心中不满，就勾结北平市教育局以王化云掩护共产党为名，强迫王离开精业中学，致使王化云闲居于北平。在这种情况下，赵伊坪给王化云回信，请他来聊城协助工作。

王化云到聊城后住在东关旅馆内，他的到来又增加了斗争的力量，那旅馆成了他们对国民党斗争的活动中心。王化云与范筑先、张维翰同是馆陶人，经赵伊坪介绍，安排王化云在专署工作。

专署里，育德同学牛连文任庶务主任，北平中国大学学生张廉芳任民政科员，冉光远任视察员，范筑先的亲信科员周建国，会计李肇凯、三科科长贾梅亭、技术员张清濯，以及专署秘书张维翰和范的长女范晔清等人志趣比较相投，形成了专署的进步力量。

张廉芳，1910年出生，山东省馆陶县（今属河北省）人。1937年七七事变后参加革命工作，翌年10月加入中国共产党。历任山东省第六区抗日游击司令部第八支队政治部干事、政治部总务科长、八路军一二九师筑先纵队供给处长。1939年2月，调任冠县抗日政府县长。

专署成立后，内部就形成了左中右三种力量。一部分是范的旧属，还有一部分国民党CC分子披着乡建派的外衣，钻进了六区，是国民党有意安插的亲信，如教育科长朱香庭、视察员王见行、民众教育主任齐鸿九等。保安司令部参谋长王金祥是山东省民政厅长李树椿的嫡系，他和李是保定军官学校同学。当时以专署教育科长CC分子朱香庭为首，串联社会上的国民党党棍形成一股反动势力，他们打着"拥护三民主义"的旗号，呼喊着"攘外必先安内"把持教育界，排除进步势力，扩大反动势力。因此，赵伊坪他们斗争的焦点是国民党CC派。

为加强鲁西北地区抗日救亡运动的开展，同国民党CC派分子朱香庭做斗争，帮助范筑先参加抗战增加力量，赵伊坪和张维翰等人进行反对山东省教育厅长何思源、第三师范新校长冯谦光的斗争。冯谦光是何思源的嫡系，1937年初，何思源撤了孙芳时的校长职务，委任冯为校长。赵伊坪和张维翰的目的是想把冯谦光驱逐出第三师范，搞臭何思源，把聊城教育阵地上的国民党CC分子赶走。

这风潮一直闹了几个月，最后闹到韩复榘那里，韩给范筑先打电话，让范直接插手平息。

当晚，赵伊坪在聊城东关旅馆里召集王化云、张维翰、冉光远、张廉芳、牛连文等开了紧急会，大家都认为这个斗争不能继续下去了，再斗下去，没有好结果了。

这段时间，赵伊坪在鲁西北的抗日前线，环境已经非常艰苦。他来到聊城有40多天，生活很不规律，有时候通夜不睡。赵伊坪每天整整办公八小时，夜间还有一个半小时加班，还有两个小时的打拳、训练时间，空闲很少。他也开溜过不少次。有些时间，为等候开饭，陪人爬城墙，走大街；或为按时起床，即使不瞌睡，也非按时躺下不可，强迫睡觉。近来因为天热，蚊虫多，睡觉简直比上班还苦。从前他不知道失眠的滋味，这一二十天来可尝透了。前几夜他很不适应，刚躺下了，钟点打了十点。他跟同屋的说："最好不要让我听到敲十一点。"然而十一点敲过了，人家早睡着了，接着，十二点、一点、两点、三点，他都听到了，急得他差点没哭出来！

他日夜为抗战操劳着，然而却仍是那样风趣、乐观。寒假那一次和吕秀芝谈话时，她说曾到过镇平的一个菩提寺去玩，说她非常喜欢那竹林的故事。这段时间他给吕秀芝写信时，常常写一句"问候你的竹林！"他很会关心人，写信还念念不忘提示吕秀芝，要恰当地处理好个人问题，要把事业放在第一位。

有时在他给吕秀芝的信中，还另有一张写给吕秀芝父母的信，嘱吕秀芝"给老人家一信，请念给他们听"。他嘘寒问暖写得十分妥帖，总是博得老人们的夸赞。

所以，吕秀芝尊敬他，她真的觉得他是那样具有令人服膺的魅力，按照吕秀芝的评价说：他高尚和诚恳，他有着崇高的志向，一打一实的诚恳。

中共中央召开党的全国代表会议，发出了"为争取千百万群众进入抗日民族统一战线而斗争"的号召。这时，彭雪枫兼任中共北方局联络局书记并负责晋冀鲁察等地的统战工作，奉中共中央军委副主席兼中央联络部长周恩来之命，到华北做社会调查，联络冯玉祥和西北军将领共同抗日。

1937年5月，彭雪枫与张维翰到了济南，住在财政厅内王志远处，并约集育德同学赵子众、路庭训、陈占云以及三路军军官冯惊涛、高谊之、朱晦生、曹文谟等 10 余人开了个座谈会，大家互相介绍认识后，请彭雪枫介绍红军二万五千里长征的故事，以及共产党当前的方针政策，大家很受鼓舞。

这时的赵伊坪稍有松闲，想起姚第鸿应该从日本回到济南了。他请假乘坐一天仅有一次的汽车到了济南，联系到姚第鸿。在济南住了两三天，他与当地党组织取得联系，然后又悄悄地乘汽车回到聊城。

彭雪枫在济南住了十余天，又随张维翰于 5 月 13 日到了聊城，与育德同学赵伊坪、牛连文等见了面，赵伊坪与彭雪枫不仅是同乡、同学、朋友，更是亲密无间的战友、志同道合的同志。四位风华正茂的育德中学同学在聊城欢聚一堂，那欢快兴奋的心情自不用言表。

彭雪枫语重心长地对赵伊坪说："我是奉了周恩来副主席的指示，为争取地方实力派，各军联合抗日而来的。你先谈一下这里的情况吧！"赵伊坪首先向彭雪枫汇报了聊城专署上层人士的情况，而后着重谈了对范筑先的看法："我认为，他是个很有正义感和爱国心的人。如果对他晓之以理，他会和共产党一起抗日的。"彭雪枫听了十分高兴地说："那就要去争取他，让他走上抗日之路。"

之后，彭雪枫讲了党对抗日救亡的新指示，认为日寇已下了灭我中华的决心，只有全国各党派团结起来、结成抗日民族统一战线，才能挽救中国的危亡。分析了当前的形势及斗争的策略，指出最核心的问题是：团结争取范筑先与我党一致抗日。

彭雪枫向他们介绍了全国的抗战形势和党的统一战线方针，强调指出："鲁西北地处冀鲁豫三省交界处，具有重要的战略地位。倘若战争打起来，在这里开展游击战争是非常有利的。我们现在不仅要团结一部分进步力量，准备组织抗日武装，更重要的是对范筑先做好工作，使他接受我党的抗日民族统一战线的主张。"

彭雪枫还说，要建立鲁西北抗日根据地，除加强党的领导，发动广大人民群众积极参战外，必须争取范筑先，因为他掌握着政权。利用合法政权，在党的领导下发动和组织群众，中日战争一起，一定能建立起一块抗日根据地。还讲道，他们和范筑先的关系又很密切，易于接近他做工作。如能很好利用这些条件，争取范筑先和我们党合作抗战，很快会见成效。

在聊城，彭雪枫在张维翰的安排下住在专员公署内，又以他们同学的名义介绍给范筑先，但未暴露其真实身份。赵伊坪单独向彭雪枫汇报了姚第鸿的情况，彭雪枫给赵伊坪介绍了山东省委的组织关系，并让他联系山东省委，恢复姚第鸿的组织关系。

彭雪枫与赵伊坪作为介绍人，发展了张维翰、牛连文加入了中国共产党。就这样，赵伊坪作为党小组负责人，一个秘密的党组织就在范筑先将军的司令部里诞生了。

随后，彭雪枫把张维翰叫到一边悄声说："你可派一位可靠之人去趟南京，找你大哥张维玺索要一些有价值的国民政府军事策略及动态材料，对抗日可有大的帮助。"

"行，我立即安排。"

"我在聊城还要工作几天，最好在我走之前带回来。"

"好，一定的。"

赵伊坪问张维翰："你想让谁去呢？"

"叫专员公署新来的王化云去吧，他是我同乡，馆陶人，北大法律系毕业，曾任北平精业中学校长，思想进步。最近他见到范筑先后，王化云谈了北平和天津的形势，以及汉奸和日寇的活动情况，范也很赏识。"

"可以，他这人朴实缜密，老乡见面说话方便。"赵伊坪给予肯定。

"既然伊坪也了解，那就这么安排。"

张维翰叫来王化云，让他到南京一趟，并把一封写给他大哥张维玺的信交给王化云。信中写道：日本灭亡中国之心已昭然若揭，抗日战争不可避免。王化云和几位朋友想了解军事知识，望能搞点内部材料，以便学习之用。

1937 年 5 月 15 日，赵伊坪接到吕秀芝的来信，信中提到王长简到了杭州。当天他抽出时间给王长简写信，写好信后，从山东聊城邮局发出。

长简：

尊恙大约早好了。今天接秀芝信，知道你到了杭州。一个月前，我就问她关于你的消息，无怪她说，这事全误在她手里，很对我们不起，我看真该打四十板才出气。

两三个月来，我忙着找饭碗，从河南到陕西，又来山东。车过泰山麓，想起几年前的旧事，不胜今昔之感！住济南三天，才来聊城。照一般人说法，"住闲"就在四十天以上。生活极不规矩，一两点钟才睡是常事，有时则彻夜不睡。五月四日才就了这芝麻缺（指正式进入山东聊城专员公署任办事员），事情虽仅糊口，却是考试两次才弄到手的。除了八小时的办公，两小时的打拳，余下的时间才是自己的。将来见面，我可以给你打套"太极拳"！所好的是比吃粉条（指教书生活）要轻松些。这城在山东西部，汽车一天一趟从济南给带些消息。

住杭州大约是守住西湖，那地方打算住多久？日子怎样？

在家时跟杞县的各位常有信，以后连自己都照顾不住，把信也断了。最近虽有人来信，却没有提到乐超、韩光拂（师陀的一位朋友，此人在抗战爆发后参加了革命），你总该知道他们的。

怕信投不到，且少写几句。

我希望赚来的话要多些！

伊　坪

五、十五。

张维玺当时在国民党陆军大学高级将领班学习，他同西北军的几位将领住在南京鼓楼附近的一所楼房里。他看了王化云带去的信，认为家乡子弟在民族危亡之际，尚能主动考虑抗战之事，值得赞赏，便让王化云过两天再去找他。

　　王化云在南京几处名胜游玩消磨时间。再去找张维玺时，张维玺已将文件材料备好包封完毕，将包裹及过路证明信件一并交王化云。王化云随即携材料急速返回聊城，将材料交给彭雪枫。

　　彭雪枫在聊城住了一个星期，赵伊坪他们陪他参观了聊城的古迹光岳楼和铁塔。就要返回太原了，雪枫同三个旧时的同学、今日的战友在专署的庭院内合了影，留下了那个具有历史意义的一瞬间。这张照片作为历史的见证，决不是一次普通的会晤，它的非同一般在于它是一个转折、它是一个预示、它是一个标志、它是一个起点！

赵伊坪、彭雪枫、牛连文、张维翰

　　5月20日，彭雪枫临行前，一再叮嘱赵伊坪等人："咱们为革命事业共同奋斗，要在鲁西北抗战，就必须团结范筑先。我们要利用他的合法政权，加强党的领导，积蓄力量，组织党直接领导的抗日武装，与范筑先搞好合作，就能把鲁西北建设成为一块可靠的抗日根据地。"

　　彭雪枫乘轿车经邯郸转火车去太原，临走时，赵伊坪、张维翰、牛连文一起送行。

　　彭雪枫走了以后，赵伊坪、张维翰把彭雪枫代表共产党中央来聊城的情况和彭雪枫讲的一些问题，向范筑先做了详细的汇报。

　　范筑先点头赞许说："共产党的这一套主张很对，不用红军战法是不能打败日本的。没有中国共产党，中国不能得到拯救。"

当时他对张维翰有些不满意说："红军代表来了，为什么对我保密？自作主张！"

张维翰解释说："目前共产党还处在秘密状态，在山东省还没有公开。一方面他没有中央指示不便公开露面，再则你是韩复榘的重要官员，也不便和你公开接谈。倘若中日战争一起，我们马上可以和他们联系，他们可能派代表来，你可以直接面谈。"经这一解释，范才微笑地点头。

在赵伊坪等共产党员的推动下，范筑先看到了中国的希望，逐步坚定了武装抗日的信念，鲁西北抗日救亡运动翻开了新的篇章。

第十六章

齐鲁大地呈异彩，抗日统战结硕果

上一次给王长简寄信的次日，赵伊坪看到《大公报》公布了文艺奖金的获奖人，当时他并不如何激动，只觉得那是应当的。他想，那名字会被千万美妙的男女所敬爱的吧！那名字下的前前后后著作会成为大家智慧的食粮的吧！无数饥饿的灵魂会向他乞讨吧！一条多么灿烂而又悠远的路程，在王长简面前展开了！

5月下旬，赵伊坪收到王长简从江南寄来的包裹，里面有信和书。以芦焚笔名发表的现代散文集《黄花苔》由上海良友图书公司出版。看到《黄花苔》中的一篇散文随笔《落荒》，副标题为"给伊坪"，伊坪很激动。因为伊坪前一段时间看到《大公报》公布了文艺奖金的获奖人是王长简，他以芦焚为笔名的短篇小说集《谷》，因艺术风格独特，与曹禺的《日出》、何其芳的《画梦录》一起，获得《大公报》的文艺奖金，所以，他此时能收到《大公报》文艺奖金获得者的信和书，觉得尤为可贵。

《落荒》是王长简以散文的形式，记述和描写了1932年秋末他陪赵伊坪去山东视察在泰安的一段经历。言语中流露出似是绅士的青年（赵伊坪）时运不济，经历的坎坷，发出的感慨和心声，对晚秋泰山脚下的景物进行了细腻的描写，道出"一些人在火光里死掉了，一些人仍在血的泥沟中转着脚颈，闯向人类苦痛的深处；而苦痛是解开胸怀，无限制地在迎纳。这就是人生，也是真理"。

赵伊坪看了王长简的信，得知他之前曾往家里去过信，并寄有《里门拾记》一书，家里没提到过，认为大约遗失了。后来在济南的书局里，伊坪看到了《里门拾记》，想买，一来钱不宽裕，再者王长简说要寄的，抚摸良久，终于又放下了。

1937 年 5 月 24 日下午 6 点钟下班，伊坪回到小屋里就坐下写信，因为伊坪知道长简是从来不迟复别人信的，回信写道："信和书同时收到。《落日光》（1937 年初在上海以芦焚为笔名发表的新体短篇小说集）的广告，记得在《申报》上看到过，《黄花苔》还没见到。"如今信和书一起从江南来了，让王长简想象他那份感激之情有多深！

伊坪望着面前摆着《落日光》《黄花苔》这两部奇伟的美丽的制作，心里怀着无上的敬意和爱意。想起它们的精心制作者，历年支付给的智慧和血汗，伊坪笑了！

办公时间只能办"公"，私事不许挨。偷空翻了一下，看到《落荒》还不到一半，就下班了。现在是自己要静下心来读了，而同屋的人拉胡琴练腔。这一晚怕很难安心读下去。

伊坪给长简回信最后写的是，如果长简允许的话，可不可以把粗写《落荒》时的时间和心情以"散文的"形式谈一下，看看和他所感到的有什么不同。以后如有可能，他愿把读后的一点草率的意见报告给长简，作为一个起码的读者来测验一下。

这封信赵伊坪提笔三次才写完，想想有多么忙乱吧！他知道今晚信装不上汽车，明天走不成了。

上封信寄出没几天，王长简的 5 月 28 日写的信又接到了。6 月 2 日，赵伊坪回信给长简，信的前半部分主要说，信已收到。长简的两本美丽的书还没读完，他读得还算仔细。一个词，一个句子，一个形象，一片意境，会把你拉住，走都走不开。一篇读开头，休想中断。你得准备下说不清的赞美，一路喊出来。临了，认为长简会暗暗地给自己说："这只能是他写的！"他想到作书评的人一定说了长简许多话，而他却只有寥寥这几句。他承认：写了，有诗，也有散文，但没有一篇够得上通顺的，他想改天就把自己的作品寄长简给收拾吧。

下半部分主要是说赵伊坪妻妹、莉莉小姨吕秀芝的事。秀芝读书都让王长简列书目，找对象也让王长简当参谋，等等，伊坪说麻烦他了。

还提到，去年冬天，吕秀芝的几个同学说给她介绍了一个人，是许子英丈夫的弟弟，住河南大学医学院。后来秀芝问伊坪可否，伊坪只告诉她应注意的几点，别的没多嘴，看光景是愿意了。据说，她们三个人顶要好，连谁要嫁给谁，都得经三人同意，如果有两人不动心，月缺花残，绝不准一意孤行的。伊坪记得给秀芝说过："你们三个结婚最好，可是也难免受罪。"当时不知她懂不懂，以后没再留心。信中提到，原先有个小学校长，要给秀芝当"仆人"，结果被那两个给嘲笑掉了。这玩法是够"天真"的！给她的信已写去，只是有点晦。王长简也写信"暗示"了些，怕难完全恍然。最后伊坪在信中写道："不过我相信红桃未必给你寄了，自然，短时间内也寄不到别人嘴里。"这话有所指但令别人费解。

赵伊坪信中还说，回信只写山东聊城专员公署即可。

6月份，是赵伊坪与王长简通信最频繁的一月，伊坪的信刚走两天，王长简的信又来了。

6月20日，伊坪给长简回信："十一日和十二日的信都收到了。一连两天都有信，真是少有的愉快。"信中告诉王长简，他寄的《里门拾记》并没遗失，端午节那天从家寄来了。自己光看了看题词。

信中说到在郾城王长简住的寡嫂"那楼大可以安居，无怪有人跳着说，我高兴得忘了自己（跳着说这话的是伊坪的大女儿莉莉，当时她只有3岁）"。信中写到自己想象王长简获得大公文奖时的情景：门前虽未必车辆滚滚，瞻仰和膜拜的人一定不会少的。一个从寂寞里长大的人，怎么受得住？

信中写想证实一下，1932 年 9 月，他们两人滞留在泰安期间，曾登到泰山脚下的一个小村落"三家庵"，当时赵伊坪心情复杂，要不经王长简提起，怕记不起来了。只记得不知因了什么，仿佛曾赌过一口气，王长简坐在一块大石上，他独自越过前面的一条小溪。只有再问问王长简是这回事吗？

回信写到他对王长简写的《落荒》《落日光》作品发表意见："上有一只不知几时变作愚贪的眼睛，我希望那不是我的，不是我的（参看《纯洁的友情，珍贵的史料》一文）！想怕不会像你所想的那样诚实，犯恭维之嫌，只好封口。说的倒轻松，也许是你写错了吗？至少是太简略了吧。想啊，一个人偷吃春桃，想到将来把红桃送人，这不很容易诱人往麻烦处想吗？好在信写得很晦，不至于使她如何受惊的。"

信中提道："一个七八年没音信的人（指彭雪枫），从一块神妙［秘］的土（地）上来了，我虽没像他所期望的一同离开这里，但不久的将来会搬家的（指党组织要调伊坪到中共山东省委去工作）。事属于将来只好放在将来再说。且说你如果逛泰山，我也要去，据山东老乡说，泰山是好地方，这还用得着他们说？一个从湖边来的人，大概很能得些感兴的吧，至于我，倘使也去，那简直是一大解放了。那么让我许下心愿：泰山见。"

赵伊坪在信中还写到，从他来聊城以后一些不适应的体会。信中写到两种人，一种是混进这里面的，虽然都是为吃饭，但专员先生（指范筑先将军）顶卑视这念头，他不知道他的部属有一个月只八元钱的军饷。一种是为了来当官的，尽管一生没读过一本正经书，没做过一件正经事，没想过一个正经念头，过去有点关系的，为当官，为使自己不太封建，想学些新鲜话头，就逼他读这种经济，读那种政治，把心得告诉他们。这固然好，可是让他很难堪！

回信最后赵伊坪写到，王长简让他寄以抒情散文形式写的短篇小说，内容写一个叛逆封建礼教的寡妇，标题是"河"，他说是写一个女人的，本是事实，而写起来却稀奇古怪得很。他改又不愿改，也改不好，形式弄坏了，内容荒唐之至……

赵伊坪创作抒情短篇小说《河》，原文大致是这样的：

当人立足于河前，会感到河的专横，不论什么，都一起带走。连同你的心和思念。

河水在哪里都是跳跃的，浪花银光闪闪，每一朵都不可忽视，踊跃的河面上突突凸凸，正因为这些突凸不平，才装下了不计其数的故事，炼就了万里挑一的英魂。

河水，你从遥远的地方流来，在你的源头，有一位革命塑造的伟人，称之伟人，不过分，唯是他离我们太远，只有这一条河，才能联结这遥远的崇高与尊敬，只是河水无法倒流，无法载着人们去看望他。

河边都是些红叶的树，它们与众不同，一年四季，从不落叶，百年才开一次花，结一回果，果小巧而玲珑，绿色，入口便化了。当你在这百年来到时，你便会懂，这棵树，是前人用鲜血浇灌的，果实，是前人的精神。

现在，我要过河了，过河后，我将离伟人更远，我依依不舍地回头看了又看，他在向我挥手，我跑过去，他又消失了，我明白，那只是他的灵魂，是永不弥散、永存天地间的。

要走了，看着这一脉长河，我困惑了，我该留下点什么呢？千思万虑，我把一些种子埋在了红叶树旁。

一些年过去了，我早已到了河对岸，我再无法回来，因为时光无法倒流。

红叶树的花落了，果成熟了，但它的叶子还是那么红，在它的周围，是一片翠草，嫩绿而挺立，周围一圈松树，对，那是我埋下的种子，它们已经长大，常青的绿和常艳的红在一起，越发好看，不为别的，只因为那是跨世纪两代人穿越时空的心的会面。

河上的天空，飞过一只鸿雁。

王长简曾建议把《河》的标题改为"母亲"。赵伊坪早就答应把作品寄给王长简，但他自己用于写作、整理时间较少，所以自认为写作水平一般。6月24日，伊坪又给王长简写信，说明他的创作感受和想法——

长简：

"定单"早缴上了，"货"今天才送来（指伊坪的作品），足见我可以用作自己的时间是很少的。"货"怎样，我不愿多说，也说不出来。这样一个人，写出一点你可预料到的东西，如果因而烦扰，那完全是自找的。虽然二十多岁的人了，但学写的东西，如同什么人说的，好像还不满十六岁。入学晚一些的，十六岁小学还毕不了业，这样一来，就真正成了小学生的作文练习了。年龄和成绩不相称是小事，要紧的是怎样减少"旷课"，好好学习。我但愿能如此！这支笔有多么坏，明眼人一看就知道。这除了自己毫无"天才"外，另一原因，就是从没在这上面认真的受过苦。因为忙，一年两年不动笔是常事，即使动一下，也不过等于玩耍一阵而已。现在想起来，确没话说。其实这些都是闲话，不说你也知道的。

有一首姑（且）称为诗的《嘱咐》写于渭南，成于山东（当然不是成功的成！）。照现在的行数，已减去约二分之一，自然也有些是新加上去的。3月间曾穿一身红格子布（指《嘱咐》曾抄在当时常用的红格稿纸上，向《大公报》文艺栏投稿）到大公报文艺那里晃了一趟，不上半个月，回来了。不登是意料中事，但怎么还要回来呢？我很奇怪：既没附信封，又没附邮票，竟然给退回，对那种"厚道"真是感激不尽。现在又要逛上海了（也许转到别地），但因为去处不同，心情自然不一样。更"不得了"的是那篇企图写成小说的《河》了。还记得吗，那河？无意间想起了那寡妇，那私生子间的小故事，就想利用它，于是利用了。多荒唐的一个故事！年轻寡妇本不会说话，也不会动，连影子几乎都看不见（实在对不起她），而现在要在我手下唱独角戏，独来独往，天哪，还有不失败的吗？至于每篇都署上名字，不过一时想到高兴写一下罢了。像我所盼望的告诉我，详详细细的。前信收到吗？

伊　坪

六、二四。

在彭雪枫离开聊城不到两个月的时间，七七事变爆发。第二天，中国共产党就迅速做出反应，发表了号召抗战的宣言，要求全民族进行抗战，给进攻的日军以坚决的抗击，全国燃起抗日怒火。7月18日蒋介石迫于形势在庐山发表谈话，宣布对日抗战，承认中国共产党的合法地位，实现了国共第二次合作。

在这样急速发展的形势下，彭雪枫被任命为八路军驻太原办事处主任，为了指导鲁西北的统战工作，他写信通知赵伊坪立刻到太原来。这时，中共北方局在太原召开山西、绥远、河北、山东省委的代表会议，赵伊坪应邀参加了这次会议。彭雪枫向赵伊坪传达中共中央关于国共合作、发动全面抗战和建立抗日民族统一战线的精神，并为他接上中共北方局的关系。

太原是中国北方军事、文化重镇，世界晋商都会，一座有两千多年建城历史的古都，"控带山河，踞天下之肩背""襟四塞之要冲，控五原之都邑"的历史古城。赵伊坪在太原驻留三天，他无时间去感受汾河文化、欣赏晋祠的厚重历史。虽时间短暂，但他如饥似渴地学习了中共中央的一些重要文件，汲取了政治营养。

回来的路上，赵伊坪从开封下了车，他不顾天气炎热，急急地赶到开封女子师范学校。学校提前放了假，他向门岗问清吕秀芝教室的位置，来到教室，见秀芝正在闷头看书。

伊坪敲了两下门，吕秀芝抬头见是伊坪："姐夫，不不，赵老师。你是从天上掉下来的？"伊坪突然到她面前，使她非常惊喜。

"我是从西边过来路过开封。时间紧迫，没时间回郾城老家，过来看看你，想让你往家里传个口信。你这儿咋样，还好吗？"

"局势不稳，能好到哪去，学校要西迁无法上课。这不——提前放假了，想回家吧，家里又没有我啥事，在这读书方便；想找个工作吧，这里又没门路，一个女生找工作就更不方便了。"秀芝傻站着低着头，无奈地一只脚踢着地面。

赵伊坪想了想"我有一位朋友在徐州革命军团，要不找找他，让他给你安排一个工作？"

"那好，现在咱就去找他吧！"秀芝急不可耐地说。

"现在？"伊坪犹豫着，"事先也没联系，这也太唐突了吧？"

"有啥唐突的？去吧——姐夫，去吧——我的赵老师。"

"这一去就得两天，可我——"不等伊坪说完，秀芝拿起书拉着伊坪就往外走，"咋这么磨叽呀！不去也得去。"

伊坪见拗不过说："去就去。"

可到徐州后那个单位已经撤离，市面显得零乱而萧条。无奈，他把吕秀芝送回郑州，让她直接回郾城。

赵伊坪写了一封介绍信给吕秀芝，嘱咐她不必着急，必要时过黄河到临汾去找彭先生，他会给安排工作的。后来吕秀芝才知道，让她去找的那位彭先生就是彭雪枫。

吕秀芝对他说："郑州离家不远了，你回去看看吧。"

"不到一个星期时间，我跑了三个省，任务很紧，来不及回家了，你替我问候家里他们吧，还有那两个小人，我太不像个父亲了。"说完他无奈地一笑。那两个小人就是指他的两个女儿莉莉和西杞。

就这样分手了。吕秀芝万万不曾想到，这一次相遇竟无再遇，永远凝聚在珍贵的历史上。

　　赵伊坪带着《中共中央抗日救国十大纲领》等重要指示，以崭新的精神面貌回到了山东聊城。他立即向专署内共产党员传达了文件和会议精神，并与范筑先一阵畅谈，使这位爱国将军精神为之大振，表示拥护共产党的抗战主张和统一战线政策。

　　赵伊坪还撰写了一份《抗战部署与实施计划》的草案，具体落实中央指示精神。他放手进行抗日宣传，在聊城中心的光岳楼下办起了《抗日壁报》，向人民群众宣传中国共产党的抗日主张，不知疲倦地工作着。在他的努力下，聊城人民的抗日救亡运动迅速开展起来。

　　自26日开始，卢沟桥受到的日军进攻愈加猛烈，二十九军发动攻势作战，在28日击退日军取得胜绩，然而局势却迅速恶化——28日南苑沦陷，国军死伤惨重；西苑有何基沣旅艰难地守着阵地。同一天，局势骤然变化之时，宋哲元与冀察政委会委员制订了撤退计划，预备率部离开北平。28日夜，宋哲元与冯治安、秦德纯、张维藩离开北平去往保定，30日清晨，北苑驻军阮玄武旅投降日本。至此，平津沦陷。

　　南苑和卢沟桥相继失守之后，吕秀芝参加开封组织的各种抗日救亡活动，一次抗日救亡活动最惊人的是卧轨。三天两头，她们日夜坐在钢轨上，阻止火车通行，开封火车站都陷于瘫痪。她们的口号是"南下请愿，北上抗日……"国民党当局为了遏制学生的爱国活动，责令学校把大门锁起来，不允许学生外出。她们就从后门冲出去，在开封的鼓楼大街、中山大马路游行。学生们的抗战热情很高，吕秀芝和同学们常常组成小分队带着馒头到乡下去进行抗日宣传，动员民众。然而，在那动乱的岁月里，想到日寇的入侵，民族危亡，虽有满腔的爱国热情，但对反动当局的腐败无能，她也常常感到前途的渺茫黯淡。吕秀芝在给赵伊坪写信时这种无助的情绪难免有所流露，伊坪看到吕秀芝的信后，立即写信来开导："不必悲观。从自己立着的土地上向远处看，光明还没有绝迹。"

　　吕秀芝在他的鼓励下，继续坚持参加抗日救亡活动，迎接着种种考验。后来吕秀芝又把参加活动的情况写信告诉赵伊坪，他在回信中说：

"在你的信中，我看见一个超越的、崭新的灵魂。你的生活领域大到无限，视野也阔到无限""路非要自己走不可"，鼓励吕秀芝独立地创造生活。

1937 年 8 月，赵伊坪奉调中共山东省委工作。当时，中共中央为了联络各地方实力派抗战，以中央军委名义派张经武到济南开展民族统一战线工作。彭雪枫为了动员他们过去团结的那一部分力量，又以中央代表身份派张震来到了济南。

张经武，1906 年 7 月 15 日生，又名张仁山。湖南省酃县（今炎陵县）人。13 岁时考入湖南省立第三师范学校，后在爱国名将樊钟秀创办的建国军军官学校就读，1930 年加入中国共产党。1932 年参加中国工农红军。土地革命战争时期，任瑞金红军学校政治营营长、军委军事教导团团长、广昌基地司令员、中央军委五局副局长、会昌教导团团长、军委直辖教导师师长。长征中，军委第二野战纵队参谋长，1935 年任陕甘支队第三纵队参谋长。1937 年任中共中央驻武汉办事处高级参谋。

张震，1914 年 10 月 5 日出生于湖南省平江县长寿镇一个农民家庭，原名张见生。1926 年秋，在家乡参加劳动童子团，任副团长；1928 年参加平江县少年先锋队任宣传部部长；1930 年加入中国共产党；1931 年起任红三军团连政治指导员、团通信主任、营长。参加了中央苏区第一次至第五次反"围剿"作战。1934 年先后任红三军团第十团作战参谋、第三营营长、团管理主任。率部在界首渡过湘江，后参加四渡赤水等作战。1936 年任团参谋长；1937 年 2 月，他进入抗日军政大学学习。抗日战争全面爆发后，任八路军驻晋办事处参谋、总务科科长，在阎锡山部广交朋友，积极开展抗日民族统一战线工作。

赵伊坪以中共山东省委代表身份协助张经武、张震做统战工作。为此，赵伊坪亲自赴泰安请自己的老校长余心清出山。余心清联系冯玉祥部下行营参事、国民第三集团军汽车兵团团长刘熙众，赵伊坪又联系同学、山东省财政厅厅长王向荣的胞弟王志远。在他们的帮助下，张经武、张震等与第三集团军司令兼第五战区副司令长官韩复榘会晤。

张经武、张震向韩复榘表达了中共中央联络各地实力派一致抗日的方针后，韩向他们询问取得抗战胜利的办法，张经武、张震和赵伊坪等根据中国共产党《抗日救国十大纲领》的精神，向韩提出建立抗战动员机构、推动改造部队、动员群众、开展游击战争，以战胜日本帝国主义的建议。韩采纳了张经武、张震和赵伊坪等人的建议，并抵制了蒋介石派复兴社人员到他的部队设政训处，由韩亲自遴选人员组织第三集团军政训处。谈判达成释放政治犯，并开办政治工作人员训练班。这次会晤对鲁西北抗日民族统一战线的形成具有重大影响。

赵伊坪虽然到了济南，但他从未中断与范筑先将军在政治上的密切联系。

8月初，冯玉祥任津浦线第六战区司令长官。当时有几个西北军高级将领，住在济南津浦宾馆。

有一天，为了开展对范筑先的统战工作，张维翰和王化云去看望这些西北军的青年军官。听了他们对抗战形势分析后，两人认为他们与自己的观点基本上一致，就到济南和已调到省委工作的赵伊坪、六区驻济南办事处主任牛连文以及王化云一起研究，西北军的青年军官有助于对范筑先开展的统战工作。范也是西北军高级军官，与他们的关系很密切，通过他们来统一对抗战形势的认识，便于做好范筑先的争取工作。

意见形成后，赵伊坪立即联系中共山东省委有关领导，省委形成一致意见，表示同意赵伊坪、张维翰的安排计划。伊坪就让张维翰和王化云等人登门邀请范筑先将军到济南津浦宾馆和原在冯玉祥西北军的青年军官一同座谈。

范筑先将军应邀来到济南。一天晚上，范筑先和张维翰、王化云，还有冯玉祥等西北军将领在津浦宾馆座谈抗战形势。根据《中共中央抗日救国十大纲领》的精神、中央代表彭雪枫过去对形势分析的情况以及当前的形势，范筑先和张维翰等向他们做了详细的分析，也分别谈了自己的看法，座谈一直到深夜2点才结束。

经过座谈，使他们对抗战的形势有了清醒的认识：蒋介石是投降主义，靠国民党抗日根本不可能；中国几十万正规军纷纷南退，抵不住日本的进攻，华北眼看沦入敌手，要想抗日救国，战胜日本，必须动员群众，采用红军的游击战术，才能打退敌人，挽救祖国的危亡；他们都是鲁西北人，决不能离开鲁西北，随国民党队伍南逃，他们要坚决留在自己的家乡和日寇血战到底。大家一致认为，要保卫自己的家乡，取得全国抗战的最后胜利，只有依靠共产党，取得共产党的领导。会上范筑先明确提出邀请共产党到聊城协助抗战，并明确表示拥护共产党的主张，与共产党一起团结抗战。

范筑先说："我们和共产党没联系怎么办？"

张维翰他们说："由我们负责联系。"

范筑先最后表示："大家都是鲁西北人，要坚持留在自己的家乡，与日寇血战到底。"

随后，张维翰和王化云找到赵伊坪、牛连文，把座谈会的情况和范筑先聘请共产党来鲁西北协同抗战的这一要求，向赵伊坪等做了介绍。

赵伊坪说："这是争取范筑先和我们共同抗战的好机会，我负责向省委汇报请示。"

赵伊坪请示了省委后，考虑到姚第鸿是20世纪30年代初的中共党员，又是留日学生、赵伊坪的老朋友，并是西北军高级将领姚以价的儿子，和范筑先有旧谊，让姚第鸿到六区十分合适。赵伊坪就首先派姚第鸿去聊城开展工作。

姚第鸿到聊城后，范筑先立即委任他为聊城专署秘书。这一安排，无疑是中国共产党的统战工作在鲁西北的一大成功。

赵伊坪是一个责任心很强的人，他为了组建政训处及训练班的领导和工作机构费尽心机。余心清是冯玉祥的高级幕僚，曾任北京育德学校校长，他拥护中共的抗日主张。当时余心清住在泰安冯玉祥处，为组建第三集团军政训处，他亲自登上泰山去请自己的北平育德中学老校长余心清出山，作为政训处长人选；又提名正在山东乡农学校创办军事人员养成所的校友王志远任副处长，协助余心清工作。

在赵伊坪、张经武、张震等共产党人的推动下，1937 年 9 月，国民党的第三集团军政训处组建成立，韩复榘正式委任余心清为政训处处长、王志远为副处长。同时，赵伊坪、路庭训、吴清海等北京育德学校学生也都进入政训处工作。

中共山东党组织为了掌握政训班的领导权，由余心清延揽了由北平撤出来的共产党人和左翼教授张友渔、黄松龄、张郁光、齐燕铭、许德瑷等人为教员；成立政治工作人员训练班，让这些人任训练班政治教员，由左派文化人士齐燕铭主持教务工作。他们利用有利时机，广泛招收平津流亡学生和山东本地的学生，大力培养培训抗日骨干。

赵伊坪以中共山东省委代表的名义在政训处工作，又派王志远到七十四师的政训处兼任少校政训干事，带领 20 名高中生或大学生做服务员，到即墨县建立政训处的办事处，负责这个县宣传工作。

政训工作是一种融政治与军事为一体的新工作。主要任务是宣传抗日救国思想，宣讲严峻的国家形势和空前的民族危机，以唤起民众的思想觉悟，树立抗日救国的信心和决心；另外是发展武装，开展游击战争。那时，赵伊坪把从太原彭雪枫那里带来的红军大学教材《游击战术》也作为一门课程列入教学计划之中。伊坪虽然身为国共双方的一方代表，但由于国民党一方的人是只管当官不务实事的，所以，事实上的许多工作都落在了他的肩上。他不辞辛劳，邀请了一批共产党人、左派人士掌管教务及教学工作，阵容真的很强大。能把这些人聚在一起，不能不说这与伊坪平和谦恭、团结友人的可贵素质是分不开的。

在政训班培训中，赵伊坪仿照抗大方式将延安红军大学的教材《游击战术》列入教学课程中，仅仅两个月时间，政训班就培训了几千人，之后派到韩复榘的 5 个师和山东各专署及各县、乡做抗日宣传组织工作。

1937 年 9 月中旬，日寇进入山东境内，为了适应抗战的体制，经与范筑先协商，将第六区和保安司令部合并成立"山东省第六区抗日游击司令部"，范筑先任司令，赵玉波任总参议，王金祥任参谋长，张毅斋任参谋处长，刘佩之任军法处长，张孟龙任秘书处长。其中，政训处长职务在整编时被国民党 CC 分子王见行夺走。

出现这一紧急情况，姚第鸿往济南打电话，让在济南的张维翰立刻想办法，必须把政训处的领导权从国民党手中夺过来。张维翰立即和驻济南办事处主任牛连文商量，找到中共山东省委代表赵伊坪。赵伊坪立即联系山东省委成员研究意见。山东省委决定由山东省政训处直接委任张维翰为第六区政训处处长。

赵伊坪立即到第三集团军政训处向处长余心清提出建议，余心清没犹豫就与韩复榘通话，得到应允签发了委任状。伊坪从政训处拿到委任状后，即刻交给张维翰并说："你带着委任状速回聊城见范筑先。"

张维翰急回聊城，将委任状递给范筑先将军。范将军看后笑着说："既然上边的委任下来了，你就接任吧。"就这样，张维翰接任了第六区抗日游击司令部政训处处长。

接着，在赵伊坪的建议下，第三集团军政训处通知王化云回潍县随七十四师到济南接受新任务。王化云在第三集团军政训处见到了伊坪。伊坪告诉王化云："平津来了很多学生，以政训处名义办了个训练班，由姚第鸿、齐燕铭同志负责，借用齐鲁大学的一部分房子。现已经开课，学生们的热情很高。你回来得正好，想请你把潍县和墨县有关抗日宣传的经验给训练班讲一讲。"

"盛情难却。"王化云说了一声就答应了。

他给训练班讲课之后，马不停蹄，同一位记者一起到平原、禹城去慰问军队，到一些连队看了一下，了解了一些情况，就返回济南了。

王化云到济南后没有休息就去见赵伊坪。赵伊坪又给他交代任务："第六区保安司令部政训处处长张维翰来电，请求让你回聊城工作，政训处已集体研究，希望你回聊城，积极同他们一起帮助范筑先做好统战工作。"王化云感到赵伊坪处事的缜密持重，工作千头万绪，他总是有条不紊，所以对他十分敬佩，就愉快地接受了任务。王化云到聊城后，被任命为第六专员公署政训处少校总务干事。

第十七章

济南失陷形势危，制定方略守阵地

9 月下旬，日军侵华战争由平津南移，其前锋已到达山东德州一带。10 月初，韩复榘奉命将他的部队全部由胶济线的高密一带调往津浦线。这时，日军沿津浦线向南推进，国民党军队节节败退。对日军作战，韩已无可推托，第三集团军总部命令七十四师到平原、禹城一带作战。

为了推动山东省抗日工作，中共华北联络局协助山东省委分配到政训班大批受了训的政工人员。这些政工人员由共产党领导的"中华民族解放先锋队""平津流亡同学会"等组织负责人，中共党员陆平、刘星、吕世隆、武衡等多方工作而来的。他们先后动员平津学生中的共产党员、民先队员和进步学生 500 余人考入这个训练班；山东地方党委也动员了山东共产党员和爱国知识青年 400 余人考入这个训练班。原王志远办的山东乡农学校军事人员养成所还剩下学员 200 余人，也并入了这个训练班。第一批录取的名单，在山东《民国日报》上公布，于 10 月 1 日报到入学。

这个训练班所授的课程有：国际形势、中国问题、动员群众、游击战争等。北平来的学生组成了"北平流亡学生移动剧团"，在济南上演抗日救亡戏剧，大唱救亡歌曲，组织游行示威。

此外，特委还专门组织以刘子荣、赵晓舟等同志为骨干的随军工作队伴随范筑先游击行动，每到一县、一镇、一村都抓紧时机，向群众开展抗日救亡的宣传活动，收编游杂武装统一指挥，接受抗日救亡运动，并用"有钱出钱、有力出力、有枪出枪，男女老少都参加抗日"的战斗号召，动员群众参加抗战，每与日军作战，特委随军工作队的同志都冲锋在前，英勇作战，每战都有所获，因而赢得了范筑先的好评，称赞共产党抗战坚决。济南及鲁西北迅速掀起了抗日救国的高潮。

这些有力的工作部署为争取、团结范筑先和我党联合抗日，收到了良好的效果，是抗战初期我党统战政策的一个成功的范例。

10 月初，日寇占领了德州，侵入鲁北。范筑先急派张维翰到济南，去邀请共产党到聊城六区协同抗战。张维翰先打电话报告给省委代表赵伊坪，当张维翰到达济南时，他早已和省委联系好了，很快就和共产党员冯基民、刁子言、解彭年、徐茂里、高元贵、管大同、张舒礼、吕世隆、于汇川、巩固等 12 位人员接上头，赵伊坪、张维翰分别交代了情况和任务，请他们到六区任政训干事。

10 月 12 日，伊坪又与张维翰到第三集团军政治工作人员训练班去挑选学员。根据思想进步、抗战坚决、能吃苦耐劳、身体健康等条件，赵伊坪、张维翰和训练班教务长齐燕铭一起，挑选出以共产党员和民先队员为骨干的政训处服务员 240 名。骨干人员听到齐燕铭念到自己的名字，都非常高兴。有 100 多名女生因为领导不同意她们去黄河北战区而不高兴，有的就急哭了。齐燕铭将派赴第六专区的学生编队，集合后，张维翰介绍了鲁西北的情况、坚持抗战的有利条件和范专员欢迎大家去鲁西北动员群众的热切企望。赵伊坪以满腔的热情、昂扬的斗志做发动讲话。抗战动员后，大家情绪非常激昂，同学们一齐高唱《大刀进行曲》。那踊跃杀敌报国的场面和表现出的爱国精神，极为感人。

第二天，240 名学员分批由政训干事率领离开济南。第一批 80 人，领队是姚第鸿、刁子言，由牛连文安排，用 3 辆汽车运送；第二批 60 人，领队是于汇川、徐茂里，队伍徒步行军；第三批90人，由冯基民、解彭年领队，10月15日下午，由济南出发。张维翰是随第三批走的。

张维翰他们当晚宿营于齐河，次日沿着聊济路向聊城进发。学员们沿途看到由津浦线桑园一带溃退下来的国民党二十九军的部队，一路骚扰百姓，到民宅翻箱倒柜，群众逃散一空，情景凄惨。然而，赴聊城抗战的共产党员和爱国知识青年，各个精神饱满，高唱着救亡歌曲奔赴战场。这两种情景形成了鲜明的对照。

日军逼近济南，形势危急。国民党大撤退、大逃亡，济南各官报纸、私报纸相继停刊。山东省委决定由赵伊坪以第三集团军政训处名义接管山东《民国日报》，与张友渔、齐燕铭、陈北鸥、黄松龄、许德瑗等创办共产党领导的《救国导报》，这家报纸成了山东唯一的抗日报纸，当时的重要社会评论文章都是出自伊坪之手。此报宣传中国共产党的抗日主张，极大地鼓舞了山东军民的抗战意志，对山东爱国军民起了重大的教育与鼓舞作用。

训练班在齐鲁大学上课，招收平津流亡大中学生、留日学生和山东爱国青年，实施短期训练。两个多月就培训了几千人，工作量之大可想而知。随后，这几千人被派赴韩复榘的5个师和山东各专署，分散到各县、各乡组织民众，武装民众。

在这种情况下，赵伊坪还在时刻挂念着鲁西北抗日根据地的建设，关怀着抗日将领范筑先将军。先后安排三批训练班人员到达聊城，使聊城各抗日机构陆续建立起来。当时牛连文是聊城驻济南办事处主任，伊坪通过牛连文与范筑先经常互通信息。为支援范筑先坚持敌后抗战，伊坪抓住在济南危机动荡、混乱的时机，在王志远的配合下，会同牛连文将一整套印刷设备、一部完整的电台和一名熟练的无线电技术人员陈自鸾一起安全转抵聊城。

随后，赵伊坪代表华北联络局又亲来聊城，安排鲁西北直接与党中央沟通联络的电台和为延安新华社收发新闻的工作。鲁西北紧紧地和延安联结起来了，通过新闻形式，发布八路军和范筑先部携手并肩、共同创造的鲁西北敌后抗日根据地情况报道，在大后方、在各战区、在国际上引起了反响。鲁西北抗日的捷报和根据地建设的成就通过新华社向全中国、向全世界播发！

此时，具有爱国进步思想的韩复榘原参议、范县的冀振国（冀炳南）来找范筑先，谋求职位。赵伊坪建议范筑先可让其在淮阳、淮县交界一带收编散兵，立番号，筹备组建武装。范筑先采纳立第十三支队番号，任冀振国为第十三支队司令。

在党中央的指挥下，鲁西北前进的步伐加快了，鲁西北在开展敌后抗日游击战争、建立平原抗日游击根据地方面起着越来越重要的作用。正如延安《解放周刊》评论说："落后的黑暗的鲁西北变成了先进的光明的鲁西北了。"

这一天，来济南参加政治工作训练班的赵伊坪的二弟晓舟，赶上训练班的一二百名青年到聊城十二县工作，他没学到结业，就急着随他们往那一区去工作了。深夜，伊坪想起另两个弟弟——堂弟赵涵晖和胞弟赵廉超，他俩经彭雪枫介绍到延安抗日军政大学学习，参加了革命。这时已进子时，伊坪便提笔给他俩写信。

泉（赵涵晖）、超：

直到今天，还没有给你们正正经经写一封信，这不是我懒，是因为我太忙了。比较在聊城，或是在别处教书，不知要忙上多少倍。我每天都睡不够，半个月内，我都是只睡四五个小时，然而身体是很好的。近几天，每到晚上六七点钟觉得头疼，但是不要紧。济南因为怕鬼子的飞机投弹，办公时间大部分改在夜里了。每天上午七时到九时是一次，下午六时到夜十一时又是一次。现在是十一点半，我本该去睡，但是为了给你们写信，

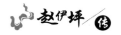

我宁可晚睡一点钟，好在明天是礼拜，不起早也不要紧的。你们不给我信，我也不抱怨，因为我知道你们也忙得要命呢！无论怎样要命，你们总算还有学可上。山东的学生一概都不能上学了。学校的门都关了，教员学生都作民众运动去了。这是多么令人兴奋的一件事。从前爱国无自由，现在都可以爱他的祖国，救他的祖国了。这里聚集着成千成万的男女青年，不断的分散到各县、各乡村，去组织民众，训练民众，一齐打日寇。晓舟本是来上政治工作训练班的，恰巧有机会做事，所以学也不上了。今天跟着一二百青年到聊城那一区去（十二县工作）。比起他在军队里是好些了。知识可以日有长进，经验可以丰富起来的。你们能读书，要赶快加紧读书，将来毕业了，也去做工作。我可以寄给你们书看，但不知有看的兴趣没有？有看的时间没有？家中情形很困难吗？□□□□□□（字迹模糊，无法辨认）？这里有几万难民，从前都是有□的，有饭吃的，现在都在大街上，要人布施了。我只写这一张，因为我的眼睛不开了，我希望你们回信。

你们替我问候小孩子（莉莉、西杞）。

伊 坪
一九三七、十、十一、夜

通过赵伊坪写给廉泉、廉超两位弟弟的信，可以看出，伊坪他很忙、很累、很疲劳，但他很兴奋。这里不用再说什么话去注释，就可以看出伊坪"可以自由的爱国了"，由此而焕发出不顾一切的工作热情。

10月16日，范筑先突然接到韩复榘撤离黄河南的命令，把部队集合观望形势，抗战决心动摇。在错综复杂的形势下，共产党员和部分政训人员仍坚守聊城。

山东省委为了加强对鲁西北抗战的领导，派组织部长张霖之为驻第六区专署的代表，以政训处秘书的公开身份开展工作。赵伊坪要随同张霖之到达鲁西北。

在济南，他们动身之前，赵伊坪迅速给王长简写了一封信——

长简：

十月六日的明片已收到。前后寄山东的信也都没遗失。我一直在山东，没离开过，只有一个短时间到太原一趟，但不久就回来了。现在我住在济南，已经一个多月。聊城的信转来不久，早想写信给你，但不知你是否还在上海，给搁住了。我知道你不会冒（贸）然走开的，实在也无处可去啊！在济南却是意外的安全。从抗战爆发以来，将及两月，敌机只投过一次弹，损失甚微。虽然几乎每天都有警报，但敌机不是中途改道，便是"亲善"的走开了。我一到济南，就加入政训处。这是一个新的组织，名义上虽是军队的机关，但工作对象却是全山东的老百姓。在政训处的领导之下，团集了数千青年，受了训练，然后分散到各县、各乡区，去组织民众，武装民众。最近已有多处发动游击战争，全是这些青年人的空前创作。所讲小说的那篇东西，目前还不能"弥补"，因为有好些情节已记不起了。有无新办的杂志？请寄几份，这里是什么都看不到的。如果允许，你该有更多的东西出来吧。盼复！

伊　坪

十月、廿。

10月下旬，韩复榘命令黄河以北的四、六两区的专员、县长，一律携带枪支人员退到黄河以南的东阿、鄄城待命，范筑先不得已于27日退到齐河官庄。经过激烈争论后，范筑先决心班师回聊。原有六区12个县的县长，除茌平外，其他都弃职逃走。

为了重新建立抗日政权，范筑先委任了10个青年共产党员接任县长。

11月上旬，韩复榘亲率其手枪旅（当时已换成步枪）和朱世勤的特务队，过黄河迎战日军。冯玉祥率韩部曹福林二十九师在禹城抵挡正面日军；韩复榘率手枪旅抵挡日军左翼。在济阳，韩与日军遭遇，缺乏重武器的手枪旅抵挡不住日军的猛烈进攻，败下阵来。韩与手枪旅贾本甲团在济阳一个村庄被日军包围，激战中他的卫队长牛耕林阵亡，其他卫士也伤亡殆尽，他本人也几乎被日军俘获，后来骑摩托车冲出，狼狈逃回济南。

此刻，范筑先由齐河班师回聊城。赵伊坪与省委组织部长张霖之到达聊城，协同范筑先抗战。

赵伊坪和张霖之先到政训处见到张维翰。伊坪给他介绍说："这是山东省委派驻范筑先部队的代表，以领导鲁西北抗战。现在党还没有公开，暂时以政训处秘书为公开职务。"

张霖之受省委委托，重新组建鲁西北特委，赵健民任特委书记，赵伊坪任秘书长兼统战部部长。随即，省委后又派来了红军老干部洪涛、王幼平、金维国以及一部分资历比较老的共产党员赵晓舟、高镜、吴钟琨、李一察、熊义吾等20余人，开展聊城统战工作。

此时，曾任山东省教育厅督学、曲阜第二师范学校校长的张郁光，由中共中央军委豫鲁联络局委托也来到聊城，加入范筑先部。范筑先对张郁光很器重，安排他到政训处工作，聘为少将高级参谋。

张郁光，1905年出生，山东济南人，1919年秋考入山东省立第一中学；1924年考入北京师范大学理学院数学系；1926年参加了李大钊等人领导的反对日军炮轰大沽口的爱国运动；1927年，师大尚未毕业，就投身广州，参加了北伐军。1928年，北伐军进入济南，张郁光在教育厅任督学。1930年初，任泰安山东省立第三中学校长，后又任曲阜山东省立第二师范校长。"九一八"事变后，支持学生赴南京请愿而遭通缉，只身到北平，入东京日本帝国大学学习。"一二·九"运动爆发后回国参加救亡运动。七七事变后回济南投身于抗战工作。

为健全组织，张霖之又将济南来的共产党员和徐运北领导的鲁西特委合并在一起，徐运北接任鲁西北特委书记。新的鲁西北特委领导抗战的公开办事机关在政训处。

当时党处于秘密状态，鲁西北特委利用范筑先的第六区游击司令部政训处的名义，有步骤地展开党的各项工作。这次会面，对加强党的统一领导、开展鲁西北地区的抗日斗争和打开鲁西北抗战工作局面，起到了重大的作用。

在鲁西北特委的领导下，赵伊坪深入细致地做范筑先的政治工作，坚定了范筑先抗战的决心，同时加紧恢复了各县抗日政权。由于获得党的直接领导，在范筑先班师回聊城后，很快扭转了因一度撤退造成的混乱局面，各县抗日政权也迅速恢复起来。

在鲁西北，共产党所掌握的武装有 5 个支队 1 万余人，这在当时是何等的光荣和振奋人心！党的武装力量或军队是执行党的政治任务的武装集团，其首要的条件就是贯彻毛泽东主席说的"党指挥枪"的原则。武装部队的领导人必是共产党人，部队要建立政治制度，这都是必要的条件。伊坪坚持以政治上要光明磊落、经济上要廉洁、工作上要有高度的责任感，自觉地遵守纪律，以组织原则严格要求自己，并以此教育周围的同志。伊坪提出一句警句："共产党员除党给予的津贴以外，手里多一分钱就是贪污。"为此，在鲁西北特委机关和在十支队较早地建立起八路军的正规财务制度。

不到一个月，形势又紧张起来，日寇占领了临清、高唐、大名等城镇。韩复榘第二次命令范筑先撤退，并说："黄河以北再无中国军队，你如果不率部撤走，以后就来不及了。"

这时，张霖之指示张维翰和姚第鸿，要他们对范筑先做好思想工作，坚定其抗战决心。当时范筑先在收复了高唐、夏津县城之后，正值返回聊城途中。张维翰和姚第鸿在博平西关小店见到了范筑先。此时，见范筑先爱国思想仍很强烈，一心抗战，并对撤退早已不满。张、姚两人讲了省委的意见，范筑先连连点头，很坚决地说："你们的意见很对，我们是鲁西北人，我们往哪里退呢？"

范筑先到聊城，张霖之、赵伊坪等见到范筑先，把与他的关系明确地提到了抗日民族统一战线的高度，在对待范筑先的工作上更细致。伊坪有着特别的气质，他很有修养，知识渊博，待人接物十分得体，所以他是范将军十分器重的人，统战也更加得心应手了。

为了进一步加强对鲁西北统战工作的领导，鲁西北特委专门成立了一个五人高级统战小组，赵伊坪是负责人，有张郁光、齐燕铭、袁仲贤、姚第鸿4位成员。

张郁光、齐燕铭是大学教授，袁仲贤是八路军的老干部，范将军对他们看得都很重，比较客气，但是谈问题谈不到深处，不如伊坪与范将军的关系融洽。赵伊坪和高级统战小组在鲁西北特委与范将军之间起着纽带和桥梁的作用。特委商定的重大问题，都是通过统战小组，然后由伊坪与范将军去谈，这已成了一个固定的程序。伊坪是一位既有原则性又有灵活性的人，善于把握问题的实质，能耐心细致地进行工作，所以他的任务总是十分出色地完成。

"终古方书在，随时局面更。"由于津浦线对日作战失利，11月14日，日军侵占禹城，韩复榘部急速退守黄河南岸。第二天，炸毁黄河铁桥，以迟滞日军的进攻。日军迅速攻至黄河北岸，占领鹊山，并血洗了这个山村。

由于中共中央抗日民族统一战线政策的感召和鲁西北共产党人的团结争取，范筑先在日军长驱直入、国民党军队败退、人民群众流离失所的情况下，毅然在聊城坚守，同共产党人合作，竖起了抗日的大旗。

11月17日深夜11时了，范筑先还没有睡觉，在屋里踱步，若有所思。一会儿，他突然停下，很坚决地对秘书张孟龙说："你拟一个电稿，通电全国，说明咱们守土抗战，誓不渡黄河南撤，并呼吁他们接济咱们军饷、武器，让咱们血战到底。"

零时20分拟完了电稿，秘书张孟龙让范筑先过目：

现我大军南渡，黄河以北坐待沉沦，哀我父老，胥陷水火，午夜彷徨，泣血椎心。忝督是区，守土有责，眦裂北视，不忍南渡，誓率我六区游击健儿与武装民众，以与日寇相周旋，成败利钝在所不计，鞠躬尽瘁亦所不惜。

范筑先点点头说："回到聊城立即召开军政干部会议，通过电稿皓电全国，并让赵伊坪联系济南各通讯社和报馆发表。"

19 日中午，范筑先率专署人员回到聊城。张维翰和姚第鸿骑自行车先赶回聊城，立即指示聊城政训处发动救亡团体，沿途张贴标语，并发动群众到街上列队欢迎，范专员和全体战士都很振奋。

当晚 7 时，范筑先召开了军政干部会议，通过了电稿。第二天早晨，六区驻济南办事处主任牛连文来到政训处交给赵伊坪。伊坪过目后非常激动，为范筑先的大义之举所感动，签署各通讯社和报馆立即发表。牛连文组织专人抄送电文到济南各通讯社和报馆。20 日，全国各大报纸都转载刊登了"范筑先通电全国誓死留在鲁西北抗战，坚决不退黄河南"的消息。

日寇在山东横冲直撞，国民党几十万大军纷纷南逃，人民流离失所，在此危难关头，范筑先将军这位国民党政府的专员竟留在敌后和中国共产党一起坚持抗战，在鲁西北勇敢地竖起了抗战旗帜，这给全国人民以很大的震动，极大地振奋了鲁西北及全国广大人民的抗战热情。标志着中共鲁西北地方党组织和范筑先的抗日民族统一战线的正式形成。而赵伊坪在其中起了重要的作用，他为争取范筑先与我党合作，做出了重要贡献。

此时的赵伊坪，除了鲁西北统战工作外，还肩负着省委与第三集团军政训处的秘密协调联络工作，还负责《民国日报》《救国导报》的编辑发行，奔波于聊城与济南两地。12 月 6 日这一天，他自济南给王长简发出又一封信——

长简：

　　上月底收到廿五日来信，知道你还在上海，还能安安静静的写文章，我很安心。内地也许有适当的工作，不过得像到火线上去一样，不能专等待机会的。在华北，挺挺胸脯走上去的朋友很多很多。你，我总觉得能写时拼命的写，不然，就得另打主意。我不希望你一直继续半年去完成一部著作，好像过平常日子一样。我深知道你不会如此的。

　　我到这里以后，把姚、熊等都找来了（指把中共党员姚第鸿、熊义吾、赵晓舟等都邀集到鲁西北抗日根据地了），大家不像从前那样好，但也不太坏，斗争越久，就会更好起来，就会更不爱惜自己的血的。现在，他们都在乡间，我因事留在济南。题目改成"母亲"，好，署名改成石越（指师陀在发表伊坪的作品时把署名改为赵石越），也好，从新安排一下，免得落俗套，对我更是一番宝贵的提示。近来情形不同，写几篇东西，都给当地人了，以后如果有，还要寄给你给指教的。雪垠（姚雪垠）兄通信处我已查得，已去信，不久可得回示。几本杂志都收到了，新鲜得很！乐超现在何处？

伊　坪
十一、四。

　　为进一步做好抗战宣传，于 1937 年 12 月中旬，赵伊坪又组织创办了中共鲁西北特委机关报《抗战日报》。《抗战日报》为油印日刊，日出 200份。社长申钟铭，总编辑齐燕铭。社论委员会成员有赵伊坪、张郁光、姚第鸿、袁仲贤、周子明、巩固、任亮等。赵伊坪是其社论委员会委员，并且也是《先峰月刊》《战地文化》《战线》等刊物的主要撰稿者。《抗战日报》的发行，有效地鼓舞了鲁西北军民的抗战斗志。

　　为适应抗战形势，于 1937 年底将第六区政训处扩大，改为政治部，下设组织部、宣传部、妇女部、民运部等。对外是第六区的一个行政机构，对内是中国共产党鲁西北特委领导抗战的办事机关。党通过这个机构领导鲁西北的抗日工作。

12 月 23 日，日军矶谷廉介第十师团 2 万余人兵分两路，自齐河与济阳渡过黄河包抄济南。24 日，韩复榘命第三集团军第十二军孙桐萱部断后，离开济南，逃之夭夭。他还命令所部放火烧了省政府、日本领事馆、火车站、进德会及市内的一些重要建筑物。在冲天大火中，他的部队也乘混乱之机抢劫银行、工厂、仓库，并美其名为"焦土抗战"。

26 日，在黄河北岸鹊山一带，日军自泺口渡河。28 日凌晨，国民党孙桐萱所部奉韩复榘令丢弃济南，不战南逃。日军炮轰济南内城，多处民居几成废墟，给济南人民和这座城市带来深重灾难。旧军阀马良等人迎接日军入城，济南沦陷。

日军进占济南后，济南内城冒着烟火，耀武扬威地列队在当时的山东省政府前以及济南街头。有的日军站在济南城楼上以及济南火车站"济南"站名前举枪欢呼胜利；有身穿棉大衣头戴棉帽的日军站在巨大的日军军旗前举杯喝庆功酒。日军还匆匆忙忙网罗了一些亲日分子，组织以马良为会长、朱桂山为副会长的维持会。一些维持会的汉奸面对日军奴颜婢膝，欢迎日军进城。

济南失陷后，赵伊坪与政训处的部分工作人员一同撤到曹县，结束了济南政训处的工作，于 1938 年 1 月回到了聊城，任中共鲁西北特委秘书长兼统战部部长。鲁西北特委派《抗战日报》编辑李士钊到西安向八路军办事处负责人伍云甫汇报鲁西北抗日根据地的真实情况。

赵伊坪想打造鲁西北根据地一支骨干武装集团部队。武装集团就要拥有较强的武器，部队的武器从哪里来？有首歌中这样唱："没有枪，没有炮，敌人给我们造。"

的确，那时的枪炮弹药一般都是敌人造的，但造完以后，并不给你呀，只有靠打仗从敌人手中夺取。在鲁西北，赵伊坪为了发展党的骨干武装力量——第十支队，党组织花钱买武器，装备第十支队，他倡议鲁西北特委号召党员干部向党捐献钱物。据此号召，聊城政治部服务员以上的党员干部每人向党捐献一个月的生活费，共集资 2700 块银圆。

乘第三路军放弃济南败退之机，赵伊坪把流散在鲁西南乡间的枪支，包括 12 挺机枪，通过统战关系购买过来。为此，鲁西北特委命令赵晓舟率第十支队教导队去黄河南郓城梁山泊地区的野猪淖运回这 12 挺轻机枪；又通过统战关系从国民党第五十五军曹福麟部购买了机枪 15 挺、子弹 2 万发和 8 支冲锋枪。他将这些武器装备了第十支队洪涛游击队，组建起威震鲁西北的第十支队机枪营。党领导的第十支队作战英勇，纪律严明，不断发展壮大，深受鲁西北人民的爱戴。这个机枪营，后来在刘致远率领下，进军大峰山区与张北华、段君毅同志的部队会师。由于党中央源源不断地向鲁西北输送红军干部，再加上建立起机枪营这个铁拳部队，以至在聊城失陷后，在日顽向鲁西根据地联合进攻中，八路军有生力量坚守住从延安经太行山连接太行与山东的鲁西大平原这个阵地。

此时，冀振国以"山东省第六区游击第十三支队司令"的名义，在淮阳、淮县交界的赵庄、这河寨、小集一带收编了 1000 多人，建立起了第十三支队，中共鲁西北特委在赵伊坪与范筑先建议后，及时派王青云去任第十三支队副司令，使其接受党的领导。

1938 年 3 月初，赵伊坪、范筑先将军和一大批战友们又并肩战斗在一起了。为了取得党中央指示和全国人民在政治上的支援，在赵伊坪的提议下，经范将军同意，鲁西北特委派成润、徐翼等同志到西安八路军办事处，谒见了中共中央代表林伯渠和八路军办事处负责人伍云甫等，汇报了鲁西北的工作。党中央派来胡超伦为领队，李松如、董非波、汪毅、许可（女）、王小定等 20 余名干部，他们都是延安抗日军政大学和陕北公学的毕业生。

鲁西北特委派张郁光、牛连文、刘子荣三人到徐州，向第五战区司令长官李宗仁要补给，以解决物资困难问题，但无结果。此后，他又到武汉找国民党政府军政部要补给，由于受到国民党山东省政府主席沈鸿烈的诽谤，也收获不大。在武汉期间，经八路军驻河南办事处负责人彭雪枫介绍，见过中共中央长江局负责人周恩来、董必武、叶剑英等，他还参加了共产党领导的全国学联代表大会，并在会上做了《关于山东敌后鲁西北抗日根据地发展情况》的报告，举行中外记者招待会，介绍了鲁西北坚持抗战的情况，受到中共中央长江局机关报《新华日报》和其他进步期刊的热情支持。

上级派来彭雪枫介绍的红军干部袁仲贤、周紫珊和青年干部鞠华，还有以大公报记者名义的北京大学学生朱穆之、以长沙观察报记者名义的莫循，以及南开大学学生何方、陈力、黄愈和、刘子仪等人。

在赵伊坪和张维翰等积极努力下，1938 年 3 月 8 日上午，在聊城万寿观大戏台举行了"庆祝三八妇女节大会"。赵伊坪和张维翰等陪同范筑先将军出席了大会，聊城妇女界群众 2000 多人参加了庆祝活动。妇女救国会会长武治国在会上讲了话，号召妇女团结抗战。范筑先也讲了话。会上妇女救国会代表郝冠英向范筑先敬献"民族英雄"的锦旗一面。

在鲁西北抗日根据地蓬勃发展的形势下，赵伊坪和张维翰两人介绍王化云加入了中国共产党。因此，王化云与伊坪的关系更加密切。

1938 年 3 月开始，正面战场的保卫台儿庄战役即鲁南会战就要打响，为动员鲁西北的武装力量配合台儿庄作战，鲁西北特委曾采纳了伊坪提出的"一切为了前线的胜利"的战争动员口号，对鼓舞军队和地方群众踊跃参战、英勇战斗都起了很好的作用。

3 月 16 日起，鲁南会战开始，战役由滕县战斗、临沂战斗、台儿庄战斗和日军的溃退、中国军队的追击作战等组成台儿庄战役。在李宗仁、白崇禧、孙连仲、汤恩伯、张自忠、田镇南、关麟征、池峰城、王铭章等抗日将领指挥下，历时 1 个月的激战，中国军队约 29 万人参战，日军参战人数约 5 万人。中方伤亡约 5 万人，毙伤日军约 2 万人（日军自报伤亡 11984 人）。中国抗战最高统帅蒋介石曾三次赴徐州视察督导、调配兵力，其中第一次，蒋介石在台儿庄战斗最激烈的时刻亲赴台儿庄南站观战，并勉励池峰城前线将士，因而士气大振，大大增强了前线将士的战斗力。

此次战役打击了日本侵略者的嚣张气焰，坚定了全国军民坚持抗战的信心，鼓舞了全民族的士气，改变了国际视听，打击了日本侵略者的威风，歼灭了日军大量有生力量。台儿庄战斗大捷是中华民族全面抗战以来，继长城战役、平型关大捷等战役后，中国人民取得的又一次胜利，是抗日战争以来取得的最大胜利，也是徐州会战中国民革命军取得的一次重大胜利。

全国各大报刊、电台纷纷进行报道。赵伊坪负责并任主要撰稿者的中共鲁西北特委机关报《抗战日报》、中华民族解放先锋队鲁西北分队部机关报《先锋月刊》增加印量，印发鲁西北、冀南各县，进行广泛宣传。

山东东平的韩多峰是西北军冯玉祥麾下爱将，被人誉为是冯大帅的"十三太保"之一。韩多峰时任国民党第五战区李宗仁部中将高参，在对日方面，坚持力主抗战、反对媚日，他曾极力阻止同为西北军出身的山东省主席韩复榘与日本人接近，韩出于面子只能对其敷衍了事。后来，韩复榘擅自放弃山东，被蒋介石处死。沈鸿烈任山东省主席。台儿庄战役后，韩多峰受司令长官李宗仁的委派，通过当时国民党山东省政府主席沈鸿烈的委任，任山东第四区行政督察专员兼保安司令。临清地区属第四行政督察区，临近聊城的第六行政督察区。沈鸿烈企图通过韩多峰能影响到范筑先，让范筑先不要与中共领导下的抗日力量走得太近。

沈鸿烈的想法也真是太天真了。韩多峰与范筑先同为西北军的高级将领，两人同事多年，而且在对待抗日问题上立场一致，都是赞成放弃党派之争、实现共同合作抗战的。

韩多峰担任第四行政督察专员后，亲自到聊城拜访第六行政督察专员范筑先，一起研究当时的形势。

一见面，韩多峰开门见山，赞扬范筑先以表自己的心志："范兄，通电全国誓死留在鲁西北抗战，坚决不退黄河南，令我敬佩之至。今来聊城取经，请不吝赐教。"

"哪里，哪里，我只不过是抛砖引玉罢了。这不，一抛就把你给引来了。"

"范兄肝胆相照，敢作敢为，胸怀坦荡，乃小弟之楷模。"

"你这位第五战区李长官的中将高参，来给我长脸了，万望赐教呀！"

韩多峰说："台儿庄战役后，徐州相继失守，沿津浦线各城镇均已被日军占领。由于日军战线过长，兵力不足，为了确保其南下的铁路运输线，日军重点占领山东的大城市和津浦线、胶济线各据点。较大的火车站均有日军守备，小车站驻有伪军。山东虽处敌后，但大部分县的政权归我山东省政府掌握，但抗日形势十分复杂。你我心志相投，我四区与范兄六区为邻，唇齿相依，期待与兄携手并进。"

范筑先讲："多峰爽快，正合我意！我留在敌后坚持抗战，和中国共产党一起在鲁西北竖起了抗战旗帜，形成抗日民族统一战线，极大地振奋了鲁西北广大民众的抗战热情。贤弟到任，我本想去临清探访，然而济南沦陷，我六区时局紧张，倒让贤弟占先了。"

"范兄勇敢地竖起了抗战大旗，鲁西北抗战热情有目共睹。六区一定有一套方略，不妨给讲一下。"

"不瞒你说，我六区与八路军建立了统一战线，原政训处发挥了很大的作用。济南沦陷后，我第六区保安司令部政训处分配训练班学员到各县设立办事处；请共产党组织工农青妇各界救亡团体发动群众。就目前的局势看，八路军一二九师一部入鲁开创了敌后抗日的新局面，像北伐战争一样，发动群众、组织抗日队伍要靠共产党。"

韩多峰点着头称道："好，好，这个方略好。范兄回头不妨给我推荐一部分这方面的人才，指导四区开展群众工作，建立联防合作，促进抗战统一战线。"

"好，我将你的想法与我政治部一起商量一下，为你推荐人选，并向八路军方面转达你的意思。"

这次两位专员分析形势，达成了共识。

韩多峰走后，范筑先与赵伊坪一起商量第四行政区、第六行政区和八路军的合作工作，并让伊坪考虑去四区协助韩多峰组建政治部人选，向上级报告与第六行政区统战合作建议。

范筑先将军与中共的联系更加广泛而频繁，并与韩多峰建立抗战联防、互助同盟，他们的信息直达中共中央、八路军总部。这方面的工作虽然都是特委决定的，但其中的关系还是靠伊坪联系。凭着他西北军阅历和出色的统战工作，第四行政区、第六行政区和八路军在合作抗日上出现前所未有的可喜局面，有史料称之为"四六八合作"。

中共鲁西北特委秘书长兼统战部长赵伊坪与范筑先将军的团结合作引起了党中央的极大关注。中共中央和八路军总部，非常重视鲁西北的抗日斗争。1938年5月，郭洪涛从延安带来了毛泽东、刘少奇等中央领导关于和范筑先搞好关系、坚持统一战线中的独立自主和创造平原游击战争经验的指示。

根据毛泽东《上海太原失陷以后抗日战争的形势和任务》以及中央有关精神，结合鲁西北抗战迅速发展的形势，大批青年和知名人士、有志之士奔赴鲁西北参加抗战。

为了加强抗日民族统一战线工作，鲁西北特委在赵伊坪提议下，决定于1938年5月1日至6日以六区政训处的名义在聊城召开政治工作扩大会议，这是具有历史意义的一次重大政治活动。他建议范筑先将军将山东第六区保安司令部改为第六区抗日游击司令部，相应的政训处改为政治部。报告范将军后，他略加思考后果断地称赞："此乃明智之举，着即实行。"

1938 年 5 月 1 日，第六区政治工作（扩大）会议在聊城原第三师范学校礼堂召开，参加会议的有各县政训处办事处的代表、各抗日游击支队政治部的代表和第六区政训处机关的代表，共计 44 个单位 300 余人。

预备会议贯彻毛泽东 1937 年 11 月 12 日关于《上海太原失陷以后抗日战争的形势和任务》的精神。大会第一天，会议开幕时张霖之同志宣读了中共中央北方局代表、中共山东省委、八路军一二九师冀南军区、中共泰西地委、中共湖西地委等发来的贺电，中共冀鲁豫区党委还派代表十余人列席了大会。

山东省委代表张霖之做了《当前形势和今后任务》的政治报告。他着重根据毛泽东主席提出的目前形势是处在片面抗战到全面抗战的过渡中，在党内、在全国均须反对投降主义，并联系鲁西的情况做了传达和阐述。

鲁西区党委委员、秘书长兼统战部长、政训处秘书长赵伊坪做了政训处半年来工作总结的报告《军队政治工作与如何发动群众》，系统地总结了政训处半年来的政治工作、政权建设、武装斗争、群众工作、统战工作和经济建设等六个方面的经验教训，对各方面的成绩做了充分的肯定。他宣读了《政治部工作计划》，对以后的工作做了部署。

经济设计委员会主任申仲铭做了《战时经济政策》的报告，政训处主任张维翰对十支队整编和政治工作做了全面的介绍。

张郁光向大会主席团转达了董必武等人的指示，介绍了武汉之行的所见所闻，使范筑先进一步认识到只有坚决依靠共产党，才能坚持到抗日战争的最后胜利。

会议期间，代表们热烈讨论了政治报告，做了大会发言，交流了工作经验。认真总结了半年来的政权工作、群众工作、部队的政治工作，分析了当前的形势和提出今后的工作任务。对政治部机构、干部配备、整军问题、统战工作、经济建设等问题，都做了充分的酝酿和讨论。

范筑先在会议的最后一天讲了话。他回顾 1937 年 10 月底，在齐河官庄会议决定班师回聊和发出"皓"电，到建立鲁西北游击区以来半年的对敌斗争各项成就，他说："没有青年政治工作人员的不断努力和广大群众的支援，坚持鲁西北的抗战局面是不可能的。"他驳斥国民党反动派对鲁西北抗日根据地的无耻谰言时，极其沉痛和愤慨地说："有人说我们'奸淫烧杀，无所不为'，我们抢了谁呢？杀了谁呢？奸淫了谁呢？我们是'良心抗战''责任抗战''守土抗战'，不怕别人造谣，老百姓是明白的。"他还说："你们应当很好地总结经验，发扬优点，克服缺点，使工作更加健全起来。你们提的意见很好，就按你们的意见去做！工作时可能有缺点和错误，要大胆细心，我支持你们，放手去做吧。"

会议通过了加强抗战干部的培养工作，决定在聊城设立政治干部学校和政治部接办军事教育团两个培养军政干部的机构。

山东省第六区政训处系国民党的名称，通过这次会议决定改为政治部，并对干部做了配备调整。会议最后决定：把第六区游击司令部改为鲁西北抗日游击总司令部；其政训处改为政治部，与司令部平级。鲁西北特委任命张维翰为政治部主任，姚第鸿为副主任，赵伊坪为秘书长，张霖之为组织科长，管大同为宣传科长，成润为民运科长，张廉芳为总务科长。

这样，第六区游击司令部的领导权掌握在共产党的手中。为了加强抗战干部的培养，会议还决定在聊城设立政治干部学校和军事教育团。此时的赵伊坪既是中共鲁西北地区党委委员兼秘书长、统战部长，又是鲁西北抗日游击总司令部政治部秘书长。

为了适应形势的发展和抗战的需要，会议决定，仿照陕北公学的办法，筹建第六区政治干部学校，张郁光任副校长，主持校内的一切事务。

会议结束后，晚上会餐，大家每人一碗杂烩菜。范筑先对这样生气勃勃的场面，十分满意。他精神振奋，高兴地说："没有政治工作人员的不断努力和广大群众的支援，想坚持鲁西北的抗战局面是不可能的。"

他对赵伊坪等强调说："你们提的意见很好，就按你们的意见去做！工作时可能有缺点错误，要大胆细心，我支持你们，放手去做吧！"

这次会议的成功召开，对鲁西北抗日根据地的巩固和发展起了重大作用，使鲁西北抗日根据地出现了欣欣向荣的局面。代表们都感到这次会议收获很大，开得令人鼓舞。

5月中旬，聊城政治部第一批50多名干部到延安学习。其中有范筑先长子范树中、长女范晔清、三女范树琬，他们分别到中共中央党校、抗大、陕北公学学习。同时，范筑先把13个所属县由共产党员或进步人士出任县长，这些充分体现了对共产党的完全信赖。

第十八章

冀南军区大统战，抗日阵营大发展

按照中共中央的指示，1937年12月5日，八路军一二九师东进纵队在陈再道的率领下，500名将士出太行，开赴冀南展开敌后抗日斗争。他们依靠当地党组织和革命群众，迅速开展工作，打击了当地反动势力，收编和争取了一些地方武装。到1938年春天，东进纵队开辟了以巨鹿、南宫为中心的冀南抗日根据地。为适应抗日工作的需要，还培养抗日军政干部，成立冀南抗日军政学校，使东进纵队力量迅速发展壮大。

为开展敌后平原游击战争，中央又派一二九师副师长徐向前、师政治部副主任刘志坚率七六九团、六八九团和一个支队，从山西省辽县出发，翻越太行山，横跨平汉路，经过几昼夜行军，于3月26日到达南宫县，与东进纵队陈再道、宋任穷会合。

5月6日，徐向前在南宫召开平原游击战争军事动员会议，会上宣布了冀南军区成立，并部署作战计划，决定攻下日军盘踞的威县城，端掉日军这个物资储备点，这是到平原打的第一大仗。

会议刚结束，报务员钟月林（宋任穷的夫人）进来报告，鲁西北特委派鲁西北津浦支队政委王育民带一个排的战士已到南宫，来取电台。

徐向前不顾感冒发烧，让宋任穷详细介绍了津浦支队情况。

宋任穷介绍，为进一步开辟鲁西北抗日根据地，2月份，根据鲁西北特委意见，任命孙继先为津浦支队司令员、王育民为政委。他们东渡卫运河进入鲁西北高唐、夏津、恩县一带，破击津浦路，配合徐州会战，并打通向冀鲁边区发展的道路，很快由300余人发展到1000余人。组织决定为津浦支队配发一部电台，以便更好地配合鲁西北抗日根据地工作。

徐向前指示，马上安排一部最好的电台给他，再带领一个排和电台去夏津，配合鲁西北特委与范筑先将军紧密联系，扩大根据地建设。另外，要他们行动注意隐蔽保密，夜间行军到达指定位置。

然而，津浦支队司令员王育民等离开南宫，没多久就被六离会的人盯上了。王育民带的两个排被六离会包围，包括王育民在内28人被当场打死，掳走枪支和给八路军鲁西北津浦支队配备的电台，还有几名战士被俘。

徐向前指出：我们八路军决不能受任何帮会的挟持，他们都是打着迷信宗教的旗号，用欺骗、蛊惑群众的手段独霸一方的。对这些反动势力，我们八路军决不能坐视不管，一定要集中全力，予以打击。

陈再道等提出问题，他们有五六万之众，以现在八路军在冀南的兵力，怎么才能打击这么庞大的组织？

徐向前指示，唤醒那些受蒙蔽的群众，他们的死硬骨干分子也就剩不了多少了。针对六离会的猖狂活动，我们"三分军事、七分政治"，采取以下措施。（一）主力部队向南宫附近集结，向六离会活动地区进行武装宣传。（二）分化瓦解其组织，争取群众，进行民族教育，揭破汉奸阴谋。（三）对反动首领坚决镇压。（四）散发告人民群众书，张贴布告，勿使群众发生恐慌。

东进纵队在徐向前副师长的亲自组织指挥下，果断出击，打得这股反动会道门武装土崩瓦解，解救了大批受害群众，并宣布取缔了六离会组织。

5月9日，一二九师东进纵队司令员陈再道和政委宋任穷率先到达威

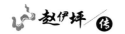

县指挥作战。随后，徐向前不顾高烧，让战士用担架抬着来到指挥部亲自指挥战斗。部队经过 2 个多小时的激战，将威县县城拿下。

5 月，土肥原率第十四师团由淮阳、淮县一带渡黄河直驱陇海路，以阻断保卫徐州的中国军队的后路。范筑先亲率二、五、六、二十一、二十二、二十六等支队，在黄河沿岸阻击敌人，与日寇作战月余。

为壮大鲁西北濮县、观城边界一带的抗日武装力量，在中共鲁西北特委赵伊坪的建议下，范筑先派王青云任副司令，又派汪毅为十三支队政治部主任。在党组织的指导下，第十三支队在古云集得到了很大的发展，很快即建立起 4 个团和 1 个独立营。司令部直辖的武装有教导队、武术队、侦察队、通信排、工兵排等；政治部领导的还有少先队等。此时，全支队的人数除去尚未集中的青年团外，在濮县、观城边界的古云集周围结集了千余人，长短枪 400 余支。

第十三支队驻扎的濮县和观朝两县边境，处于冀、鲁、豫三省的交界，与鲁西北特委在冠县、馆陶建立的第十支队，在长清、往平建立的第十二支队、第三十一支队，在鄄城巨野建立的第十一支队，在肥城建立的第十七支队，山东省委在肥城、泰安间建立的山东西区人民自卫团和鲁西南特委即将在曹县建立的第三十五支队相呼应，构成掎角之势，可以进出于冀、鲁、豫三省边区，扩大游击战争。直南特委和鲁西北特委均对第十三支队的发展给了很大的支持。

当时，范筑先将军的山东省第六区游击司令部因经费困难，未给第十三支队发过薪饷，部队的军装都是干部和战士在地方上东拉西借或者从自己家拿钱买布缝制的。如无党的领导和支持，想建立起这样一支部队是不可能的。

范筑先对这支部队也是非常爱护的，为了培养这支部队的战斗力，他曾几度到部队检阅，勉励干部和战士好好训练，将部队训练成抗日劲旅。

把第六区游击司令部改为鲁西北抗日游击总司令部、其政训处改为政治部后，为了培养大批抗日军政人员，充实抗日斗争的骨干，在总司令部和政治部的领导下，赵伊坪在聊城组织设立了政治干部学校和军事教育团，在政治部院里设立了救亡室，同时又为政治部的会议室，政工人员可以在此休息、娱乐。赵伊坪等把救亡室搞得像俱乐部一样，有文化娱乐活动。政治部的人员来自四面八方，有的是来自延安抗大、陕北公校的老同学；有的是东北、平津流亡来内地的学生；有的是山东的青年学生。他们说起话来是南腔北调，但是异口同声地说的、做的是抗日救亡，打倒日本帝国主义，驱逐日寇出中国的大事。

为了及时宣传党的抗日主张，激发广大人民的抗日积极性，中共鲁西北特委发挥《抗战日报》作用，赵伊坪作为该报社论委员会委员，根据党的方针、政策为报纸撰写社论，使该报成为宣传党的抗日主张的喉舌，鼓舞人民斗志和打击敌人的有力武器。

中共鲁西北特委办起了政治干部学校和军事教育团，尽管赵伊坪在特委和政治部工作十分繁忙，他还担任兼职教员，经常到聊城的政治部学校和军官教育团讲课，深受师生们的欢迎。为使学员在短期内学到更多的知识，他刻苦钻研马克思、恩格斯、列宁、毛泽东的有关著作，提高自己的理论水平。他先后为学员们讲了《共产党宣言》《共产主义运动中的"左派"幼稚病》《反对自由主义》《论持久战》等经典著作，深受广大学员的欢迎。

除了工作时间外，救亡室里不断地荡漾着歌声、笑声。大部分是20岁左右的小青年聚在一起，他们情投意合、热情高，除了拼命地工作，又欢歌笑语。墙报上有文章、有散文、有诗歌、有漫画。他们有理论文章也有文艺创作，丰富多彩，兴趣盎然。虽然生活条件、工作环境艰苦，但是他们朝气蓬勃，干劲冲天，不怕困难，不避艰险，勇往直前，有人称这里是"小延安"。

赵伊坪也经常到救亡室来和大家一起唱歌、做游戏。他比小青年们年长几岁，戴着一副黑架高度近视眼镜，显得脸色有一点严肃。但是，他谈起话来娓娓动听，了解青年的思想感情，大家都愿意听他讲革命故事。许多青年们认为，他学识渊博，理论水平高，有时，他们看不懂或理解不了的理论问题和革命道理都向他请教。

一天，墙报上有一幅漫画新颖别致，引起同志们的注意，也引起赵伊坪的注意。漫画画的是一位年纪较长的妇女蓄偏分发型，两只蝌蚪样的小眼睛。配的诗是：

> 樱桃小口连着腮，轻易不把口张开，
>
> 有朝一日打了个哈欠，几乎把脸翻过来。

又有一天下班后，人们争着往救亡室跑，原来是贴出了一首打油诗。看过的人有的抿嘴笑；有的笑着和别人谈论。原来是近几天从延安来了一位陕北公校的女同学。一位同志就此写了一首打油诗：

> 沙漠样的鲁西北啊！
>
> 长不出一朵玫瑰花
>
> 移来了一棵野芍药。
>
> 一群家伙乱闻……

赵伊坪秘书长也爱听大家唱歌，特别喜爱听抗日军政大学校歌，当唱起"黄河之滨，集合着一群中华民族优秀的子孙……"时，他情不自禁地打着拍子和大家一齐唱。青年们不光唱救亡歌曲，还唱民歌、小调。大家"拉"起歌来，一唱一和，好不热闹。"吴钟琨来一个，要不要？"大家一齐高声回答："要！要！要！""大家欢迎，欢迎！"

吴钟琨在一片掌声中起立，他的拿手好戏是："好大的北风啊，吹到一片树林里，它叫树林跳舞，一、二、三、四，呼呼呼！"……

点到孙兴诗时，他唱的是"张老先生有块地，咿呀咿呀哟！他在地里养小鸡呀，咿呀咿呀哟！……"

赵伊坪善于做思想政治工作，他看到前面说的墙报上的打油诗时，就有警觉，但他没有立即批评、指正。有一次大家在学习讨论时，有个青年同志出洋相、耍贫嘴逗乐子，另一位青年夸奖他幽默。伊坪提出来问大家："什么叫幽默？"

大家你一言、我一语地说了一通，但都等着赵伊坪说。伊坪操着河南地方口音的京腔说："幽默是指有趣或可笑，但意味深长。古话说，谑而不虐，开个玩笑是可以的，但不可过，什么事情都有个尺度。诗曰：谑浪笑敖，戏谑就失之放荡了。你们想一想有没有这种谑而虐的事情呢？那就不是幽默，还会伤害同志间的感情。大家特别要注意团结友爱。"

同志们都知道和理解赵伊坪讲的是什么，心悦诚服地接受，且深受教育，深感伊坪同志的循循善诱。

当时，政治部机关有总支，吴鸿渐是总支书记，李育仁是总支组织委员，许法是宣传委员。赵伊坪又很重视对党和青年的培养教育，注意用马克思列宁主义、毛泽东的著作教育党员、团员和青年。伊坪向总支成员说："我建议把1937年9月7日毛主席著作《反对自由主义》一文在救亡室张贴出来，把它作为一面镜子，经常对照检查，对于克服小资产阶级自私自利性，纠正青年个人主义思想、个人利益第一、革命利益第二的错误倾向极为有利。"

总支研究后，完全赞同赵伊坪的指示，立即照办，并作为支部生活内容，收到很好的效果。伊坪是这些青年的良师益友，是对他们的言传身教、手把手培育青年人成长的良师益友。

1938年5月底，韩多峰通过赵伊坪的沟通，去河北省南宫八路军一二九师师部商谈划分防区。一二九师副师长徐向前和东进纵队政委宋任穷接见了韩多峰。

见面后，徐向前说："听说你是冯玉祥西北军的老将，西北军练兵打

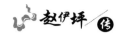

仗有一套，我们八路军还要向你学习哩！"

韩多峰就说："你们八路军都是游击战专家，现在敌后打鬼子，我是来当学生的。"

徐向前陪韩多峰参观了八路军刺杀操练，并合影留念。在交谈中，他强调不能搞单纯政府的片面抗战，一定要发动群众，实行全面抗战。毛泽东主席关于游击战的"敌进我退，敌驻我扰，敌疲我打，敌退我追"十六字方针，韩多峰这是第一次亲耳听徐向前讲"十六字方针"，并立即让副官记录下来。

根据赵伊坪的建议，范筑先将军把赵效三、朱穆之等8位中共青年党员介绍给韩多峰。韩多峰回临清后，组成了政治部，赵效三任政治部主任。韩委任中共党员吕仲华为专署组织部长兼八路军联络代表。在第四区专员公署内，有不少共产党员和民先队员。他们会同八路军一二九师东进纵队工作团和战委会，先后组织了工人、农民、青年、妇女、回民等各阶层的抗日救国团体，各团体在抗日战争中发挥了重要作用。

为了加强鲁西抗日军和八路军的联系，鲁西北特委统战专组负责人赵伊坪与张郁光、齐燕铭、袁仲贤、姚第鸿等成员商议好方案，由赵伊坪、张维翰、袁仲贤等向范筑先将军提出建议。6月初，由鲁西北特委派胡超伦到威县联系并请徐向前出面邀请范筑先到威县会晤，共商抗战大计。

徐向前收到鲁西北特委建议后，让刘志坚与鲁西北特委张霖之、赵伊坪联系，研究安排一个适当时间，邀请范将军来冀南共商统战大计。

赵伊坪第一时间收到刘志坚传达的上级指示，立即与张霖之商议，按照上级的指示，在范筑先未动身前，请张霖之派人先去联系。

范筑先将军接受了鲁西北特委的建议，决定在收复濮县后，于6月21日亲自去山东和河北交界的威县县城与徐向前将军会晤。随即，张霖之派胡超仑先去南宫对接联系。

决定在威县城会面后，范筑先将军率兵收复了濮县，于6月17日由濮县王堤口出发，赶往威县县城。随行的有高级参谋袁仲贤、政治部副主任姚第鸿、范县县长周子明、驻巨野的第十一支队司令牛连文和《抗战日报》记者吴弢等。

路过观城，范筑先看望住在观城县西街孙淑芳家里的二女儿范树琨。范树琨跟随父亲范筑先来到鲁西北抗日根据地，投身到抗日洪流。她手持双枪，英姿飒爽驰骋疆场，被人称为"双枪二小姐"。范筑先与日军在濮县决战期间，让范树琨在观城县进行抗日宣传。房东孙淑芳的丈夫王泽澜是观城县有名的大户人家，在当地颇有威望，只要一提观城西街大槐树下，没有人不知道的，就是土匪坏人也都对他敬畏三分。孙淑芳把范树琨当作亲女儿一样关心爱护，关怀备至。

这一天，范筑先与高级参谋袁仲贤来到孙家。袁仲贤大声说："范将军到——"

范树琨和孙淑芳的女儿王芸从屋里出来。

"爸爸，爸爸，真是你来了。"范树琨激动地说。

"哎——我的乖女儿。"

范树琨调皮地打了个敬礼："敬礼，范树琨向司令报到。"

范筑先拉下范树琨胳膊："还真有你的。"

"范伯伯好！"王芸上前鞠躬道。

"好，好，小芸又长漂亮了。"范筑先夸道。

王芸不好意思地说："范伯取笑我。"

"没有，没有。你爹娘没在家？"范筑先问道。

王芸回答说："我爹娘去姥姥家了，今天不回来了，快到屋里坐吧。"

到屋内，王芸忙去倒水，范筑先坐下。

范树琨问："爸爸，你那么忙咋有时间到观城看我了？"

"我要去威县，路过这里看你一眼。"

"去威县？那不是八路军根据地吗？咋？是不是要与八路军合作？"

"还是树琨聪明，知道我老范的心。"

"就是，我是爸爸肚里小蛔虫，知道你的心想啥！"范树琨"咯咯"地笑着……

王芸端来一碗水："范伯伯一来，看把姐姐高兴的。"

"对了，爸爸，我要与王芸结拜干姊妹了。"

"是吗？"

范树琨回答："王芸受我影响，思想进步，经常与我参加革命活动，上街演讲，宣传抗日，印刷报刊，散发传单，我俩形影不离，吃住在一起，亲密无间。我特别喜欢这个妹妹，孙妈已同意了，你同意我俩结拜干姊妹吗？"

范筑先看看长得模样俊俏、皮肤白皙、文静聪慧的王芸："同意，同意，你喜欢我就高兴，小芸姑娘我认下了。树琨抽时间带妹妹王芸到范县胡楼村去看看你妈，就这么定了。"

范树琨忙说："小芸，快叫爸爸。"

王芸上前向范筑先鞠躬："爸爸。"

范筑先（笑着）："哎——没想到我老范六十岁又添了一个闺女。"

袁仲贤进屋报告，观城县长姜鸿元因为收缴民团枪械，组织武装，工作没处理好，激起将军寨民团闹暴动。

范筑先果断地做出安排，将濮县抗日政府县长张舒礼与姜鸿元对调一下，让袁仲贤去宣布姜鸿元调往濮县任职、张舒礼接任观城县长的决定。告诉民团我今晚就住在观城县城，等新县长到位再走。让张舒礼火速到任。这样平息民团，他们就会不再反抗了。

袁仲贤走后，范树琨竖起大拇指："还是老爸，范司令，大将风范！"

范筑先神气地说："这里还有个巾帼不让须眉的'双枪大小姐'，看谁敢乱来！"

"那这次去威县也带上我，为范司令保驾护航咋样？"范树琨诡秘笑着，为范司令捶着背献殷勤。

"你这个鬼丫头，在这等着我呀！"

"你说行吧，老爸——"这位"双枪二小姐"推晃着范司令撒起娇来。

"行吧，一起去，让我这宝贝闺女，不，不对，我的'双枪二小姐'去见见世面。"

范筑先在观城住了一夜，将军寨民团得到平息。第二天下午2时赶到了张维翰第十支队防地冠县城。因为范司令在濮县抗击日寇两个月，受到了冠县民众的爱戴，全城人民和部队都出城列队欢迎。范将军对民众和部队讲了话。

在冠县休息了一夜，6月21日早晨，范筑先一行由冠县出发，随行人员又增加了第十支队司令张维翰、参谋长周紫珊、范树琨、作家朱穆之等。他们在兴庄渡过了卫河，于中午12时左右到达了威县。

夏日的冀南是明媚朗丽的季节，威县城更显得幽雅清新。风总是喜欢在清纯女孩的长发间飞舞，在碧玉般的绿叶间穿梭。和煦的微风无孔不入，像青春女孩一样张扬，格外引人喜欢。人们很惬意这样的感觉，阵风吹过人们的心房，使人顿增无限的陶醉之感。

范筑先到达威县，徐向前、刘志坚等领导人亲自相迎，广大军民列队迎接。八路军和威县民众对抗日老人范筑先将军的到来表示热烈的欢迎。进入威县境就看到所经过的村庄都贴着"欢迎抗日老人范专员""欢迎劳苦功高的范司令"等标语。

在威县南关举行了万人欢迎大会，徐向前副师长代表八路军致欢迎词："尊敬的范将军，尊敬的鲁西北抗日根据地的战友们，我代表八路军一二九师首长、代表冀南根据地全体指战员和群众，向范将军一行的到来表示最热烈的欢迎！"

掌声雷动，欢迎声一片："欢迎范老将军！""欢迎抗日英雄范专员！"

徐向前接着讲："范司令是山东省的抗战老人，七七事变后他拒绝了韩复榘的南逃命令，团结鲁西北各阶层人民，高举抗日大旗，建立起鲁西北抗日根据地。范司令这样大的年纪了，还为挽救国家民族的危亡而奔波劳碌，这种坚决抗战、不辞劳苦与敌人艰苦斗争的精神，是值得我们学习的。今后我们两个抗日根据地，应更加团结合作，密切配合，加强联防，合力打击共同的敌人，打击日本帝国主义，将日寇侵略军驱逐出中国去！"

战士们高呼："打倒日本帝国主义——打倒日本帝国主义——"

在一片欢呼声中，范筑先向群众介绍了鲁西北的抗战经过："尊敬的徐副师长、尊敬八路军朋友，七七事变后，中国在华北战场的军队连连败北，很快都退到黄河南去了。山东省主席韩复榘叫我率领鲁西北的军政人员和保安部队撤退。但是，我认为国家养兵千日、用兵一时，国家兴亡匹夫有责。日本人要灭亡我们的国家和民族，决不应当丢下老百姓逃跑。故而，我率领自己的一营人留在黄河以北坚持抗战，经过大小数十战，粉碎了日寇的攻势，扫除了汉奸政权，建立起鲁西北抗日根据地。过去我在鲁西北是孤军抗战，现在来了朋友八路军，有了依靠，今后我不再孤军奋斗了。这样，与我们守望相助，团结御寇，增加了我们坚持抗战争取胜利的信心。我们要亲密配合，共同作战，保卫神圣国土。"

掌声一片——

范筑先接着讲："日本侵略军进入山东后，鲁西北的一些官吏和军人都受恐日病影响，对于抗战抱逃跑主义思想。我们从济南聘请来的 200 余名平津流亡学生，他们组织起政治部，派服务员到农村各种武装里做说服工作，使很多人走上了抗日道路。这些青年人不爱财、不怕死，工作热情很高，给了我们很大的推动力。如没有这样一些青年参加我们的工作，发动鲁西北抗战是不可能的。我们最初抗日时，只有一营武装，日军侵入后，烧杀奸淫，激起了全鲁西北民众的反抗，各色武装纷纷而起。我们为了抗日，就收编了大量的绿林武装、散游兵勇民团等为支队。这些武装对打日本是积极的，但有的纪律还不够好，需要派政工人员进行改造。有人自己不抗日，对我们艰苦斗争不加援助，说什么我们的抗日武装全是'土匪'，还夸大说什么'我们部队杀掳奸淫'。这些话完全是造谣的。也还有一种别有用心的人攻击我们，说我老范红了，山东红了半个天，可惜我们还不够资格。我是良心抗战，谁真正抗战，我就拥护谁。"

台下响起热烈的鼓掌和欢呼声。

范筑先接着说："八路军的英勇善战，军队素养很好，治军很有办法，士气旺盛，作战勇敢，我们要向你们学习。我们做的工作很少，缺点也很多，受到这样隆重的接待，实在不敢当，在这里，我们向毛主席、朱总司令、徐副师长以及八路军全体同志致谢！"

鼓掌欢呼："向范将军学习，向范将军致敬——"

范筑先到南宫后的第二天上午，正式召开了军事磋商会，参加会议的八路军方面有一二九师副师长徐向前、一二九师东进纵队司令员陈再道、冀南军区政治部主任刘志坚等，赵晓舟也参加了会议；鲁西北抗日部队参加者除范筑先外，还有张维翰、姚第鸿、袁仲贤、周子明、牛连文等。在会上，徐向前分析了徐州失守后的抗战形势，阐述了毛主席的"论持久战"思想。讲道：日军是个战斗力很强的法西斯军队，他们国家的财力也很强；我国是个弱国，部队战斗力弱。所以必须加强团结，发动民众，坚持持久战争，才能打败日本。

范筑先司令完全同意徐副师长和刘主任的意见。

刘志坚主任和张维翰主任都对加强冀南和鲁西北抗日武装的联系做了发言。经过协商，双方达成了以下协议：（一）建立情报联系，双方一方发生军事情况互相通知；（二）冀南由八路军负责，鲁西北由范筑先抗日武装负责；（三）八路军不到鲁西北收编部队，所有各色武装均归范筑先收编；（四）冀南、鲁西北的干部可以互相交流；（五）由冀南代鲁西北培训军政干部。

中午，徐向前要设宴招待范司令一行人员。

范筑先说："不行不行，国难期间一切从简。不要酒，不炒菜，就按八路军会餐那样就好了。"

"范司令初次来威县，小酌一下还是可以的。"

"徐将军的美意我领了。但不要酒，不炒菜，还是按八路军的会餐就行了。"

"那就按照范老将军的意见办，弄四个脸盆的炖菜端了上来，摆大桌子上随便吃吧。"

"好好好，就这样。"

徐向前、刘志坚、陈再道等陪着范司令和张维翰、牛连文、袁仲贤、姚第鸿、周子明等吃起来。大家有说有笑，非常活泼和谐。

范筑先对张维翰等说："咱们回去也要这样办，以后要严禁饮酒和大吃大喝的作风。"

饭后，徐副师长、刘主任和范司令一行人员合影留念。

晚上，徐向前到范筑先的住处和范司令剪烛夜话。范司令不懂游击战，他请教徐副师长，徐副师长重点谈了：抗日的军队、抗日的政府和抗日的群众三位一体，开展批评和自我批评、民族革命战争等方面的战术和发动群众的问题，供他参考。谈话到深夜2点，范老先生仍兴致勃勃讲了些对付日寇的办法，并说："我们那里有山，城里顶不住了可以上山。我对坚持鲁西北抗战很有信心。"

早晨，范筑先将军由刘志坚主任领着参观了八路军东进纵队政治部的俱乐部活动。刘主任对俱乐部的活动做了详细的介绍。在参观的时候，范筑先问他的政治部主任张维翰："你们第十支队是否也有这样好的俱乐部？"

张维翰回答："我们也有俱乐部，但没有人家的好，我们要很好地向他们学习。"

"刘主任给我们介绍的情况和你们看到的东西，要好好地记一记，今后咱们部队的连队俱乐部也一定要办得像八路军一样。"范筑先说道。

随后，徐向前副师长亲自陪同范司令参观了参谋训练队，看了一些战例和沙盘作业。徐副师长亲自介绍了威县战例，给了范司令一行人很大鼓舞。

这次正式会晤，开诚布公地交换了意见，双方达成了一系列协议：互通情报；八路军帮助范筑先部培训干部；冀南归八路军驻防，鲁西北归范部驻防；互不收编对方防区的杂色武装。第三天早饭后，在八路军一二九师副师长徐向前等领导的欢送下，范司令一行人离开了威县回聊城。

同月，经中共鲁西北特委批准，张郁光加入了中国共产党。

第十九章

反动派制造摩擦，鲁西北风云激荡

这时，国民党顽固派更加仇视鲁西北，沈鸿烈任山东省政府主席后，从山东曹县转东阿，在日寇进攻东阿时，他仓皇逃跑，躲到阳谷。后被八路军抢救出来后，逃到聊城。

沈鸿烈是国民党的反动顽固派。为"欢迎"省主席把行辕设在聊城，赵伊坪以鲁西北特委六区政治部的名义，组织召集聊城抗日军民在万寿观大戏台举行了一次群众大会，实质上是对国民党反动顽固派进行的一次公开的、合法的政治斗争。

沈鸿烈叫嚣"一个领袖、一个政府、一个主义"，消极抗日，积极反共。他撤销了范筑先将军委任的几个共产党员县长，并设了由民政厅长李树椿为主任的鲁西行辕。他还要改编范筑先将军所辖的队伍，取消政治部，暗中收买拉拢个别范筑先将军已收编的武装。李树椿介绍给范筑先将军当参谋长的王金祥，成为他们反共的爪牙。这使鲁西北的形势复杂起来，斗争也尖锐起来。

对沈鸿烈到聊城要表示一下欢迎，政治部筹备欢迎大会时，赵伊坪强调要显示鲁西北人民的意志，大讲"拥护范司令领导抗战""欢迎沈主席抗战到底"。他组织各界代表在大会上讲话，一致表示坚决拥护范司令，反对破坏抗战。

为了充分显示各界的意志，赵伊坪还挑选了政治部抗战少年剧团 12 岁的李士钧（大多数人喊他"小李"，后名李犁、李方诗），代表鲁西北 10 多万名少年儿童表示对范筑先司令的衷心拥护，反对"一个领袖、一个政府、一个主义"的论调。伊坪帮助李士钧写发言稿，并像导演一样教他怎么念、怎样表情。他指点李士钧讲反对三个"一"时，不妨扭头直视沈鸿烈。李士钧在大会上激昂慷慨的讲话，博得数千名到会者的热烈鼓掌，沈鸿烈无奈尴尬地听着。

聊城的妇女和青年代表也在大会上慷慨陈词，斥责国民党军队不战而退，要求沈鸿烈抗战到底。

省委代表张霖之在台下带领群众高呼"拥护沈主席抗战到底！""巩固扩大鲁西北抗日政权！"等，激昂的口号声此起彼伏，使沈鸿烈在台上惊惶不安，还故作镇静，讲话时语无伦次。会后不久，沈鸿烈便匆匆逃往张秋镇去了。

在赵伊坪精心联络下，第四行政区督察专员韩多峰、第六行政区专员范筑先携手统战联防，第四行政区、第六行政区和八路军合作，抗日进行"四六八合作"确定后，陈再道、范筑先、韩多峰决定合作开展对日军进行"津浦铁路破袭战"。为了统一指挥统一行动，四区专员韩多峰、八路军东进纵队代表卜盛光和六区专员范筑先将军商定，临时指挥部设在武城。当时提出一个口号："四六八合作，打好破袭战。"八路军负责阻击德州方向的日本援军、六专区负责阻击济南长清方向的日本援军、四专区负责辖区内 11 个县的铁道线路。

津浦铁路破袭战的战场以禹城县为中心展开，禹城在济南西北，位于德州与济南之间。1938 年 7 月 12 日夜间 12 点，德州至禹城的电话线已全部被八路军和四专区割断。次日三更时分，破袭战打响了。德州的日军派出装甲火车企图南下增援，被八路军东进纵队迎头痛击后，感到势头不

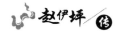

妙，一直龟缩在德州。济南之敌派装甲火车开到禹城企图北犯，但在八路军的迫击炮及第十支队的机枪营等袭击下也退回济南。沿线各大小火车站随即迅速被攻克，唯禹城、平原东站战斗异常激烈。守在禹城车站的日伪军多次发起冲锋，与八路军反复争夺车站，双方伤亡惨重。四专区清平县独立营营长一只手臂被炸掉，但仍坚持指挥战斗。自凌晨 3 点起，战斗整整打了 6 个小时。举目向北望去，场面壮烈。沿线百姓男女老少齐上阵，纷纷用镐头、铁棍扒路基、卸枕木和抬钢轨。这次破袭战捣毁津浦线北段100 余里铁路，致使敌伪一周未能通火车。华北日军为之震惊。当时的天津日伪报纸惊载："鲁西国民党残军同八路军实行配合，津浦线又被破坏……"

此举不但让日军震惊，也震怒了国民党山东省主席沈鸿烈，沈欲让韩多峰与共产党离远一点，没想到韩多峰却偏和共产党搅在一起。他恼羞成怒，就想方设法陷害韩多峰。

国民党反动派对共产党领导的武装素来是采取消灭方针的，鲁西的国民党反动派也不例外，他们对第十三支队在断绝给养和破坏瓦解失败后，更毒辣的阴谋鄄城"鸿门宴"事件发生了。

途经鄄城时，在王金祥的撑腰下，国民党濮县县长姜鸿元阴谋收编第十三支队。因为第十三支队基本是范县、濮阳和观朝三县武装扩大起来的，他就时刻想着将第十三支队吞并。姜鸿元是山东夏津县人，他的父亲和范筑先是盟兄弟，姜仗其父和范的旧关系，自称是范的"干儿子"，在范的保安司令部任参谋时，即骄横异常。姜又和王金祥是盟兄弟，通过王金祥和沈鸿烈、李树椿挂了钩。所以，姜鸿元到濮县后，野心勃勃，任意胡为。他为了扩大自己的军事力量，到处抽枪、要粮，地方上稍事拖延，就扣押罚款，派队烧杀。

7 月间，冀振国去聊城，王金祥大请客，目的就是要吞并第十三支队。宴会后，王金祥邀冀去他的参谋长办公室，姜鸿元也跟着去了。三个人说了一阵闲话，姜鸿元就把话引到正题上来了。因为姜曾见冀向范筑先辞过职，就借这件事说："老大哥，你又不愿意干，弄这干吗？把部队让给我吧！弄个什么名义，还没有你的吗？"

王金祥插话说："对呀！"

冀振国大怒，回答姜说："雁峰（姜鸿元的字）你简直是浑蛋，你光和第十三支队闹别扭，第十三支队的头是我，你这样搞行吗？你和第十三支队的感情搞好了，咱们再说！"这样，就把姜鸿元吞并第十三支队的阴谋搪拖过去了。

对于姜鸿元在淮县的横征暴敛，淮县人民曾向范筑先控告过。7月，为了挤走姜鸿元，以利第十三支队的发展，赵伊坪代表鲁西北特委派张郁光、姚第鸿等会同崔芳德和冀振国一道去见范筑先司令。

此时，赵晓舟来到政治部赵伊坪的办公室，见哥哥赵伊坪和几个人急着出去，就说了一声："哥，你先忙。"

赵伊坪向二弟赵晓舟摆了摆手，脚步没停，与几个人向范筑先办公处走去。

在范筑先办公处，冀振国向范筑先报告了姜鸿元在淮县要钱、要枪，不给就捆绑烧杀，弄得民怨沸腾。

姚第鸿听后说："这样的县长就应当撤职。"

张郁光也说："姜鸿元在淮县不合适，可以考虑撤职或和其他县长对调。"

范筑先沉思了一会说："我们不能因为老百姓一告，就撤换县长，以后谁还敢当县长呢？停停再说吧。"

因为范筑先不同意撤换姜鸿元，姜吞并第十三支队的阴谋就更加积极了。

1938年7月25日，延安文艺工作组的刘白羽、欧阳山尊和汪洋陪同美国海军少校埃文森·卡尔逊到鲁西北访问。卡尔逊是一位同情中国人民抗战的友人，曾任美国驻中国使馆武官参赞，对中国很有好感，曾数次来华，是美国有名的"中国通"。卡尔逊受美国罗斯福总统的委托，以美国军事观察员的身份来华了解中日交战的战况，此次是专程到华北敌后根据地进行考察的。

中共鲁西北特委希望范筑先能出面欢迎这位友好人士，但狭隘的民族自尊心使他认为：抵抗日本侵略者是中国自己的事，何必大张旗鼓地欢迎一个美国人呢？

赵伊坪针对他这一思想急忙与另外几位共产党员一道向范筑先详细地阐述中国人民的抗日战争在国际反法西斯战争中团结一切反法西斯力量、结成国际统一战线的重要性。

赵伊坪给范筑先讲："卡尔逊十分同情受侵略的中国一方，他作为曾参加过第一次世界大战的职业军人，对现代战争有着独特的见解。据延安及南宫传来的消息说，他对八路军的灵活机动的游击战术有着强烈的好奇心。他来了解鲁西北抗战情况，必将在美国产生较大的影响。"

范筑先听后提高了认识，立即改变了自己原先的狭隘想法，热情支持欢迎活动。

刘白羽，1916 年出生于北京通州，山东潍坊青州人。现代文学杰出代表人物，著名的散文家、报告文学家、小说家、作家。在长期的革命斗争实践中，他写出了大量具有鲜明时代色彩、深刻思想内涵和独特艺术风格的优秀作品。

欧阳山尊，1914 年生于湖南浏阳，原名欧阳寿，是中国戏剧的奠基人之一，是中国著名戏剧、戏曲、电影艺术家欧阳予倩之子，被称作中国话剧界的"活化石"。

这一月，一二九师政委邓小平亲临来南宫指导工作。在刘白羽、欧阳山尊和汪洋的陪同下，卡尔逊来到河北的南宫县。邓小平接见了他们，并请卡尔逊到山东临清、聊城考察。卡尔逊来临清后，韩多峰宴请了他们一行，并 3 次长谈均至深夜。

卡尔逊在临清举行的近万人欢迎大会上讲话："武汉有报刊说，中国北半部都成为日军的占领区，地图都变了颜色。我走了冀、鲁、豫 3 省边界之后才知道，那全是谎言！原来华北敌后有大量抗日军队、抗日政府和抗日人民！"

卡尔逊离开临清前，韩多峰将此次同八路军合作的破袭战作为工作报告，托他转呈蒋介石委员长、冯玉祥副委员长和第五战区司令长官李宗仁。不久，受到第五战区长官李宗仁的嘉奖，并称"此次战役是继台儿庄大捷后，我战区的又一胜利"。

在聊城，赵伊坪亲自安排欢迎大会，指导布置会场，主持大会议程。卡尔逊到达聊城时，范筑先、赵伊坪等带领群众夹道欢迎和隆重接待。赵伊坪又让 12 岁的李士钧代表鲁西北少年儿童到欢迎大会讲话。李士钧热情生动的讲话，使卡尔逊很受感动，他还热情地脱下白手套与李士钧握手。

赵伊坪陪同卡尔逊等到阳谷、濮县访问。卡尔逊、汪洋拍了不少他们在一起的照片。

卡尔逊结束考察后要前往汉口。刘白羽、欧阳山尊和汪洋去火车站送行，一路之上他吹口琴伴奏，大家情不自禁地高唱着《游击队之歌》："我们都是神枪手，每一颗子弹消灭一个敌人。"这时，卡尔逊激动地流下了眼泪，刘白羽、欧阳山尊和汪洋也忍不住流下了眼泪。

卡尔逊回国后出版了《中国的双星》一书，其中详细地叙述了他的聊城之行，并评价："范筑先将军是我在华北敌后 1500 英里的旅途中，所遇到的一位最令人感兴趣的、精力充沛的、具有强烈爱国心的人。"

范筑先之次子范树民，1919 年生于河北省馆陶县南彦寺（今寿山寺）村。1936 年，在山东聊城省立第二中学读书。1937 年抗日战争全面爆发后，随父投身于抗日战争。1938 年春，为扩大抗日武装，选拔了一批以聊

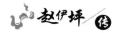

城二中学生为骨干分子，组成青年抗日挺进大队，被推选为大队长。

为配合国民政府的武汉会战，1938 年 8 月 1 日，范筑先召开军事会议，决定发起济南战役，由鲁西北抗日武装 7 个支队进攻济南。范树民当时还在闹疟疾，但他还是再三向父亲范筑先请缨杀敌。范筑先的老伴儿劝说范树民正在闹病，就别去了，但他坚持要上前线。随后，他率部到达齐河县坡赵庄时，突遭日伪军包围，双方展开血战。最后，因寡不敌众，范树民同 23 名指战员一起英勇牺牲，时年 18 岁。

范树民在济南战役中壮烈牺牲后，范筑先化悲痛为力量，即令年仅 20 岁的二女儿范树琨继任抗日青年挺进大队大队长。范树琨巾帼不让须眉，主要活动在山东范县、濮阳和观朝一带。在战火纷飞的抗日战场上，她率领战士们奋勇杀敌，"双枪二小姐"在当地群众家喻户晓。

晚上，范树琨与王芸睡在一起，她非常警觉，枕头下边时刻压着两把手枪。王芸母亲孙淑芳为掩护范树琨，想了好多办法，点点滴滴，桩桩件件，让独自在外的范树琨感受到了家的温暖和浓浓的母爱。

9 月上旬，上级为加强党的建设，调整了冀鲁边区党组织：以庆云、盐山、乐陵为中心 26 个县，书记为李启华；鲁西以馆陶、冠县为中心 14 个县，书记为徐运北；鲁西北以临清、夏津、高唐为中心 10 个县，书记为张承先；直南以清丰、濮阳为中心 22 个县，书记为王从吾。

秋高气爽。东进纵队和冀南行署，为贯彻抗日统一战线政策，发展冀南与鲁西北地区合作抗战，在南宫召开冀鲁两省军政联席会议。徐向前再次邀请范筑先到河北南宫参观并出席冀鲁军政联席会议。

蒋介石为了争夺冀南、冀中抗日根据地，委任原西北军军阀鹿钟麟为河北省政府主席。中共为团结他共同抗日和讨论冀鲁两省的联防问题，决定于 1938 年 9 月 23 日在南宫召集会议。参加会议的除邀请了范筑先、韩多峰将军，还邀请了河北省主席鹿钟麟、山东省主席沈鸿烈。

范筑先将军于 9 月中旬接到八路军约请他去南宫开会的通知。他与赵伊坪商议，伊坪建议除先派袁仲贤前去沿途安排对接外，在家还需做些细致的准备工作。袁仲贤走后，范将军与伊坪等一起商量让谁陪同，到南宫商讨哪些事宜，讲些什么，准备哪些材料等。伊坪还让袁仲贤联系临清的韩多峰将军做好准备工作，等范将军到临清一起去南宫。

商议好后，赵伊坪着手为范筑先准备讲话稿，起草一些材料。

在抗日干部政训学校学习的范树瑜因抗战形势严峻，放假在家。她和兄弟姐妹一样，浸染了范将军忠勇、侠义、正直、豪爽的性格。范树瑜和大哥范树中、长女范晔清被范将军送到延安学习。她回来后又到聊城抗日干部政训学校继续学习。

这天，范树瑜去见范筑先："爸爸，让我也跟你去南宫吧，我可以照顾你。"

范筑先劝她："树瑜，你还小，不能去。"

"我都十七八岁了，有的战士还没我大呢。"

"那也不行，你在政训学校学业还没完成。"

范树瑜坚持说："二哥为国捐躯，二姐当大队长上前线杀敌，你又年纪大这么辛苦，我要照顾你。"

范筑先笑呵呵地说："我没事，南宫的首长、战士非常尊重我，待我特别好，我又不是第一次去南宫。再说，我带着手枪连一个排和传令队，有那么多人照顾，你别担心。"

范树瑜哀求着："上次伊坪秘书长的弟弟赵晓舟、二姐都去了，这一次就让我去吧——"

"上一次赵晓舟去，他是双重代表，你二姐在半道，距南宫近。树瑜乖，听爸爸的话，不去。"

"不去——不让去，那我给你捶捶背吧？"

"好，捶背好，还是树瑜乖。"

9月22日，范筑先带手枪连一个排和传令队，乘大汽车从聊城出发，经过梁水镇，正遇袁仲贤从南宫返回。袁仲贤下了马向范司令汇报说："已布置好了，请司令放心去吧。"

范筑先说："好，你回聊城，与赵伊坪打理好那边的事宜。"

随后，范筑先上车到了临清，在韩多峰处吃的午饭。饭后两位将军和随从一起渡卫河，一气行了90千米，下午四五点钟到了南宫。

在南宫，徐向前向范筑先、韩多峰一一分别介绍了前来欢迎的中共中央北方局书记、八路军总代表朱瑞、冀南行署主任杨秀峰和国民河北省政府主席鹿钟麟等。范司令向欢迎群众举手致意。接着在南门外大道边开了欢迎会。鹿钟麟站在大道旁的一个高岭上，首先致了欢迎词。他说："我们欢迎劳苦功高的范专员。他是抗战的英雄（他讲完这一句话群众鼓掌如雷）。范将军年近六旬，不避艰难困苦，坚持山东抗战，给我们民族争了光荣，给我们抗日军民树立了榜样。今后我们共同团结起来，一致抗日……"

接着，徐向前副师长和朱瑞代表都讲了话。在讲话中，群众不断地高呼："欢迎山东劳苦功高的范专员""拥护范专员坚持抗战！"在群众热烈的欢呼声中，范筑先将军也站在土岭上讲话："鹿主席、徐将军和朱代表对我的欢迎是对我的鼓舞，我十分不敢当。主席是西北军的名将——"鹿钟麟急忙说："不敢当。"

范筑先将军接着说："徐副师长在红军时就已闻名全国，朱瑞代表也是共产党的著名领导者。今天能与你们、与南宫军政各界以及群众见面是十分荣幸的。我特向你们致以亲切的敬意。"

随后他向欢迎群众说："现在国难当头，日本鬼子侵占了华北，继而要灭亡全中国，眼看就要亡国了，像朝鲜、印度一样任人宰割。我们只有把全国人民的力量组织起来，团结一致，同心协力，誓死拒敌，绝不叫鬼子烧杀我们的同胞、灭绝我们的民族。希望父老们积极宣传，有枪出枪，有钱出钱，只要把群众组织起来、发动起来，最后胜利一定是我们的。"台上台下掌声、欢呼声响成一片。

散会后，由徐向前、朱瑞、杨秀峰、宋任穷等陪同范筑先、韩多峰等并肩进城，设榻李宅。当晚，八路军组织了一个宴会，参加的有徐向前、朱瑞等人。在宴席上对范筑先、韩多峰两位专员十分尊重。沈鸿烈非常嫉妒，以后在谈话的时候常说："范专员留着这样长的胡子，我没有胡子，但我却比他还大两岁呢！"大家听了哄然一笑，从而成了个笑柄。见韩多峰与范筑先走得很近，沈鸿烈更是生气。

从聊城到南宫，沿途大小村镇城市大街小巷，都张贴着欢迎范筑先的标语，其中有"欢迎劳苦功高的范专员"等。沈鸿烈比范司令先去了几天，但欢迎他的标语不多，只有几条是"欢迎沈主席抗战到底"的口号。在南宫看到的欢迎他也不像范专员那样热烈，也没有开什么欢迎大会。鹿钟麟和沈鸿烈为便于研究反共计划，沈就在鹿宅内灰溜溜地住了几天。

第二天上午，在李宅会客厅开会，参加会议的有徐向前、朱瑞、宋任穷、杨秀峰，以及鹿钟麟、沈鸿烈、范筑先、韩多峰、张郁光、姚第鸿和张维翰等。首先，八路军总代表朱瑞讲话。他讲得非常生动流利，把目前国际、国内形势以及当时的敌情做了详细的分析，对共产党的方针政策也做了阐述。其次他赞扬范筑先专员，这样大年纪了，还扩大了这样大的抗日武装和抗日根据地，表示十分钦佩和敬仰。最后他希望团结一致，共同对敌，以取得抗日战争的最后胜利。朱瑞代表讲完后，请鹿钟麟讲话，鹿钟麟不讲；请沈鸿烈讲话，沈鸿烈也不讲。接着，请范筑先将军讲话。

范筑先将军首先表示坚决拥护朱瑞总代表所讲的共产党的抗日方针政策，继而他把鲁西北抗日战争的情况做了介绍："鲁西北的民众在历史上就是很革命的，当日本侵入山东之后，他们都纷纷武装起来保家卫国。这些农民起来的武装，虽有一些问题，但很快被我们收编起来，形成了一支抗日的武装。他们打了不少的仗，立了不少战功，鲁西北被敌人占领的地方都已收复了，现在津浦路西30余县已无敌踪，人民安居乐业。"

他又接着说："我们要取得抗战最后胜利，首要的就是如何贯彻执行共产党所提出的统一战线政策，能团结一致共同对敌，就有力量。闹分裂，各搞各的就会涣散抗日力量，客观上是帮助了敌人。因此团结是我们当前最主要的问题。其次是发动群众和组织群众，没有群众支持，不把广大群众发动起来共同抗战，取得最后胜利也是不可能的。"

他讲了约半个小时，从讲的内容来分析，他是话中有话，是针对着沈鸿烈讲的。因为沈到鲁西后实行的反共和对日妥协的政策，专门破坏鲁西北抗战。最后，他说："我们一定要抗战到底，把日本鬼子赶出中国去，取得抗日战争的最后胜利。"

范司令讲完后，已经 12 点了，大家到行署吃午饭。冀南行署主任兼军政干部学校校长杨秀峰以东道主的身份请客。饭后稍事休息，就在行署进行了座谈，由杨秀峰主任主持。徐向前、范司令、杨秀峰以及鹿钟麟、沈鸿烈都发了言。其中心内容是"加强团结，共同抗战"。

最后，朱瑞强调：冀鲁两省应该加强协作共同对敌，并提出八路军控制的冀南抗日根据地和范的抗日武装控制的鲁西北抗日根据地的协作方案。

一、八路军到鲁西北根据地，一切供应由鲁西北抗日政府负责，鲁西北的部队到冀南活动，一切供应由冀南抗日政府负责。

二、双方的一方如果发生紧急情况，在军事上应互相增援配合。

三、建立情报交换制度，交流抗日工作经验。

范筑先表示很同意朱瑞总代表的意见。

接着，徐向前来到李宅，范筑先起身敬礼并握住徐向前的手说："哎呦，徐将军，故友重逢，真是受益匪浅啊！"在东房的里间，徐向前坐到了范筑先的对面，两人进行亲切的交谈。张郁光、姚第鸿和周云章在场。

徐向前说："我这人不大会讲话，故友重逢，开门见山。"

范筑先点头说道："请讲。"

徐向前说："范将军在短短的十个月之内在鲁西北发展壮大了 5 万余人的抗日队伍，大大小小打了几十场仗，收复了 20 多个县城，尤其是在武汉会战当中，配合攻打济南，更是打出了威名。得知次子范树民光荣牺牲，我们特表示哀悼！"

范筑先："次子范树民死得其所，徐将军不必介意。"

徐向前重述了朱瑞在座谈会上提出的三点建议，进一步征求范司令的意见，并提出一些具体措施。接着，介绍八路军整军和作战的一些经验，举了一个战例，他说："我们在某地打了一个席卷战。先包围了敌人，随后敌人又把我们包围了。我们又增援了部队，把敌人又包围了。里突外攻，突破一点，最后把敌人全部消灭。"

范筑先说："这种战术很好。我们作战应该集中力量突破一点，容易取得胜利。"

最后，徐向前问范筑先："国民党中央对你们支援了些什么东西？"

范筑先说："就是从洛阳支援了点子弹，其他都是自力更生。国民党用飞机运给沈鸿烈中央票 400 万元，沈分文未给。从洛阳运到阿城步枪 2000 支。还有 300 辆小土车的子弹，一枪一弹也未发给我们。我们 30 多个支队吃的和穿的都是自己筹措的。"范筑先又叹息地说，"唉！人民负担也不小啊！"

徐向前说："我们八路军吃的穿的都是靠自己生产的，枪炮子弹都是缴获敌人的，国民党中央只对我们做过很小的接济。所以咱们抗战必须树立自力更生思想啊！"

他们一直谈到下午 4 点，谈得很融洽。最后范筑先表示回去就开会，搞出一个"约法三章"，也制定行动纲领，让大家执行。徐副师长很赞同这个意见。

徐副师长辞别后，范司令对张维翰、张郁光和姚第鸿等说："共产党八路军的抗战办法就是好，我们回去后，应当教育全体人员认真学习这些办法，争取抗战的胜利。"

鹿钟麟、沈鸿烈对此很不满意，两人在南宫策划结成所谓"冀鲁联防"，以限制八路军在冀南和鲁西北地区的发展。沈鸿烈和鹿钟麟合计好如何执行蒋介石的反共计划。沈鸿烈开完会后就离开南宫，回去后，趁韩多峰在南宫，宣布撤销韩多峰的专员职务。

24 日上午 7 时，按照范筑先司令的指示，组织了参观小组。政治组由张郁光、姚第鸿等负责；军事组由张维翰和陆子衡组成。他们参观了冀南军政干部学校，由八路军干部讲解游击战争问题。讲解员说："游击战术和发动群众组织群众分不开，没有群众掩护和参加，游击战就无法打。八路军和老百姓就是鱼和水的关系，没有水，鱼一天也活不成。其次，打游击战的几个原则：敌进我退，敌退我追，敌疲我打，敌驻我扰。不打不够本的仗，不打没有把握的仗。这是多年来对游击战争的总结。"除此之外，他们又介绍了"伏击战""麻雀战"，等等。参观小组成员深受教育，回来都向范司令做了汇报。

早饭后，在去军政干部学校参观访问的同时，范司令应邀参加了冀鲁区中华民族解放先锋队总队部成立大会。他在会上说："听过大会主席的报告后，知道大家是拥护抗日民族统一战线的，你们的宗旨是团结各党各派、各阶层的青年，共同为解放中华民族而奋斗，这是万分正确的，是中华民族迫切需要的。今天我很幸运地参加你们的成立大会，我很愿意把自己的一点看法和做法，作为一点薄礼贡献给大家。"

他接着提出以下几点意见。

一、不屈服，不动摇，坚持到底。这次中国全民族的抗日战争，绝非短期内所能解决的，解放中华民族的伟大历史任务，也不是短期内所能解决的。一切都需要坚持长期的英勇斗争，盼望你们不怕困难，不避艰险，不惜牺牲，勇敢地向前迈进，以争取最后胜利，达到解放中华民族的目的。

二、要有勇有谋。你们为国家为民族而奋斗，要逢山开路，遇水搭桥。中华民族解放先锋队的任务是光荣而重大的，如有丝毫的错误也会影响全局。因此你们的工作要绝对谨慎。你们的经验还不多，会遇到困难，希望你们的工作要有计划，事前多想办法，多加思量，要"先谋而后动"。谋在工作中太重要了，希望诸位特别注意。

三、要有工作方法。你们的任务是帮助部队和政府动员民众参加抗战的。你们应当怎样进行工作呢？我以为青年人，既应坦白从事工作，方法又要合理。"理直则气壮"，这是大家熟知的名言。你们应以人格和工作中的模范行动来争取群众的拥护，不应有任何强制行为。只要能以身作则，领头去干，大众定会一致奋起，响应号召，共赴国难。

范司令讲完后，受到全体人员的热烈欢呼和鼓掌。

晚上，徐向前和范筑先亲切交谈。

徐向前说自己是个老实人，说大实话，本来发展鲁西北的抗日队伍，应该是一件天大的好事情，可就是这么一个天大的好事情，还是有一些人高兴不起来啊！有一些人说您范将军重用我们共产党人，是跟国府唱对台戏，说您范将军扩大抗日队伍，是拥兵自重，于是就在背后打黑枪，甚至做一些见不得人的勾当，这就像我们八路军东渡黄河深入腹地，在晋冀鲁豫建立根据地，可是在地方势力和官员们认为我们就是在抢地盘，试图有一天要与国府分庭抗礼。

范筑先感慨地说："其实有这种想法的人是大有人在，这些人置国家民族的危亡于不顾，口是心非，自相矛盾，你就说申宏利吧，现在正在鲁西北搞武装整编，其实他的心思明眼人都明白，那就是司马昭之心，路人皆知。"

徐向前接下来说："所以，想和范将军一起商量下一步的对策。你可以顺水推舟，借坡下驴。"

"自主整编？"

"不知范将军意下如何？"

"可是我只有一个旅的编制和番号啊，但是鲁西北有5万官兵，如何整编才能做到协同作战？"

"范将军，蒋介石只给我们共产党人领导的抗日队伍两个军的番号啊！"

范筑先点头道："他山之石，可以攻玉。我想效仿贵军过去的编制，贵军设立了纵队，纵队下面分支队和团；在旅以下设新一团和新二团，还有独立团。"

徐向前点头说："鲁西北的抗日队伍成分更加复杂，有土生土长的民团、保安部队，还有南下滞留的溃军，有北平、济南、天津那些不甘做亡国奴的热血青年，当然还有我们这些有着共产主义信仰的共产党人，三十几个支队，各有各的特点，不好统一指挥，也不好管哪。范将军亲自整编，发挥各个支队的特点，再把各个支队分成三四个纵队，而且还可以起到不把所有的鸡蛋都放在一个篮子里的效果。"

范筑先笑笑点头说："真是知我者徐将军也！"

徐向前哈哈大笑。

范筑先说："我这马上就打算回鲁西北，着手编制，山东、山西紧挨着，唇齿相依，我想以后我们可以在协同作战、互通情报以及共同建立敌后根据地方面达成共识，甚至可以搞一个合作协议嘛，不知道徐将军意下如何？"

徐向前："一拍即合！"两人击掌为快，在座的人都笑了。

范筑先为了向八路军学习抗战经验，比沈鸿烈晚走两天，于25日早饭后，离开南宫到临清返回聊城。临行前徐向前副师长要排队相送，范司令坚决拒绝。他们俩肩并肩，有说有笑，一直送到南门外。街上的过往行人，见了八路军的领导人和鲁西北的抗日老英雄如此亲密团结，无不举手致敬。张维翰等跟随的人员也感觉很光荣。

出了南门，徐副师长和范司令握手相别。大家上了汽车，当天上午到了临清。临清是吉占鳌第十六支队的防地。部队和群众在数里之外迎接范司令，当天，就住在第十六支队司令部。

回聊城后，他兴奋地对赵伊坪等人说："共产党人才辈出，徐将军军政兼优。当今之世，要救中国，要想不当亡国奴，唯有听共产党的话。我之所以把长子、长女、三女都送到延安抗大学习，就是表示我这一决心。"

为贯彻会议精神，学习八路军的抗战经验，赵伊坪趁热打铁，提出组织会议，讨论制定一个山东六区抗日行动纲领。范筑先接受鲁西北特委建议，赵伊坪以政治部名义提出的《山东省六区抗日共同行动纲领》，并为这个"纲领"起草小组的主要负责人，范将军对这个"纲领"十分满意。决定由政治部负责筹备在聊城召开全区军政联席会议，以解决当前政治、军事和经济方面的重大问题。

第二十章

革命感情铸情怀，乡愁惆怅写华章

秋收季节的一天下午，阳光照耀着无际的苍黄的平野，远山宛如水墨画影，应着火车声在慢慢移动。王长简本来想去西安，但觉得有几天空闲，他就带着对于童年的留恋之情和对赵伊坪的兄弟之情奔郾城而来。他走出火车站，搭上"虎头鱼"的人力车，望着远处古塔过桥，穿过咚咚响的门洞，他先要到赵伊坪家看望其家人。他看到郾城文庙古雅庄严，但觉得它有些无精打采，几片落叶被风吹到墙根。不远的人家门前坐着两个妇人，一面低头做针线，一面在聊着天儿，没人在意他的到来。

王长简与赵伊坪已有两年没见了，他想起了花红果园的香气、艳丽，想起他住了半月的传说有狐仙住过的阁楼，还有竟然被传说成那座从仙人袖筒掉下来的古塔……

王长简拎着手提箱走进赵伊坪家院，小西杞正在院里玩儿，见有人来就问："你是谁啊？找我爷爷，还是找我爹呢？"

"我是你伯伯，你是小西杞？"王长简放下箱，蹲下来与西杞说话。

"伯伯，你咋知道我的名字了？"

"是你爹告诉我的呀！"

"嗯呀！这不是长简大哥，你啥时到的？"听到外面说话，赵伊坪妻子吕瑞芝从屋里出来吃惊地说。

"我刚到，过来看看你们。我叔叔、婶婶没在家？"

"西杞爷爷教书还没回来。西杞奶奶还有莉莉上地里看庄稼了。"

"看庄稼了？"王长简纳闷地问。

"看庄稼就如同瓜园里看瓜，果园里看果，并不是看瓜看果，而是看那些偷瓜盗果的人。这年头挨饿的人多，常言说饥不择食，这人呀——饥饿了把尚未完全成熟的庄稼弄去吃是常有的事，这种损失对种庄稼的人往往是不可低估的。为防止有人偷庄稼，每年两季在收庄稼前有七八天时间，要有人起早贪黑地守在地里看着庄稼。"

"这年头可真不容易。伊坪又常年在外，家里还过得去吗？"王长简既感叹又关心地说道。

"你不知道，我对做农活还是有一套的，知道怎么精耕细作。"

"那你够辛苦的。"

"说辛苦，这不都是为了这个家吗？我不怕，在秋天的庄稼地里干活把露出的胳膊晒脱皮，也是常有的事。自己家有了自耕地，连莉莉都派上了用场，大人在地里耕作时，奶奶要烧茶。（郾城人把喝开水也叫喝茶，其实就是把几片干桑叶放到小瓦罐里，把锅里烧开的水舀到罐里，就是茶了。）农忙时还要送饭，还要拔草、间苗等。"

"真不容易。西杞长得真好看，两岁了吧？"王长简此时已抱起西杞说。

"两岁了。西杞，快请你伯伯屋里坐。"

"伯伯，请家里坐。"

"西杞真乖，我这里有京城的点心，让我给你拿。"王长简放下西杞，从提箱里拿出点心给西杞。

西杞看看吕瑞芝："我娘说别人的东西不能要。"

"伯伯的东西也不能要？"王长简说道。

西杞又看看吕瑞芝，吕瑞芝只好说："拿住吧，拿住吧。"

"天还早，我想再串个门。"

"是去你亲戚孟林太太家吧？"

"是，上次来也没去看一眼。七年了，都快忘了。"

"那你快去吧，晚上和你叔一起吃饭。"

"好，去去就回。"

王长简取道经过果园的路，沿着城墙内道，从果园里穿过去，一直到孟林太太家的后门。

他抬头一望，果林缝隙中偶然间现出几片红叶。除他之外，深深的林子里没有第二个人，除了他的脚步，听不出第二种声音。

王长简已经站在孟林太太的庭院里，考虑着该不该惊动她的清静，站着的仍旧是像用水冲洗过的庭院，左首搭个丝瓜棚，但是夏天的茂盛景象已过去，剩下的只有透着秋天衰败气息；在右首，客堂窗下有个花畦，种着常见的几种花：锦球、蜀葵、石竹和凤仙。关于后面一种，本地有个更可贵的名字，人把它叫作"桃红"或称"指甲红"。凡有桃红的人家都有少女，少女们是用这种比绢还美丽鲜艳的花瓣染指甲的，并且直到现在，偏僻地方的少女仍旧自家种来将她们可爱的小指甲染成殷红。

一瞬间，王长简想起和赵伊坪在一起议论的素姑，孟林太太的女儿，现在29岁了，难道她还没有出嫁吗？他踌躇地站了片刻。在空荡荡的庭院里，黄叶飘摇着从空中落下来。大槐树顶上停着一只喜鹊叫了两声，接着又用尖嘴自顾去梳理羽毛。

忽然，王长简听见堂屋的左首发出咳嗽声，这是孟林太太的咳嗽声。为通知主人有人来，他特意放重脚步走上台阶。房子里仍旧像七年前一样清洁，几乎可以说完全没有变动，长几上供着孟林先生年轻时的照相。孟林先生总是穿着长袍马褂，头戴瓜皮小帽，脚下是双梁鞋白土布袜子，右肘靠着上面放一座假自鸣钟的茶几坐着。照相旁边摆两只花瓶，里面插着月季花。

王长简预备在上首雕镂的老太师椅上坐下。恰在这时，从里间小门里探出个女人的头来，穿着褪了色的蓝布衫，约莫40岁光景的女仆。她惊讶地望着我，然后低声问道：

"你是哪里来的？"

王长简说明了来意，女仆像影子似的退进屋去，听见里面叽咕着，约莫有五分钟，随后是开关奁橱的响声，整理衣服声，轻轻的脚步声和孟林太太的咳嗽声。

女仆第二次走出来，向王长简招招手。"请里面坐。"她说着便径自走出去。声音是神秘的，单调而且枯燥。

王长简走进去的时候，孟林太太正坐在雕花的几乎占去半间房子的大木床上，靠着上面摆着奁橱的妆台，结着斑白的小发髻的头和下陷的嘴唇在轻轻地颤动。她并没有瘦得皱褶起来，反而更加肥胖了，可是一眼就能看出，她失去一样东西，一种生活着的人所必不可少的精神。她的锐利的目光到哪里去了？她在王长简上一次看见她时还保持着的端庄、灵敏身材又到哪里去了？

她打手势让王长简坐在窗下的长桌旁边，也许因为过于激动，老太太失措瞪然地向他望着。最后她挣扎一下，马上又委顿地坐下去。

"几年了？"她困难地喘口气问。诧异她的声音是这么大，耳朵现在毫无疑问已经聋了。

"七年没见了！"王长简尽量提高声音回答她。她仍旧茫然地频频瞅着王长简，好像没有听懂。

就在这时素姑从外面走进来，她长长的身材仍旧像根杨枝，走着习惯的细步，但她的全身再也看不出先前的韵致；她的头发已经没有先前茂密，也没有先前黑亮；她的鹅卵形的没有修饰的脸蛋更加长了，更加瘦了；她的眼梢已经显出浅浅的皱纹；她的眼睛再也闪不出神秘的动人的光了，有些憔悴，现在纵然修饰也掩饰不住她有29岁！

她惨淡地向王长简笑笑，轻轻点一下头，默然在孟林太太旁边坐下，于是又沉默了。王长简、素姑不自然地坐着，停留在往日留下的惆怅中，放在妆台上的老座钟也不知几时停了。阳光从窗缝中透进来，在薄暗的空中照出一条淡黄的线。

孟林太太困难地说："你老了。"

王长简望着坐在她旁边苍白而又憔悴的素姑，孟林太太应该另有原因，因为害怕女儿重复自己的遭遇，才一味因循把她留在身边的。王长简感到一种痛苦，一种憎恶，一种不知道对谁的愤怒。

"人都要老的。"王长简低声回答。

那女仆送上茶来，仍旧是老规矩，每人一只盖碗。

王长简喝了两口茶，带有沮丧无奈，走出那沉闷的屋子。

在院子里，素姑问："你住哪？"

"住伊坪家前面的楼上。"

"见了伊坪和他家里人，代我问个好。"

王长简点点头。

"你啥时候走，我送送你吧？"

"明天一早走。"

"那我一早送你到车站。"

王长简不知为啥，没说可否，只是挥挥手，向外走去……

回到赵伊坪家，伊坪父母及莉莉已回到家，王长简、伊坪家人们相互问候。

赵树梅说："长简，好久没来郾城了吧？"

王长简回答："是啊，有两年了。"

"这两年见伊坪了吗？"

"一直没机会见，但不断有他的来信。现在他在山东聊城可忙了。"

"这我知道，波波（赵晓舟）断不了来信说，有时他俩还能见个面。"

说着，赵树梅转身去拿来一封信："这是晓舟写的信。"

王长简接过信读出声来：

亲爱的温和慈祥的父母及亲爱的嫂弟侄女们：

遥远地阔别了四年，

彼此怀念着，

但，时至今日，

战争横断了我们的关系，

这样，不知到何时才能相见，

不知到哪一年月才能欢聚？

一切啊，都付之与遥远地默念吧！

晓舟××38.3.28

赵伊坪家人们都眼里噙着热泪。

"我听说伊坪和晓舟在山东可了不起了，经常和将军在一起，伊坪还发表了不少作品。"王长简宽慰地说。

"那就好！和将军在一起长见识。你今天能来我们全家都很高兴。"赵树梅说道。

"伯伯来，我也高兴。"莉莉拉着王长简的手喜悦地说。

"莉莉高兴，我更高兴！"王长简抚摸着莉莉的头说。

"是啊！这隔长不短的只要能收到莉莉父亲的信，无论是父母还是我俩提多高兴了。只要得到了他的信，整个家就有了生活下去的信心和勇气，再苦再累也不怕。"吕瑞芝端上打卤面说，"吃饭，吃饭吧。"

"大家一块吃。"王长简与赵伊坪郾城的家人一起吃了饭。

放下碗筷，王长简问："这小鬼子打过来，你们不怕吗？"

赵树梅说："开始也紧张。在日本要进郾城之前，伊坪母亲留在家里看家，我先把她们母女三人送到沙河南岸的吴庄我姑姑家。吴庄离城不远，但日本人并没有涉足那里。她们住在我姑姑家避难，但她们心里一直牵挂着我和母亲。我们同样也想她们。日本人进城以后的不长时间，你婶

催着我把她们接回去。"赵树梅便讲起他们回城的故事——

一天，赵树梅去姑姑家，他们相见恍如隔世，莉莉和西杞都跑过去抱住爷爷，不忍分离。当天赵树梅就决定带领她们回家去。乘船过河后，从南门进城，城门口两边都站着日本兵，钢枪上的刺刀闪着光，那情形十分可怕。凡是进城的人，不论男女老少，所带的物品一律严格检查，都要搜身，无一例外！谁都难以预料会发生什么样的事。

当时，吕瑞芝胳膊上挎着那个小包袱，那包里有赵伊坪的照片和信件，一旦被打开查看，假若他们从信中看出啥，那后果就不知咋了。吕瑞芝越想越觉得大祸就要临头了。赵树梅站在那里也不知如何是好。莉莉和西杞战战兢兢地站在吕瑞芝的背后。那时，吕瑞芝装作没事地取下了小包袱，放在地上，就要打开，却不料竟有一个排头的日本兵摆摆手，一副不屑一顾的样子，表示不必看了。真是万幸！鬼子竟然放他们入了城。

他们惊魂未定，气喘吁吁跑到家里时，赵伊坪的奶奶还在那里求神保佑呢！见到都安然地回到家，她两眼的泪水滚落下来，一手揽一个，把莉莉和西杞抱到怀里，说个不停："咱今后哪也不跑了，死就死到一块！"

王长简说："好险啊！看到一家人都好，我心里也踏实了，伊坪知道了也会放心些。"

"让他放心，我替伊坪谢谢你能来看我们。"

聊了一阵子后，王长简上了前面的堂楼。他内心激动不已，把一天心情记录下来才休息。

第二天一早，素姑将王长简送到车站。在站台上，王长简把手提箱放到列车行李架上又下来与素姑道别。

"箱子放好了？"素姑问道。

"放好了。请回吧。"

"方便了记着给写封信。"

"中，记着了。"王长简在车门口挥着手。

离别总是有些伤感，道别的声音是那样没有精神。火车汽笛响了，王长简身上带着郾城的泥土，带着一丝欣慰和苦涩滋味远去——

　　赵伊坪爱人吕瑞芝确实是个了不起的妇女，很要强，一家人的吃穿消耗，光靠西乡的几亩土地也还是不够的。她不去地干活，就掐草帽辫子，缝帽子，到东门外的路边上去卖。原来余下几亩在西乡，因家里没有劳力，地离家又远，出租给别人耕种，那块地本来就是坡地，地势不好，不是旱便是涝，肥又跟不上，打的粮食年年不够吃。在东门外离家不远的5亩地因伊坪爷爷去世拮据当了出去，她争气地辛勤劳作，省吃俭用积攒了一些钱，硬是把当出去的地又赎回来自己耕种。

　　白天一切笨重的活都干完了，到了晚上没有灯，有灯也没有油，有油也舍不得点灯呀！怎么办？那就摸黑掐草帽辫子，从麦秆上部采集的莛子，用水一浸，捆成捆，每捆的直径足有碗口那么粗。掐辫子时，找个地方坐下来，捆成捆的莛子夹在左侧腋下，两手就不停地掐起来，掐完一根，就随手从腋下抽出一根续上，不用眼睛看，也用不着去看，一切全凭掐的人的触觉。黑暗中只听到瑟瑟簌簌的声音，把一捆掐完少说也要两个多小时，时间就到半夜了。因为吕瑞芝做活手巧，掐出的辫子细致均匀，辫子一层一层缝成了草帽，草帽式样好看，小孩帽还配有花型，所以，每次拿出去卖的草帽很快就销售一空。掐辫子、卖帽子攒钱。卖草帽是有季节性的，天凉以后，储备的莛子掐完了，这项活儿就停止了。

　　尽管如此，人还不能闲着，吕瑞芝就转成用布缝小孩帽子的一种新劳作了。做布帽子并不是边生产边销售，而是做成一批，邀两个人结成伴到外地去卖。那时，她们主要是到西华县去卖。起早，她们要走50多里路，有时卖钱，也有时用帽子换粮食。

　　西华在郾城东部，那里是黄河造成的泛滥区，这年的黄泛造成的不是天灾而是人祸。1938年6月，国民党政府为了阻止日军西进，国民党"以水代兵"，在郑州花园口用飞机投弹炸开了黄河大堤造成黄河改道，使豫东、皖北、苏北地区广大人民群众的生命财产遭受了一次空前的浩劫，89

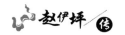

万人丧失生命，几百万人失掉家园。

西华县经此灾难后，秋季自然是人少地多了，产的粮食多了，粮食价钱也就便宜了。用以物易物方式，拿帽子换粮食，就有个运输问题，路途又非一日的行程，非结伴不行。吕瑞芝每次都是跟两个街坊一起去西华，3个人推着一辆独轮车起早贪黑地走。鄄城那里把独轮车叫"土牛"。这土牛的制造非常粗糙，连轮子都是木质的，十分笨重，空车也要有人在前边拉着走，走起来"吱吱扭扭"地叫个不停，声音还非常响亮。吕瑞芝负责拉车，用绳子搭在肩上，在前边拽着走，另两人轮换着推车，这样往返路途拉上两三天。她每次回来，肩上都留着血痕，脚上都打着血泡，很苦很累，却任劳任怨。

为贯彻冀鲁两省军政联席会议精神，解决鲁西北政治、军事和经济方面的重大问题，范筑先准备于1938年10月5日在聊城召开鲁西北军政联席会议。赵伊坪和政治部的人员为开好这次会议做了充分的准备。赵伊坪起草了《军队政治工作如何发动群众》、《政治部工作计划》的报告和《山东省第六区抗日共同行动纲领》等文件。这些以中共鲁西北特委和第六区抗日政治部的名义签发的文件，凝聚着赵伊坪辛勤劳动的汗水，体现了他对鲁西北抗日根据地的巩固与发展所做出的重要贡献。

鲁西北军政联席会议为时3天，10月4日下午召开筹备会，分军事、政治、经济3个组讨论提案。大会议程有：一、工作报告；二、审查提案；三、提案检查报告。

10月5日，军政联席会议在司令部会议室举行。出席会议的有：范筑先，政治部的张维翰、姚第鸿、赵伊坪，军事教育团袁仲贤，军政干校的张郁光、齐燕铭，总参议赵玉波，参谋长王金祥，各支队司令、各县县长及司令部各处科长共140余人。

鲁西北军政联席会议上通过把范筑先1937年发出电告的日期"11月19日"定为鲁西北的"抗战动员纪念日"，由政治部姚第鸿、赵伊坪、张郁光、齐燕铭等组成筹委会，准备在聊城和各县、各抗日部队，分别举行纪念大会。政治部发出通知，为庆祝这个可纪念的日子，还积极动员群众献马献枪和成立4个纵队的抗日武装的庆典，出版纪念册，展览抗战一年来的各种战利品和抗战图片。

会议一直开到晚上8点，范筑先看到会场上生气勃勃、意气风发的场面和情绪，深受鼓舞和感动。他在会议上做了《良心抗战、责任抗战、守土抗战》的重要讲话，表述他的抗战决心，表白他的无私无畏的坦荡胸怀。他高度赞扬了青年政治工作人员的爱国热情和在抗战中发挥的重要作用。

他说："在旧社会，武官不怕死，文官不爱财，就是好样的，罕见的。现在你们这些青年政治工作人员兼而有之。我范筑先极大的信任。"

最后，他在会上强调："这次大会通过的《抗战行动纲领》《整军方案》和《战时经济政策》三个文件，这就是我们的约法三章。大家应共同遵守，我想还不够，再加上'加强自我学习，建立自我批评'一项制度。我们要想能应付当前的复杂环境，想健全自己队伍，就必须先从学习入手。"

第六区军政联席会议通过的三个文件都是经过特委反复研究才决定下来的。这些重大活动毫无例外是由赵伊坪与范筑先将军商定下来的。会议通过的三个要件体现了中国共产党《抗日救国十大纲领》的精神，是党的战略方针在鲁西北的具体实施，为鲁西北抗日游击战争和根据地的创建打下了基础。

这三个文件都在特委机关报上发布了。

一、山东省第六专区抗战行动纲领

1. 拥护与实行"抗战建国纲领"，在中央政府统一领导下，誓死抗战到底。

2. 巩固与扩大抗日民族统一战线，团结各党派各阶层之一切抗日力量，争取抗战最后胜利。

3. 改善政治机构，严惩贪官污吏，以建立廉洁的抗日政权。

4. 彻底开展民众运动，在三民主义最高原则之下，予人民以集会、结社、言论出版之充分自由。

5. 普遍建立不脱离生产的人民武装以配合游击队及正规军警戒及作战。

6. 建立军队中政治工作制度，加强官兵政治教育。

7. 建立军队中铁的纪律，造成军民一致，官兵一致的模范抗日军队。

8. 优待抗日军人家属，抚恤伤亡官兵。

9. 加强军队组织及教育，提高战斗力。

10. 根据有钱出钱，有力出力的原则，实施合理负担，救济灾民，改善人民生活。

11. 统制输出输入调剂粮食，提高战时生产。

12. 设立金融机关，统制货币，以调整战时经济。

13. 肃清汉奸，并没收其财产，充作抗日经费。

14. 实施战时的大众教育，肃清文盲，培养救亡干部，以增强抗战力量。

15. 加强自我学习，建立自我批评制度。

二、战时经济政策

六区成立了"战时经济设计委员会"，这个委员会提出了"战时经济政策"，其主要内容是：一、整理田赋；二、刷新税收；三、统制物资。总的精神是根据有钱出钱，有人出人，实行合理的负担，筹集抗战经费。

三、整军方案

鲁西北的抗日武装力量不断发展、壮大，已经由一个保安营发展到30多个支队；三路民军6万余人。由于战斗装备不齐，组织纪律涣散，人员不充实，政治工作不健全，不能适应抗战需要。

中共鲁西北特委为加强组织提高战斗力，健全政治工作制度，需要把游击队过渡到游击兵团，经多次研究酝酿，拟出了一个整军方案。5月政治工作扩大会议时曾作过讨论，本着发展进步力量，改造民众起义武装和民团武装的精神，把全部有战斗力的武装统一编成4个纵队，经过几个月的反复修订，在这次会议上作了正式提案，讨论通过。整军方案如下：

第一纵队司令范筑先（兼），副司令王金祥；第二纵队司令袁仲贤；第三纵队司令齐子修；第四纵队司令张维翰。每个纵队有6~7个支队不等，每一个支队编成一个团。

日本侵略者攻陷广州、武汉之后，转变战略，停止对国民党的战略进攻，集中主要力量对付共产党领导的人民抗日武装。在山东，以沈鸿烈为首的国民党顽固派，不顾民族利益，实行消极抗日、积极反共的政策。他们公开分裂范筑先与中国共产党合作抗日的关系，蓄意制造摩擦。为了维护鲁西北抗日民族统一战线，赵伊坪在鲁西北特委的领导下，同国民党顽固派进行了针锋相对的斗争，粉碎了他们的阴谋。

鲁西北地区的工作得到了毛泽东主席的高度评价。在《抗日游击战争的战略问题》一文中，毛泽东指出："河北平原、山东的北部和西北部平原，已经发展了广大的游击战争，是平原能够发展游击战争的证据。"

重庆的《新华日报》报道称："鲁西北为我国抗战后首先建立之平原游击区……先后恢复重要县份甚多，予敌以重创。"

中共山东省委书记黎玉和后来任山东纵队司令员的张经武一道，1938年10月由延安回到山东，带来了毛泽东主席给范筑先将军的亲笔信以及他的著作《论持久战》。信中肯定了范筑先坚持敌后抗战的贡献和影响。经过聊城时，在赵伊坪的陪同下，他们把信和著作亲手交给范筑先将军，范筑先感慨地说："当今之世要救中国，唯有听共产党的话。我要和共产党合作抗战到底，今生决不辜负毛主席的希望。"

在聊城，黎玉、张经武给范部留下王从化（田兵）、邹玉琢、高景鲁、温殿卿、史太林（赵明）等八路军第三批干部。这些干部以后都成为鲁西北抗战的骨干力量。

由于有赵伊坪与范筑先的友好合作，在这面团结抗日的大旗下，鲁西北抗日民族统一战线的形成，有力地推动了当地党组织、群众团体、政权建设和抗日武装及游击战争的迅速发展。

鲁西北地区的中共党组织、群众团体、抗日武装和游击战争都得到迅速发展。党员由300余人发展到4800余人，各种抗日群众团体的总人数达到20余万人。

当时抗日群众团体有：抗战移动剧团、聊城妇女救国会、聊城儿童救国团、聊城妇女战地服务团、冀鲁青年记者团和聊城青年救国会等。

由于国民党第四区、第六区的各县政权相继瓦解，为安定人心、建立抗日秩序，中共鲁西北特委帮助范筑先对原有政权进行了认真改造，发动群众，建立抗日武装和各种抗日救亡团体，同时恢复发展共产党的组织。范筑先采纳鲁西特委的建议，先后恢复或新建了30多个县政权（皆由范筑先任命县长），其中濮县、观城、阳谷、范县、莘县、冠县、寿张、高唐、馆陶、邱县、齐河、恩县等县，均由共产党员或进步人士担任县长。

鲁西特委一方面协助范筑先收编遍布鲁西北的各种游杂武装和留在当地的国民党军队，并派出政工人员对其进行改造；另一方面创建党直接领导的人民抗日武装，作为鲁西北抗战的骨干力量进行抗战斗争。此时，隶属于游击总司令部统辖的武装，共有35个支队、3路民军，另外还有直属部队和独立团、独立营，共约6万人。敌后平原游击战争在一年多时间里共进行大小战斗80多次，保卫30多座县城。

赵伊坪在从事武装斗争中，深知培养军事人才的重要性，他注意发现和动员适合做军事工作的党员到军事工作岗位上，以加强党对武装部队的领导，并提议选派一批干部去延安抗大学习，为鲁西区党委造就了一批优秀的知识分子出身的军事干部，如陈中民、晋士林、吴钟昆等，后来成为鲁西区党委领导下的筑先纵队和先遣纵队中层领导的骨干力量。

创立的鲁西北抗日根据地，各项工作都呈现着生机勃勃的局面，树立了两党合作的模范典型。这一局面得到了毛主席的高度评价。

赵伊坪应冀鲁青年记者团主办的大型理论刊物《战地文化》的编辑吴韬和画家姜宝鼎之约，撰写《论抗日政权》一文。文中，他对抗日政权建立的原因、作用以及意义都阐述得非常清楚：

论抗日政权

抗战一年来，在国民政府的系统上起了划时代的鲜明的转变。这一转变主要的表现在全国范围内抗日政权的建立、巩固与发展。抗日政权首先实现了全中华民族与中国人民的亘古未有的统一局面。这是中国历代帝王所期待不到的成功，是近数十年来封建军阀所经营不到的收获。这一空前未有的统一局面昭示全中华民族与中国人民：只有抗日战争才能促成全国的团结，只有最大限度地发挥民族解放战争的革命性才能奠立新中国的坚强的基础。所以，我们认为一切为民族解放而奋斗的个人或集团，都应该把抗日政权作为我们现阶段唯一的神圣的产业，发展它、巩固它，拼全民族的力量保卫它。

抗日政权的产生有其一定的时代背景和社会的根源，决不是某一个人或某个党派任意制造的。抗日政权是粉碎日本帝国主义的进攻和消灭依靠日本帝国主义而存在的伪政权的强有力的武器。我们如果没有坚强的抗日政权，便不能消灭伪政权，便不能从政权上保护抗战的最后胜利。同样，我们有了近于抗日的政权，但如果不能从这样一政权的本身给以重大的变革与充实，便无法适应抗日的需要，不只不能消灭伪政权，相反地，倒有被伪政权击破的可能。这是我们全国人民和政府应该万分警惕的。

抗日政权是民族解放战争过程中必然的历史产物，是争取民族独立、民权自由、民生幸福的旗帜，是全中华民族与中国人民意志与行动集中的成果，是由抗战过渡到建国的坚固的桥梁。抗战是长期的、持久的，而抗日政权的长期性、持久性也是与民族解放战争的最后胜利同其始终的。目前因为对日抗战力量发展的不平衡，在军事上表现了局部的暂时的失利，在民众动员上表现了步调的未能一致，在抗日政权上也表现了强弱的不同。但我们深深地相信：对日抗战愈持久，我们全民族的战斗力必然愈益集中，愈益坚韧，我们的抗日政权愈益扩大，愈益巩固。

加强抗日政权的先决条件依存于民族统一战线的巩固与扩大。没有这一先决条件，抗日政权的建立是不可能的。这就因为对日抗战是全中华民族与中国人民的事业，而不是某一阶级或某一党派所能单独完成的。我们坚决反对某一阶级或某一党派对抗日政权的偏见或成见，在没有实际取得政权以前，不惜用种种手段，甚至出以不利于抗战的行为去抓取政权。这是今天还存在着的严重现象。这只能是有利于日本帝国主义的行为！形成这种行为的根本原因就是由于对抗日政权的不了解。不了解这一政权不是少数人的，不是某一阶级或某一党派的，而是全民族的，全人民的。不了解这一政权不是为少数人，为某一阶级或一党派谋利益与发展，而是为全民族与全人民谋自由，谋幸福的。这一政权应该是"民族利益高于一切"的执行者。至于有些以政权为获得个人或朋辈的荣誉与幸福的工具的少数人士，葬送了抗日政权，那更是全民族与全人民所不容的。

我们始终认为，抗日政权应该而且必须是"民族利益高于一切"的至善的执行者。因为在今天没有全民族的利益，也就没有某一阶级或某一党派的利益。换句话说，今天阶级的利益与党派的利益是依存于民族利益的，是建筑在民族利益之上的，谋取阶级的利益或党派的利益，就直接破坏了民族的利益。民族利益是阶级或党派利益的基础，没有这一基础，一切阶级或党派的利益便无所依附，便要粉碎了。

抗日政权之所以被热烈地拥护，一方面是由于政权的非阶级性与非党派性，是代表民族利益的，另一方面是由于这一政权的民主性。民族利益与民主权利应该被视为抗日政权的基本条件，只有具备了这一基本条件，抗日政权才会被全民族与全人民所拥护。我们认为只有真正开放民主权利的政权，才会形成为不可征服的抗日政权。因为这样的政权是不脱离群众的，是与群众息息相关的。更进一步来说，这样的政权是能组织群众、领导群众的。这样的政权决不轻易遗弃群众的要求，也决不抹杀群众的劳绩。这样的政权是最能了解群众，最能领导群众，同时也最被群众所了解、所爱戴、所拥护的。这样的政权决不是一向历史上所表现的群众是群众，政权是政权，各不相谋，各不相关，而是火辣地凝结在一起的。这样的政权应该是非常机动与富于创造性的，它能适应每一抗战根据地实际需要，制定实际有效的各种政策，为巩固抗日根据地与发展游击区而英勇迈进。

最后，我们要指出的是，这样的政权是进步的、是革命的。这样的政权对于一切进步的主张或方法，都应该无条件地接受与执行。"抗战建国纲领"是现阶段一切进步主张的总汇，是抗日政权的最高原则。坚决地执行"抗战建国纲领"是巩固抗日政权的唯一方法，是争取最后胜利有力的保证。对于一切否定"抗战建国纲领"的言论与行动，全国同胞应予以严厉的批评，集中所有的抗战力量，巩固与扩大抗日民族统一战线；举起"抗战建国纲领"的伟大旗帜，巩固全中华民族与中国人民的抗日政权。

赵伊坪将此文写好后，投载于聊城《战地文化》1938 年第 2 期，发表时署名伊坪。《论抗日政权》精辟深邃，在鲁西北各界群众中产生了很大影响，使人民进一步认识到建立巩固的抗日民族统一战线和民主政权的伟大意义。

它是根据鲁西北抗日政权建设的实际，进行了一次成功的感性飞跃，文章具有极强的时空穿透力，读起来令人振奋，令人信服！它袒露着共产党人那种以民族解放为己任的博大的政治胸怀。

11 月，赵伊坪看到了王长简 9 月 22 日写成并发表的《果园城记》，得知王长简去了家乡郾城，虽然文章没提到去他家里，但也暗暗知道肯定他

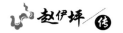

也去了他家探望。伊坪既感激又内疚，感激王长简代他去家里探望，内疚的是由于抗战，他没时间回家去探望双亲。

在这样的形势下，身在聊城的赵伊坪思念家乡，思念家人。他深夜拿起毛笔写起家书：

父亲、叔父：

从前寄过两次信，不知收到没有？从前的信是从济南走的，要漂海，要到香港，越过粤汉路、平汉路才能到咱家。一个多月时间可算很长。有许多话不能一老一实地说，只得装作一个商人口气，其实我是不会做生意的。我住的这个裕鲁当是早就关闭了，现在是我们政治部的机关。政治部有一千多工作人员，有留洋的，有大学生、中学生，都是知识分子，都是从全国各地方来的。有许多女同志都是四川、云南、贵州等地来的，大家都是为了国家。我担任政治部的秘书长。波（赵晓舟）在第十支队担任教导队长，住在冠县。第十支队司令是我的一个老朋友（张维翰）。这里有三十几个支队，有五六万人，有很多学校，每一个学校有上千的学生，有很好的报纸，有很好的杂志。我们不愁吃，不愁穿，官兵生活一样，每月拿很少几个钱做零用。就是当总司令（范筑先）的也不能比别人多拿。几十万老百姓都组织起来了。

我给超、泉两个弟弟去过两信，大约会收到的。我希望他们毕业以后留在陕西工作，最好不要回家。

祖母、父亲、叔父、婶母、母亲都是上年纪的人了，要心怀放宽，保养身体，不要挂念我们。三弟妇新到咱家，要多照顾。莉母女多操劳点不要紧。我这封信是带到郑州发的，所以敢写得这样详细，以后来信仍写"山东聊城裕鲁当"，不必写政治部三字。

晓舟明天由冠县来看我，我可以叫他也写封信。

廉

一九三八年十一月七日

　　第二天，伊坪让吴韬和姜宝鼎把信带到郑州。他二人在郑州付邮费给伊坪家寄去。唐朝诗人杜甫的诗句中有"家书抵万金"之说，而伊坪的这封家信则可以称"无价之宝"了。他在信中介绍了鲁西北根据地蓬勃发展、欣欣向荣的景象。这封信中生动概括地勾画出一个新兴抗日根据地的轮廓是多么令人为之神往的一派景象！

第二十一章

残酷斗争风云涌，七百将士殉家国

阶级斗争是残酷的。共产党与范筑先的合作也引起了反动派的极大仇视，《抗战行动纲领》的发表和开始实施，引起沈鸿烈、李树椿的更加仇恨。反动顽固分子仇恨范筑先与中共密切合作，后来愈加疯狂。王金祥是一个顽固分子，开始暴露得不明显，1938 年李树椿随国民党省主席沈鸿烈到了鲁西北之后，收买了范的参谋长王金祥。王金祥成了国民党在六区的内奸，阴险毒辣，他勾结各抗日支队内的亲日派制造了骇人听闻的鄄城事件。

鄄城位于山东省西南部，西北两面跨黄河与河南省毗邻，百里沃野，河流纵横，是战国时代军事家、思想家、一代兵师孙膑的故里。县境内有尧帝陵、舜耕历山遗址、雷泽湖、孙膑墓、陈王读书台、苏御史牌坊等历史人文景观。

1938 年 10 月，范筑先部第十三支队根据中共鲁西特委的指示，经范筑先同意，去菏泽、曹县组建新的支队。第十三支队是 1937 年 10 月开始在淮阳、淮县交界的赵庄、这河寨、小集一带收编部队建立起来的。

第十三支队建立后，因冀振国和范筑先将军有第三路军的旧关系，再加上组成部队的成员多是濮县、范县和观朝县（观城、朝城镇一带，1955

年县治撤销）等地方教育界人士和青年学生，因此，最初并未引起范筑先部队的国民党顽固分子的注意。后来，因宣传不策略，使顽固分子逐渐了解到第十三支队是共产党建立的一支部队。

自从国民党顽固派们了解第十三支队是共产党领导的部队后，国民党山东政府的沈鸿烈、李树椿和王金祥等顽固分子头目均亲自出马对第十三支队进行瓦解和破坏。因为7月份范筑先不同意撤换姜鸿元，姜吞并第十三支队的阴谋就更加积极了。

不久，徐茂里从曹县回来，向特委报告曹县、荷泽地下党建立了一支武装，因为四周顽军土匪和民团很多，没有党的队伍掩护拉不起来。特委通过赵伊坪、姚第鸿向范筑先建议委任徐茂里为第三十五支队司令，去曹县、菏泽组织武装队伍，范筑先同意了政治部的建议。当时特委也考虑过，第十三支队和姜鸿元摩擦得很厉害，既然一时拉不下姜鸿元，就不如暂时避开姜鸿元，另图发展。恰巧第三十五支队需要部队掩护，决定派第十三支队南下，在曹县、菏泽一带帮助徐茂里将第三十五支队拉起来，开展鲁西南的游击战争。经赵伊坪、姚第鸿建议，范筑先同意了这个计划，给第十三支队下达了南下曹县、菏泽一带活动的命令。

徐茂里到古云集带队伍时，向第十三支队的几个领导干部说了这件事的经过，他说："为了开展鲁西南的游击战争，省委代表张霖之和特委书记徐运北同志曾召集政治干部赵伊坪、张郁光、袁仲贤、姚第鸿和赵健民等同志共同商定的，通过赵伊坪、张郁光和姚第鸿等向范建议，范司令采纳了特委的建议，才下达的命令。"

接到范筑先的命令后，冀振国立即召集营以上领导干部传达这一任务。全体干部接到这个任务后立即各回本部准备行动。

冀振国和王青云、汪毅率领第十三支队离开了古云集向曹县进发。忽然接到司令部的一个电话，说："第十三支队不要去曹县了，可集中范县待命。"当时大家感到很诧异。冀接过电话请范筑先司令接电话，很长时间才接通范司令的电话。

冀振国说："总司令不是下命令叫我们去曹县吗？为什么又叫我们集中到范县呢？部队已经出发了，怎能再改变行动计划呢？我执行总司令的前一个命令，请收回后一个命令吧！"

范司令说："商量一下再说嘛！"电话挂了。

当时冀振国等对范前后矛盾的两个命令分析认为：第十三支队南下掩护第三十五支队成立是特委的决定，范筑先同意才下达的命令。现在范又改变命令，显然是受到以王金祥为首的顽固派作怪影响，才又犹豫起来的。未接到特委停止南下的指示，怎能因王金祥的阻挠而改变党的决定呢？而且曹县、菏泽地下党已向当地群众宣布，第十三支队马上要来曹州抗日，动员群众从曹县桃园到菏泽王浩屯沿途40余里贴欢迎标语，准备食宿，以欢迎部队的到来。并派出了郭文斋等20余人为代表，来古云集欢迎第十三支队南下帮助曹州地下党建立第三十五支队，而且部队已经行动了，因此，冀拒绝了范筑先司令向范县集中的命令，仍率领部队向曹县进发。

第三十五支队散驻的地区是曹县西刘岗、桃园集和菏泽南安陵集一带，距鄄城140余里，古云集距鄄城60余里，中间隔着个黄河，部队又是初次行军，因此，第十三支队计划以5天的行程达目的地。

为向群众告别，部队走出很远了，冀振国和王青云、汪毅等人才骑车离开古云集。中午到淮县城才追上部队，当即安排部队在城外打尖。此时，冀振国接到姜鸿元的请客通知单，于是拉上徐茂里去淮县县政府赴姜鸿元的宴会。喝酒吃饭毕，客人都已散去，正待告辞，姜把冀拉到他的内室密谈。

姜鸿元随手递给了冀振国一份兰谱，冀振国说："用不着这个，咱们口盟吧，你有什么事情说吧！"

姜鸿元说："以前咱俩也讲过，你老哥弄这个干吗，把第十三支队让给我吧！"

冀振国说："你在濮县弄得乱七八糟，大家都反对你，我交给你，你能带得了吗？"

为了争取顺利地通过姜鸿元控制的濮县地区，接着冀振国故意麻痹他说："你要当第十三支队司令也可以，但是应改变你的态度。第十三支队南下经过濮县县境时，你要命令各地准备给养，最好弄些肥猪和鞋袜等慰劳部队，开欢迎大会，你在会上公开向官兵道歉，与部队建立感情，将来弟兄们谅解你了，我再来个金蝉脱壳，把部队让给你了。你今天只是和我拜盟兄弟，而对第十三支队官兵这样坏，这样是做不成的。"

姜鸿元说："老哥的意见很好，我马上下命令准备给养，慰劳部队，并准备酒席，在鄄城宴请第十三支队连以上的军官。过河后我就去旧城对部队讲话，安定军心，然后和老哥陪同连以上军官去鄄城赴宴，宴后将军官留下，部队就地改编。"

图穷匕首见，王金祥原来想用这种方式吞并共产党辛辛苦苦建立的第十三支队。

"好！咱们旧城见。"振国就辞别出去与徐茂里追赶部队，渡过黄河，下午5点钟就在旧城赶上了部队。

到司令部后，冀振国立即找王青云、汪毅、南偕池、张工芳等几个共产党员商量，最后决定，第二天姜鸿元来这里向部队讲话时，将他扣留，向他要一笔款予以接济军需，然后带着姜鸿元绕道临淮集转曹县，再派人将姜鸿元解送聊城司令部处理。结果，第二天姜鸿元没有来，只是派人送来次日上午在鄄城设宴招待第十三支队连以上干部的请帖。

为了趁进鄄城赴宴之机抓捕姜鸿元，冀振国和他的同事做了充分的准备工作，他们先做了一道范筑先将姜鸿元撤职查办、由冀振国负责执行的假命令；然后割断鄄城通聊城的长途电话线，以免走漏消息；并让政治部赶印大批历数姜鸿元十大罪状的宣传品，以便捉住姜鸿元后，进城散发。同时从全支队挑选了最有能力又最勇敢的士兵28人，冒充第十三支队各级

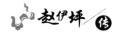

军官。最后决定：由王青云副司令、汪毅主任和李荟宾参谋长掌握部队；待冀振国等出发后，部队随后跟进，听见鄄城内枪响后，就冲进城去，接应他们出来。

10月15日的早上，冀振国和徐茂里率领28个勇士向鄄城进发。姜鸿元方参加宴会的还有县大队的大队副张伟霆，公安局局长马步亭，县大队的12个中队长。地方士绅有县动员委员会主任王恒如，副主任熊子明和黄河东岸的5个区长。其中王恒如是冀振国的老师，在濮县很有威望。

一进到宴会厅，冀振国带来的28个勇士就站在姜鸿元县大队各位队长的左右。坐定后，冀立即急声喊道："注意！"

听到喊声，各勇士立刻抢了身边队长们的盒子枪，对准他们齐声喊道："不许动！"濮县县大队的队长和县政府科局长、区长等都举起了手，冀振国立时拿出了伪造的命令宣布姜鸿元的罪状，没等冀念完，姜鸿元就开始反抗，与冀振国带来的人扭打在一起。搏斗中，姜鸿元被乱枪打死。

当即，冀振国就扣押了濮县大小头目40余人，并收缴盒子枪等40余支，只有一人跳墙逃跑，到濮县城给聊城王金祥打电话求救。

姜鸿元被打死后，王恒如要求将扣押的地方武装头子放出来，冀振国表示必须把他的部队放进城来，才放他们出去。濮县地方武装各头目却不同意第十三支队进城。几经协商，他们才同意第十三支队司令部的负责人和警卫部队可进城。

第十三支队警卫部队进城后，王青云副司令将司令部设在东门里的一个小工厂内，汪毅主任布置部队沿街进行宣传，散发事前印好的宣布姜鸿元十大罪状的告民众书和传单。卫队营进城时已是黄昏时分，此时，范筑先的参谋长王金祥已带几个支队连夜赶到鄄城，将鄄城紧紧包围。激战中，第十三支队被打散，王金祥竟残忍地枪杀了第十三支队副司令王青云、支队政治部主任汪毅。

鲁西北特委和政治部的同志们对"鄄城事件"愤怒至极。对此，特委召开紧急会议，讨论对"鄄城事件"的处理意见，并由张霖之、张郁光、赵伊坪、姚第鸿、袁仲贤、齐燕铭、王幼平、周子明、于笑虹和张维翰一起与范筑先座谈，强烈要求严惩凶手王金祥。赵伊坪、王幼平、袁仲贤、齐燕铭都坚决主张要从严处理。

张维翰气愤而坚定地说："司令，如不从严解决这一问题，我们全体政工人员都不干了！"

"你简直是个小孩子，难道为这件事大家不抗战了吗？"范筑先语气稍重说道。

区委书记张霖之说："全体政工人员，对此无不气愤悲痛，我们之所以这样，不仅是杀了我们共产党员，而是顾虑到你是进步势力的代表，在你的身边藏着这个定时炸弹，遇到时机就会爆炸的，他们会利用职权更毒辣、更隐蔽地来破坏我们辛辛苦苦所创建的这块抗日根据地。司令，这是两个阶级的斗争，不能用良心抗战来对待这些豺狼。我们大家考虑到你的安全，考虑到保卫鲁西北抗日根据地，以及为了争取民族战争的最后胜利。我代表全体政工人员和共产党员诚恳地希望司令严肃处理这一问题。"

大家又你一言，我一语一直到深夜 11 点。最后，范筑先很为难地说："问题很复杂，不是那么简单。你们想，李树椿一再讲情，他是代表国民党省政府的，如果我们坚决撤换，就会影响我们和省政府的关系，我们抗战还需要中央政府各方面的支援，为这件事破坏了与国民党的团结，需要考虑。"

范筑先的这一顾虑，把原对王金祥的"撤职查办，驱除出境"的决定又改为"撤职留任，戴罪立功"，终于留下后患，埋下了这颗定时炸弹！

共产党为了照顾大局，巩固统一战线，在有理有利有节的原则下也做了让步。但从此后，在鲁西北的地下党组织和国民党顽固派的矛盾更加尖锐、斗争更加激烈了。

11 月，鲁西北形势风云突变。驻济南的日军末松 104 师团，早就视鲁西北抗日根据地为眼中钉肉中刺，日军调集三路兵力，向鲁西北抗日根据地中心聊城进犯。第一路由德州攻武城；第二路由禹城攻高唐；第三路是敌人的主力由济南攻平阴、东阿进攻聊城。

另外，河北的日军由大名经金滩镇而来牵制八路军。日军的主力是末松104师团平田联队，联队长是平田。兵力有步、骑、炮混合兵种，汽车18辆，最后集结1000余人，有钢炮4门以及迫击炮、掷弹筒、轻重机枪等武器，并有骑兵五六十名。

11月11日，日军经平阴到了东阿，防守黄河的是国民党黄河警备司令田佳宾，约有一个团的兵力。听说敌人要进攻聊城，没有抵抗就把部队撤走了。在日军到了东阿时，国民党省政府民政长李树椿急忙到了阳谷安乐镇，召集8个反动会道门头子布置暴动，以密切配合日军的军事行动，阴谋刺杀范筑先将军，阻止六区部队增援聊城。

当日，范筑先将军在杜郎口接到了王金祥的电话，王汇报了安乐镇会道门暴动的情况和廖安邦请他亲去安抚的意见，他们企图令范司令去平息趁机将其杀害。范司令不知其阴谋，慨然同意了。

11月12日早晨，范司令返回聊城，接到侦察员的报告：日军在东阿艾山搭浮桥，企图进攻聊城。上午，范司令即刻准备迎击日军的"扫荡"，请张霖之、袁仲贤、赵伊坪、姚第鸿、张郁光等同志座谈形势，研究对策。

当时鲁西北特委提出，根据毛主席的战略方针，在敌强我弱的情况下，不应计较一城一池的得失，应到城外和敌人打游击。

范将军同意采取游击战的战略思想，他给秘书田兵说："我们要坚壁清野，迎击敌人的扫荡。"

范筑先将军放弃去安乐镇，安排部署退出城外指挥作战。韩多峰主动请缨替代范司令前往安乐镇安抚，被暴徒误认为范司令，身受重伤，而范司令幸免于一难。

日军在东阿县西艾山一带搭好浮桥，顺利渡过黄河，长驱直入，逼近聊城。

12 日晚上，范筑先将军又召集了王金祥、赵玉波、姚第鸿、刘佩之、崔乐三、郑佐衡等有关人员召开紧急会议。会议决定内容如下。

一、由赵伊坪率领政治部等机关、学校非战斗人员撤出聊城，转移到农村。

二、由袁仲贤负责将武器弹药运到堂邑县之张炉集一带。

三、由赵文魁负责督促城关居民，赶快出城投亲靠友。

四、采用在威县徐向前介绍的"席卷战术"，确定军法处长刘佩之为城防司令，聊城县长郑佐衡为副司令，留游击营和卫队营等少数部队担任城防，待敌人把城包围时，范在城外调集大军把敌人包围起来，夹在中间消灭之。

会后，与会人员按照分工分头准备应敌工作。此时赵伊坪心潮澎湃与范将军说："我早已对敌人恨之入骨，此时恨不得杀上战场与敌人同归于尽。恶战即在眼前，伊坪怎能离开战场？"

范筑先紧紧握着伊坪的手，斩钉截铁的话是命令也是托付："伊坪，你不要再考虑这里的事，赶快带他们转移……"

11 月 13 日上午，司令部召集来聊城集训的各支队司令召开军事会议，参加会议的有王金祥、齐子修、王子范、石鸿典、韩春河、吉占鳌、布永言、刘耀庭、于汇川、栾省三、王善堂和民军第一路参谋长刘冠千等。

会上把日军分几路合击聊城的企图谈了后，并决定以第十支队负责堵击大名之敌，第三支队堵击禹城之敌，第十六支队堵击德州之敌，民军第一路担任聊济公路和聊城附近陈家口、五古禹、顾官屯等军事要点，其他各支队先回去保卫地方，驻防待命。会后各支队司令纷纷回防。

傍晚，日军从东阿强渡黄河。由于国民党黄河警备区司令田佳宾为日军让开路，使日寇顺利渡过黄河直扑铜城。担任防守聊济公路的民军第一路参谋长刘冠千急忙召集各位团长开会，他反问团长们："打不打？"团长们又反问刘："你说怎么办呢？"

刘冠千说："王司令不在家，我可以当家，我认为这仗不能打，因为打好了，王金祥露脸，打不好，是你们向王司令交代呢？还是我交代？"团长们说："当然你交代！"

"那我就不打啦！"就这样，刘冠千率民军第一路军全部撤回东目寨。

日寇直逼聊城外围，并向济南发出增援电报。

13 日的聊城之夜，伴着远处传来的一阵密集一阵稀落的枪声，城里一片激战前的紧张忙碌。就在这紧迫的深夜时刻，赵伊坪的弟弟赵晓舟赶到特委汇报工作，见昏暗的灯光下哥哥正与一位青年谈话，这是他代表组织特意找一位老服务员谈话，安排这位同志回老家（聊城城南）转入地下隐蔽起来继续为党工作，并委托他为党保存一部分资料。他注意到哥哥原本消瘦的脸，下巴又尖了不少，深度近视眼镜在灯下闪着两片亮光，两团火焰在镜片上不停地跳动着。

伊坪神情极为严肃地将一包文件交给青年说："你赶快离开聊城，将材料保存起来，你自己也隐蔽起来，不要暴露，只要你能安安全全地隐蔽起来，材料就有保障。"

"以后我怎么和你们联系？怎么找你们？"青年人问。

伊坪坚定地说："到时候我会派人去找你的，你快走吧。"

听了这一席耐心细致的谈话，晓舟深深地被感动和教育。

伊坪送这位青年出门，目送他的身影在黑暗中消失。

伊坪告诉晓舟："他姓任，家住聊城城外。"

济南失陷后，范树瑜从政训学校回家守着父亲范筑先。此时，范树瑜为范将军担忧："父亲，敌人已逼近城关，我们师生要撤出聊城，你怎么办？"

"树瑜，你快随政训学校师生出城，你们赶到冠县去找第十支队，找张维翰。我还要指挥部队。"

"父亲，我要和你在一起。"

"树瑜，好女儿，你快出城。"

"父亲，你也赶快出城吧！"

"父亲还有任务，你快走吧！去找第十支队张维翰。"范将军转身对站在身旁的袁仲贤说："你送树瑜一起走。"

袁仲贤敬礼说："是，司令。但我得保护你。"

"我不走，我要和父亲在一起！"范树瑜执拗地说。

范筑先沉下脸吼道："这是命令。"

袁仲贤敬礼："是！"

袁仲贤拉范树瑜往外走。

"父亲，你多保重啊——"

范树瑜这一辞别竟为诀别之词。她想到父亲叫她去找第十支队，也许是有啥暗示，就含泪而去，因为她知道第十支队是共产党组建的革命武装，她懵懂地意识到父亲的嘱咐是让她跟着共产党的队伍走。

14 日黎明，身负重任的赵伊坪含泪辞别了范老将军，率领着鲁西北特委机关政治部工作人员、政治干部学校的师生撤出了聊城。

范筑先命令传令队、手枪连等随从人员出城指挥作战，还未出大门，李树椿坐着小轿车从南门进城，在专署门口相遇，遂迎至屋内谈话。

大约有 11 点了，日军已逼近城关，炮弹落在东大街，情况十分紧急。张霖之、姚第鸿、王幼平、张郁光等 4 人才出了东门，绕大堤往西南走。

赵伊坪让翟向东到政训学校通知齐燕铭、李士钊和鲁西良等同出西门。张霖之、赵伊坪、张郁光、姚第鸿、王幼平一些人员以及政干校的齐燕铭、李士钊和鲁西良等在西大堤上聚集后，因久不见范司令出城，赵伊坪一边让堤上的人员分两路撤离，一部分西去冠县，一部分西南去莘县；

一边派张郁光、姚第鸿回城再催促。

张霖之说:"不能把老头扔在城里。张郁光、姚第鸿速返回城内,一定把老头拖出来,完不成任务不要回来。"

张郁光、姚第鸿跑到司令部,力劝范筑先将军速出城指挥,范站起来,李树椿也站起来,但又突然说:"吃点东西再走吧!"又坐下来。急得姚第鸿在屋里屋外转圈子,已经接近12点了,敌机在低空侦察,姚又催了两次,气得乱骂李树椿。范筑先陪着李吃完饭,又喝了一会儿水,啰唆一阵,李树椿起身向外走出,此时已经下午4点了。

西南方向护城堤已经开始战斗,李树椿和王金祥说了几句私话,就坐着汽车向城外逃去。

这时有人报告守运河大桥和外围据点的民军第一路已全部向北逃跑了,王金祥急忙跑到范筑先面前说:"叫我出城把第一路追回来如何?"

范筑先犹豫了一下说:"可以!"

接着赵文魁说:"是否我们俩一同去?"

范筑先也答:"可以。"

范筑先对张郁光、姚第鸿说:"你俩去送李专员一起走。"

张郁光、姚第鸿都表示:"司令不走,我们也不走。"

此时,日军把李树椿放过去以后,即把城四面包围起来。聊城四面环水,只有一条小路,敌人用机枪封锁住路口,想出城已不可能了。在无可奈何的情况下,范筑先只有回城布置城防、准备守城。并立即向堂邑、阳谷的第五、六、八支队打电话,命令火速来援。

城内兵力很少,弹药基本上全部运出城外。激战至晚9点,范筑先、姚第鸿回到司令部和张郁光等研究守城计划,大家一致主张冲出去,范不同意,他含着泪向大家说:"我老了,死了没什么,你们都是年轻有为的人,救国得靠青年,我怕你们不安全,你们想想,聊城四面环水,水深一两丈,只有一条小路,敌人用机枪封住路口能冲得出去吗?他们只要有良心,想起老头子还在城内,能不来救吗?只要外边援兵一打,敌人的枪口一掉转，咱们即可安全冲出去。"

于是，他又打电话到各县和各支队，叫他们火速来援。这时大家面面相觑，倾心盼望城外的援兵……到了子夜，始终没有听到城外的援兵。而且通各县的电话已被敌人割断了。范筑先此时才悟到被李树椿、王金祥出卖了。大家一致痛心地感觉，范老将军和共产党辛勤缔造的鲁西北抗日局面被国民党顽固派破坏了……

他命令关闭了聊城东、南、北三个城门，只留了西门让人们外撤。

赵伊坪和齐燕铭、翟向东和李士钊等随后到达马桥，听得聊城方向炮声隆隆，每声炮响都震动着伊坪的心，他一次次说："是撤出城外了？还是被围在城内？"还一次次分辨炮的声音，想着范筑先、张郁光、姚第鸿和战士们还在那里进行着战斗。

由于阵营内部顽固派蓄意拖延破坏，致使时机延误，范筑先将军等被围困在孤城之中，作战计划落空。日军依仗优势兵力，出动飞机和坦克，攻打聊城。范将军与姚第鸿、张郁光等率守城部队多次打退日军进攻。他们与敌人血战一昼夜，终因寡不敌众，城门被日军攻破，范筑先手臂负重伤，他裹伤再战，率余部与日军展开巷战。战斗中，他又身受重伤，不甘被俘，举枪自尽。中共党员姚第鸿、张郁光及700余名将士壮烈牺牲，聊城失陷。

范筑先将军与共产党人的血流在一起，他满怀着"精忠报国"与城共存亡的诺言，与中国共产党人一起谱写了壮烈的抗战史诗。

第二十二章

短兵相接琉璃寺，烈火永生贯长虹

在聊城危急时，特委军事部长王幼平给肥城、汶上、守阳、东平等地帮助地方党开展工作的第十支队主力二团团长刘致远致信："聊城危急，火速来援。"刘即率5个连的主力，飞奔聊城，及至城下，城已陷落。14日晚12时，驻防冠县的第十支队和聊城电话不通之后，估计聊城形势紧张，马上通知金滩镇苏寺山营急行军驰赴聊城。金滩镇距聊城150里，赶到聊城时，已见城头悬着日本旗。

沈鸿烈听说聊城失陷、范筑先牺牲，在给李树椿的电报中称："幸甚！幸甚！"他委任王金祥为六区专员兼保安司令。司令部设在朝城。

到姬家时，见从聊城撤出的政干校和军事教育团的一些干部，秘书长赵伊坪很高兴，但又有些忧虑。他说："范司令如果被围困城内，险遭不测，我们就少了一面旗帜，鲁西北的局势将不可避免出现混乱，一时难以收拾。既要对日敌斗争，又要对顽固派斗争，我们的责任更重了。"还说："今后会长期在农村游击了，但是学校还要办，报纸还要出。到莘县后，请我们的吕世隆县长支持继续出版《抗战日报》，油印也好。"

11月16日，在莘县城内，齐燕铭见到吕世隆后，告诉翟向东和李士钊，吕世隆表示支持《抗战日报》在莘县继续出版，翟向东他们立即开始考虑方案。傍晚，街上忽然传言："城北发现敌人的汽车！"16日夜，在国民党顽固派的操纵下，莘县的地方反动势力杀害了莘县县长吕世隆，翟向东和李士钊两人险些遇难。大家对这种亲痛仇快的罪行，愤恨不已。

在张鲁集，赵伊坪、周子明、任仲夷等陆续见到了有些从聊城来的人，随后整队去冠县。

在惨烈的聊城战役中，担任范筑先秘书的田兵是一个幸存者，他得到一个老百姓的保护，夜间在两间低矮的草屋里隐藏下来，周围全是晒的大粪团，臭气四溢，鬼子未去搜查。下面是他的记述：

15日黎明，那老乡看好了路，说离北门很近，要我快走。我化装成叫花子模样，披着麻袋，准备有人问时就说是到乡下背粮食的。北门被大炮打得尽是洞，铁门挂已打断，我从门缝钻出去，听到鬼子在城楼"唔"的一声，我撒腿就跑，听得背后响了一枪，我已跑过可以遮住人的护城堤，至此，便安全脱险了。

田兵急行了一天一夜，11月17日在馆陶县找到了第十支队和总政治部（鲁西区党委），向区党委秘书长赵伊坪和军事部长王幼平汇报了聊城战斗的经过。

聊城的失守和将军牺牲的噩耗如惊雷在赵伊坪的心中炸开，这一震惊和哀伤消息使赵伊坪的悲愤与仇恨在胸膛里燃烧。范老将军那一片赤诚的浩然正气，那指挥若定、沉着冷静的神态，那身先士卒的奋勇精神还历历在目。临分手前那语重心长的嘱托还在耳际轰响。他心在滴血，热泪流淌，那是对老将军精忠报国之情的深切哀悼。范筑先的牺牲更加激起了伊坪对日本侵略者的仇恨，也更坚定了浴血沙场的决心。

鲁西北特委派牛连文、刘子荣等经河南确山到武汉向彭雪枫、周恩来汇报请示工作；派《抗战日报》编辑李士钊到西安向八路军办事处负责人伍云甫汇报鲁西北抗日根据地的真实情况。

赵伊坪和范的家属，根据田兵的汇报，以范夫人武治国的名义向鲁西北人民发了《给王金祥的一封公开信》，揭露和声讨王金祥临阵脱逃，拥兵不救，致使范老将军殉国的内幕。

范筑先以身殉国的噩耗传出，这惊天地、泣鬼神的英雄壮举令举国悲痛。当时国民政府特令褒奖范筑先。中共延安《解放周刊》、重庆《新华日报》纷纷发表悼念文章，赞扬范将军高风亮节，称其为忠心报国的民族英雄，颂其是与共产党合作抗战之楷模。

三天后，赵伊坪带领的非战斗部队来到冠县，冠县是共产党领导的第十支队防区，他们才真正安全了。经过这一场血雨腥风的摧残，鲁西北抗日根据地及人们的心灵都受到极大的创伤，它留给人们的启示是深刻的。铁的事实、血的教训证明了党的统一战线的方针政策是完全正确的，赵伊坪为了这个方针的实施、政策的落实，呕心沥血，付出了艰辛的代价！

聊城失陷，人们感到这年的冬天异常寒冷。范筑先将军牺牲后，除共产党直接领导的第十支队外，大部分支队分化瓦解。我党团结范筑先的抗日民族统一战线的局面被破坏，抗日斗争出现了更加残酷的形势。王金祥等国民党顽固派野心勃勃，调集大批武装，阴谋一举歼灭第十支队，梦想将共产党挤出鲁西北。

鲁西北的局面发生了急剧的变化，形势日趋严峻。日寇已占领了山东大部分抗日根据地，战局的白热化，时局的动荡，积极投靠日寇的顽固分子猖狂掀起反共高潮。

八路军部队远离根据地，党组织由公开转入地下，部队中地方小团体主义滋生，一些人对拥有先进武器装备的国民党正规部队非常羡慕，对共产党能不能战胜日寇产生了怀疑，不少人甚至包括一些党员干部竟萌发了想在国民党内取得"合法地位"的想法。所有这一切，给赵伊坪的工作带来了巨大的困难。

11 月 19 日，鲁西北特委在冠县召开紧急会议，一致认为鲁西北抗战已到了严重关头，共产党人必须担负起坚持抗战的历史重任，鲁西北抗日根据地的领导权决不能落到国民党手中。会议决定由张维翰来代理六区专员和游击司令，并以其名义发布告示，来安定民心。赵伊坪以鲁西北特委的名义发出《致鲁西北共产党员和抗日军民的紧急信》，号召鲁西北抗日军民紧急动员起来，坚定信心，坚持抗日游击战争。

这篇给鲁西北全党和抗日军民的紧急信，以精辟的见解和卓越的文笔，成为紧急形势下在鲁西北大地吹响的战斗号角。这震人惊起的呼声鼓舞了全体党员和抗日军民，也成了他为党撰写的、向日寇发出永恒的战斗檄文。

会后，赵伊坪一方面补充整顿部队，另一方面在部队和干部队伍中进行广泛的动员，干部的思想才稳定下来。这次会议，对坚持平原游击战争的信心和决心，起了很重要的作用。

赵伊坪想着那位刚刚分手的老将军，耳边还萦绕着他熟悉的声音："伊坪，你不要再考虑这里的事，赶快带他们转移……"他那一片赤诚的浩然正气，指挥若定、身先士卒的作战精神，爱兵如子的长者风范，都一一浮现，伊坪用一篇他写的悼念鲁迅的诗作，来表明他此时的心迹：

> 我抱着一颗惨寂的，惨寂的心，
> 投入这沉痛的，沉痛的青年之群。
> 我们忘却了一切，忘却了一切的，
> 追悼这苍茫独立的巨人。
> 我们的巨人倔强的离开了人世，
> 不求人谅解的也不宽恕别人。

不到一个月时间，赵伊坪主持了在聊城政治部"救亡室"举行的"纪念鲁迅先生逝世二周年大会"，他头脑中这些诗句在这时是油然而生的。

人读到"不求人谅解的也不宽恕别人"时就不得不停下来，因为范筑先将军的可悲之处也正是在这里。赵伊坪通过不同方式多次向范筑先提醒，请他警惕，并建议整顿清理队伍内部的顽固分子。但由于范在政治上的正统观念，顾虑与国民党山东省政府的关系，对顽固派的反动本性认识不足，迟迟未能采取果断措施，因而埋下了不幸的种子，问题恰好就出在这里。

山东六行政区是国民党山东省政府设置的行政区划，不经山东省政府许可，擅自宣称自己为六区专员和游击司令，自然不会得到国民党方面的同意。国民党鲁西行辕主任李树椿一听说张维翰代理专员和游击司令，并在莘县张贴布告，就立即命令参谋长王金祥率领第二支队、第二十一支队约3000人，向在莘县的第十支队一部发起进攻，双方在莘县西关展开了激烈的战斗，由于寡不敌众，在第十支队机枪营的掩护下，只得向城北撤退，最后撤出莘县退到河店。

其后，中共鲁西北特委决定，将由共产党掌握的第十支队及第五、六、七、十六等支队拉到距冀南八路军较近的鲁西地区驻防。

王金祥以专员和保安司令的身份，收容第二、二十一、二十二、二十三等支队，编为第六、八、九保安旅，驻守朝城、范县、寿张、阳谷、观城、莘县一带。第三支队司令齐子修也趁机收容第十九、二十九等支队，编成第七、十一两个保安旅，占据高唐、清平、博平一带，扩大自己的实力。王来贤的民军一路，也被沈鸿烈编为第二十二保安旅，王任旅长，活动于馆陶、邱县边界。王金祥、齐子修、王来贤等虽然各有矛盾，但都听命于国民党山东省政府。

与此同时，日军在鲁西北平原加紧进行"扫荡"，临清、武城、恩县、高唐等城相继落入敌手。随后，国民党山东省政府委任王金祥为第六区专员兼保安司令。

国民党反动派李树椿、廖安邦等纠集王金祥、吴连杰、齐子修、刘冠千等军队头目在张秋镇召开一个军事会议，部署了阴谋歼灭第十支队的计划。会后，民军第一路参谋长刘冠千从张秋镇回来，路过馆陶南面的万善，被八路军的哨兵查住。刘冠千装腔作势说："我是第一路参谋长，快送我过卫河。"他带着十余名随从，威风凛凛地想骗过哨兵回曲周东目寨。哨兵马上报告驻万善部队，由部队"护送"他到了馆陶县城第十支队司令部。

张维翰问刘从什么地方来，他支支吾吾，态度很不正常，刘说："有公事马上要回部队去。"张维翰知道他心中有鬼，便说："晚上给你洗尘，请你的客。"没放他走，遂即和张霖之、赵伊坪及王幼平、袁仲贤等研究怎么处置刘冠千。

赵伊坪果断地说："刘冠千在聊城不战而退，陷范司令于死地，罪该万死，第一路在他的煽动下，接受国民党的委任，今天不能放他走，给他算这笔账。"于是商定确定在晚上摆一桌酒席，请他的客，以举杯为记，把他搞掉，由张维翰负责布置。

晚上在宴席上，酒过三巡，张维翰起身举起杯，敬酒的副官见状，把刘冠千两个胳膊往后一拧，下了他的枪。刘惊慌地说："干什么，不要误会！咱们都是范司令的人！"

张维翰质问他："你为什么把范司令陷在城内，你临阵脱逃，带着部队逃回东目寨！该当何罪！现在该是和你算账的时候了。"

这时吓得刘冠千魂不附体，还想继续狡辩，张维翰命令警卫人员交军法处审讯。经审讯，从刘冠千口供中了解到国民党张秋镇会议，布置围攻第十支队的阴谋计划。当天晚上十支队就对这个民族的败类执行了枪决，以解鲁西北广大人民对他的仇恨。刘冠千带的十余名随从人员，则按照自愿的原则，愿回部队的回去，愿回家的给路费，愿参加第十支队抗战的欢迎。

为了打破王金祥等合围张维翰部的计划，赵伊坪以鲁西北特委的名义向八路军冀南军区求援。1938 年 12 月 9 日，八路军一二九师在冠县成立

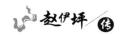

了先遣纵队（简称先纵），由李聚奎任司令员兼政委，王幼平任政治部主任，刘致远任参谋长，统一指挥津浦支队、骑兵团和青年纵队第三团，随后又将卫河支队、博平五大队、第十支队第五团等，先后改编为先遣纵队第一、二、三团。

同时，一二九师又派三八六旅七七一团、补充团进至馆陶、邱县、冠县一带，由已进至朝城地区的三八六旅旅长陈赓统一指挥，帮助鲁西北地区党组织开展工作，支持张维翰部坚持斗争。

国民党正准备围攻第十支队之际，三八六旅旅长陈赓率六八八团突然到了朝城北之张鲁集地区。王金祥看到八路军来了，不敢对第十支队动手了。

赵伊坪、翟向东等在街头迎接陈赓部的到来，看见陈赓旅长率六八八团的战士们高唱着《三大纪律八项注意》的军歌，迈着整齐的步伐前进，都激动不已。伊坪这时说："我们的第十支队，要建设成这样的队伍，我们还要有更多这样的队伍，将无敌于天下，坚持鲁西北、鲁西抗战，都必能胜利。"他对未来十分乐观的期望，立时感染了周围的同志们。

陈赓到了鲁西北以后，特委于12月7日在馆陶城内召开了第二次紧急会议，陈赓、李聚奎等也出席了这个会议。在会上讨论中，大家一致认为范筑先牺牲后，鲁西北统战形势发生了根本变化，国民党王金祥已经撕破了脸，河店战斗国民党反动派打了第一枪，今后他们和国民党反动派由政治斗争转向了武装斗争的局面。

王来贤民军第一路匪性多端，不断制造血案，与国民党反动派勾连，阴谋消灭共产党领导的第十支队，对鲁西北根据地威胁最大。他们盘踞在曲周东目寨一带，在冠、馆、邱抗日根据心腹地区，截断了鲁西与冀南根据地的通道，如不歼灭之，是非常危险的。

会议认真分析了鲁西北的形势，决定第十支队仍留在冠县、馆陶、邱县一带，坚持鲁西北的抗日斗争。根据大家的意见和陈赓的指示，特委采取"远交近攻"的方针，先集中力量歼灭王来贤部，以解除心腹之患。对驻临清的第十六支队吉占鳌和驻高唐的齐子修部，则先争取他们在我军集中力量对付王金祥和歼灭王来贤时保持中立。

赵伊坪具体负责"远交近攻"的第一步，远交活动。他派人先联络驻防临清之敌，稳住他们，争取在八路军解决对王金祥、王来贤作战时持中立态度。

第二步近攻行动于1938年12月24日开始，陈赓命令指战员都戴着第十支队的臂章，由团长韦杰指挥六八八团自南乐连夜渡过卫河，奔袭东目寨，拂晓前包围了东目寨，迅猛进攻王来贤匪军的司令部，经过3个小时的激战，王来贤部一、二团溃不成军，六八八团很快解决了司令部；第十支队也很快解决了王来贤部驻尖冢的第三团。除王来贤率残部200多人逃逸外，一举歼灭王来贤部1500余人。

歼灭了匪部王来贤民军第一路，彻底粉碎了国民党围攻十支队的计划，解除了他们后顾之忧，打通了鲁西北和冀南的联系，鲁西北的形势基本上得到稳定，同时也巩固了邱北抗日根据地。

为了纪念范筑先，八路军总部决定成立筑先纵队。1939年1月14日，由第十支队及第五、六、七、十六等支队各一部组成的筑先纵队在馆陶正式成立，张维翰任司令，袁仲贤任政治部主任，胡超仑任参谋长，共整编了6个团和1个独立团。

赵伊坪的座右铭是：坚持党的利益第一、个人利益服从党的利益的原则。这一原则也是他善于在党内开展思想政治工作，教育同志、团结同志，共同完成党的战斗任务的思想武器。他时时刻刻把党和人民的利益、民族的利益放在第一位，从来不顾个人的安危荣辱和地位；他忠于党、忠于人民、忠于中华民族，毕生为党的事业奋斗不息的高贵品质，表现了他坚强的党性。

在聊城沦陷之后，鲁西北正处在大动荡之际，最需要党的统一和团结，最需要党领导的武装力量的稳定和服从党的指挥，就在这一关键时刻，伊坪协助张霖之代表鲁西区党委，运用党的利益第一、个人利益服从党的利益的原则，十分妥善地处理了两个党员领导干部之间的个人问题。伊坪和这两个同志有着深厚的友谊，伊坪首先又是特别地严格要求其中同自己关系更亲密的一位同志，要他顾全大局，一切为党的利益着想，从而避免了矛盾的扩大和激化，保持了这个部队领导层的稳定。伊坪在做党的思想政治工作中所表现的原则性和领导艺术，使大家受到一次深刻的党性教育。

伊坪好学上进，十多年如一日，孜孜不倦，如饥似渴地学习马列的经典著作，对马列主义的理论研究是颇有造诣的。他博览群书，知识渊博，这是他既能在白区适应各种情况取得各种职业做掩护进行革命活动的有利条件，又是他有能力在鲁西区党委集体领导中为创建鲁西北抗日游击根据地斗争中做出重要贡献的坚实基础。他在开展党的统战工作中，既坚持党统战的主张，又坚持党在统战中独立性的原则立场。范筑先卫队营事件和聊城失守前后，某支队个别党员试图接受委任，取得所谓"合法地位"的右倾思想，以及克服当时特委机关某些同志开始暴露出来的排外的宗派情绪，等等，伊坪都发挥了重要的作用。特别是伊坪代表鲁西北特委前往第十支队和王幼平通力合作，得以正确处理卫队营事件，并为加强特委领导，耐心说服第十支队党总支成员，推举王幼平回特委军事部全面主持鲁西北特委辖属武装部队的领导工作。这些集中地表现赵伊坪对执行党的方针政策的坚定的原则性和灵活性。

1939 年 1 月 15 日，中共鲁西区委员会（通称鲁西区党委，山东分局第二区党委）在馆陶县成立。张霖之任书记，赵伊坪任秘书长兼统战部部长，赵镈、朱则民分任组织部部长、宣传部部长。区党委对外名义叫编辑部。两个直属机关按司、政、供、卫和区党委的顺序排列的代号是云南甲、乙、丙、丁、戊。为了保密，对外，区党委就叫代号云南戊，下辖鲁西、鲁西北、泰西三个特委。

会议确定了掌握扩大党领导的武装力量，坚持抗日游击战争为压倒一切的中心任务。赵伊坪受鲁西区党委委托起草了一份《在新形势下给鲁西北全体党员的紧急信》，详细阐述了当前的形势与斗争的任务，以及坚持平原游击战的意义。这是一个鲁西北抗日战场上具有重大影响的文件，如战鼓，似号角，这声音回荡在鲁西北上空，震撼着鲁西北大地。这封信发出后，极大地鼓舞了全体党员和广大抗日干部的战斗意志，使他们更加坚定了在敌后开展抗日游击战争的信心。从此，一批更坚强的人，又投入到新的更大更残酷的斗争中。

赵伊坪在鲁西像一颗植入沃土的种子，生根、发芽、开花、结果。他身为区党委的秘书长兼统战部部长，鲁西游击总司令部政治部秘书长，他以党的事业为己任，以抗日救国为己任，深知培养干部、教育党员、唤起民众的重要作用，他无时无刻不在宣传群众，武装群众而殚精竭虑。

赵伊坪还兼任《抗战日报》社论委员会的委员，为让大家坚定起战胜日寇的信心，他将毛主席的《反对自由主义》一文迅速印成小册子发给大家。他还经常为政治干部学校、军事教育团讲课，为他们开设《民众组织》《抗日民族统一战线》的课程，不管多忙，他从不推脱，他积极参加政治部"救亡室"所组织的理论教育活动，向干部们宣讲毛主席的《反对自由主义》《论持久战》和马列著作《共产党宣言》《共产主义运动中的"左派"幼稚病》等。

1939年1月31日除夕之夜，时任筑先纵队第十支队参谋主任兼作战科科长赵晓舟赶来。弟弟的突然到来，使赵伊坪又惊又喜，但见弟弟神色不对问："发生了啥事儿？"

"发生了一件突发事，向哥哥汇报情况，替我拿个主意。"赵晓舟讲述了事情缘由。

原来赵晓舟与一位进步女青年产生恋情已久。两人相恋相知已很长时间，原定两人在阴历正月十五将如约完婚。不料她外出骑着他的白马受伤，谁知她的伤情不仅耽搁了佳期，也使两人从此天各一方。

原来部队中另一位干部也在暗恋这位女青年，得知半个月后她就要嫁为人妇，这位干部一面对女青年说出他的绝望，一面说出如果她与赵晓舟结婚，就准备率一个营出走。

女青年把这事情告诉了赵晓舟。面对即将发生的突变，赵晓舟也知道问题的严重性，就星夜策马从馆陶来冠县赶到区党委。

听了弟弟晓舟的汇报，使赵伊坪深感震惊。他也非常疼爱弟弟，也知道弟弟与这位女青年的亲密关系，但想到另一位干部将要被拉走的一个营的兵力，想到由此可能给组织带来的损失，伊坪不得不从大局出发，严肃地问弟弟："晓舟，党的利益第一，这个原则是不是可以定下来？"

"可以定！"

"那好，那你就下决心。"

看着哥哥消瘦憔悴的脸和那双布满血丝的眼睛，晓舟狠狠心咬牙说出"那我就一刀两断！"在战火纷飞的日子里，赵晓舟的第一份爱情就这样夭折了。

赵伊坪和赵晓舟兄弟俩在除夕之夜团圆，一起吃了个年夜饭，聊起家里事，谈论家里大人情况、在延安的两个弟弟情况以及莉莉和西杞该长啥样子了。

说起莉莉，此时已经6岁，应该开始认字了，也能帮家里干些零碎活。其实也正像他两人想的，这时的莉莉已开始学纺棉线（俗名"纺花"）了。纺花的活并不算重，但这年龄的莉莉感到力所不及的是两臂伸开的横向距离不能满足纺车的要求，纺起线来就不得不左右摇摆，那姿态像落地钟表的钟锤一样有规律地摆动着。

纺成的线到商家能换回多于线重量的棉花，再纺成线，如此循环增值，这就是纺花的利益所在。时间久了引起商家的注意，他们惊讶地说："这是哪家的赵莉莉，一定不是亲娘。"因为只有不是亲娘的人才舍得这样使唤孩子。

实际上赵莉莉在家里是很受疼爱的，并没有谁来逼着她去这样做，只是一次偶然的试手使她摸到了纺花的窍门，便不停地纺起线来了，往往是大人们愈制止反倒愈起劲。说也奇怪，那时赵莉莉心里就萌生了一种要承担家务的志气，似乎是"自有后来人"的那种精神产生了原动力。

此时，夜深人静，赵伊坪还得宽慰着晓舟，让他放下思想包袱，振作起来。看晓舟心情好些，伊坪便安顿他睡觉。

屋外大雪纷飞，赵伊坪思念家人，便拿起笔写信给家里：

> 今天波（赵晓舟）从馆陶来冠县（只有四十五里），我看到家信，非常快慰，我前天写了一信，还没有寄出，现在只好另写了……我们住的不远，时常可以见面。今天下大雪，是阳历十二月三十一，我刚才同波在一块吃了一顿很阔气的饭，明天还要过年，还是在一起，因为他不回馆陶去，母亲要把心放宽些，千万不要挂念我们。莉母（吕瑞芝）及莉、杞（莉莉、西杞）大约都很好。我以后只要有空闲，一定常写信，免得家人挂念。

赵伊坪向来给家里写信"报喜不报忧"，当时战争及鲁西北出现的严峻局势，两人见面时的复杂心情他都没写。这封信平静如一湖春水，无疑是个"报喜不报忧"之佳作。

正月的一天，吕秀芝接到他的老师、自己的姐夫赵伊坪的一个明信片，吕秀芝当即就有一种异常的感觉。她看着伊坪的明信片写道："我这里很吃紧，马上转移，今后不能通信了。"这简短的充满危机的寥寥数语，一直使人忐忑不安。

吕秀芝此时也思念远在河南郾城的赵伊坪的家人们，尤其是赵伊坪的妻子、自己的姐姐吕瑞芝，她正和家人饱受着艰辛。秋末冬初换粮食，是吕瑞芝的一种超前打算，过年时可以让全家吃几天饱饭，还可以留点儿备

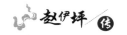

春。春天本来是个美好的季节，可春天在那岁月给人的并不是美的享受，而是饥饿和困苦，即使是有美景，又有谁有那份心情去欣赏呢？

吕瑞芝在春天是很忙碌的，积攒了一冬的活都得干，土地要施肥、要春耕，家务要劳作，棉衣要拆洗缝制。往热天里走，要添单衣，总是忙个不停。穿还是小事，对家庭威胁最大的还是吃的问题。过了旧历年，家里的粮食眼见就要吃完了，夏收的作物还没成熟，青黄不接，这段时间十分难熬，那叫"度春荒"。赵伊坪的母亲也要烧茶。她农忙时还要送饭，有时还要上地里拔草、间苗等。女儿7岁的莉莉和4岁的西杞，在度春荒中也得发挥作用，剜野菜，摘槐花，捋榆钱，凡是能吃的野菜她们几乎都吃遍了。每天照例要弄一篮子，到井台上去打水淘洗，初春的风像刀子一样割在手上，疼得难忍。像那样用糠菜充饥的日子要持续到麦子收下来才能缓解。

1939年3月，中共鲁西区党委领导机关随八路军一二九师先遣纵队由冠县、馆陶地区向茌平、博平地区挺进。此行的任务，是奉命开辟鲁西北运河以东地区根据地。中共鲁西区委的赵伊坪等为布置当地党委配合工作，随同前来。

4日，一夜行军数十里，从堂邑境到达博平县琉璃寺附近村庄。深夜，连续奔波了几天的部队进入了梦乡，唯有区党委秘书长兼统战部部长赵伊坪还在一盏昏暗的油灯下奋笔疾书，他在给区党委起草文件，灯头上一团小小的火焰跳动着，在伊坪高度近视镜片上照出一片雪亮，他双眉紧锁，文静而清瘦的脸上掩盖不住仇恨与刚毅。

写毕放下笔，伊坪走出门，天空中月暗星稀，村子里一片死寂。这是黎明前最黑暗的时候，遥望星空，他想起了家乡、战友……

5日凌晨前，纵队指挥机关和鲁西区党委机关一同到达指定宿营地琉璃寺。津浦支队队长孙继先、青纵三团副团长刘昌义都已接到电令按时到达。纵队首长根据规定部署和他们正在研究展开的行动计划，队伍刚刚准备进驻民房，参谋长刘致远在布置警戒。许法和政治部的黄河（翟向东）、齐穷（齐峦峰）、张升（张云升）找了个小饭铺，想吃点东西，喝壶酒，解解一夜行军的疲劳。突然发现敌情，听到手榴弹爆炸声和猛烈的排枪声。警卫连的四川人黄排长带一排人到寨门外打探情况。这时，从高唐出动的日军突然闯到琉璃寺村的北门，几十辆汽车在寨墙外向寨门冲击。琉璃寺村周围筑有寨墙，墙外有壕沟，沟里有水。我警卫部队一排手榴弹和一阵密集的步枪火力把敌人打退。

战斗至下午4时多，先遣纵队司令员李聚奎和中共鲁西区党委书记张霖之一起分析了情况，敌人主要在琉璃寺村北、东北、西北三个方面。经过一天的激战，几次击退进攻琉璃寺的敌人，决定利用黄昏突围转移，由战斗连队掩护，纵队直属单位和区党委的同志先后突围。

太阳早已被弥漫的硝烟笼罩，随着黄昏悄悄地降临，激烈的枪声也渐渐稀疏下来，琉璃寺西门的前沿阵地上一片沉寂，偶尔一根断树枝落下来的声音，也会让人耳根一立。

这时，赵晓舟在掩体屏住呼吸，睁大双眼观察着敌人的动静。突然，司令部通信员匍匐着来到他身边，低声传达李聚奎司令员要他"立刻回指挥所接受任务"的命令。

他当时默默地想："很可能是司令员叫我带一个小分队，乘夜色降临之际，绕到敌人的背后突然给敌以猛烈袭击，牵制敌人，掩护我纵队和鲁西区党委机关转移。"

赵晓舟从前沿阵地来到指挥所，还没见到纵队首长，赵伊坪正好迎面碰上弟弟赵晓舟，他叫住晓舟，亲切地拉着晓舟的手，那股热情和喜悦劲，真叫人难以形容。伊坪打量着一身硝烟满脸尘土的弟弟，拍了拍晓舟的肩膀说："我这里还有几个鸡蛋和两张饼，你赶快填饱肚子，准备马上掩护部队和机关转移。"伊坪说罢向一个屋里走去。晓舟望着哥哥的背影，眼睛潮湿，一股暖流融进了心里，万万想不到这短短几句话竟成了哥哥伊坪留给他的最后遗言。

正当赵晓舟在指挥所里边吃边喝的时候，李聚奎、刘致远、王幼平等纵队首长和区党委的张霖之、朱则民等领导都走过来了。李司令员一边叫作战参谋打开地图，一边用手指向孙继先司令员的津浦支队驻地方向说："赵晓舟同志，你带一个连掩护区党委机关转移，经许楼（津浦支队驻地）向总集合场行动。"

"坚决完成任务！"赵晓舟坚定地回答，然后向司令员行了个军礼，迅速离开了指挥所，向区党委驻地奔去。

夜色掩护了部队从琉璃寺西门撤出，区党委书记张霖之和赵伊坪骑马率队疾速向许楼方向飞驰而去。望着哥哥伊坪跃马扬鞭渐渐远去的背影，晓舟更不会想到这会是哥哥留在他心中最后的一个剪影。直到几十年后，回忆起那一刻仍然是那么清晰。

纵队首长、青纵三团在琉璃寺村西南。据侦察员报告，正南方向未发现敌情。估计敌情不会有大的变化，敌不似有继续增兵之势。因此决定纵队和区党委直属部队先行转移，再发动佯攻，趁黄昏撤出战斗。两个直属机关在一个排的掩护下向四新河以东许楼转移。猛然间，一阵激烈的枪炮声在许楼方向爆起，原来日军的骑兵、装甲兵早已潜伏在许楼以东。夜幕下，敌我双方的遭遇战打响了。枪炮一起射来，死伤一些人员，在猛烈的炮火中一部分人员折回琉璃寺，另一部分人员化整为零毅然向集合地前进。

鲁西区党委书记张霖之、秘书长赵伊坪和区党委其他领导均乘马前进。当突然遭遇敌人猛烈炮火的袭击和日寇骑兵与装甲部队向区党委人马迂回逼近之际，张霖之、赵伊坪等众骑兵从许楼村南快速取道东南方向安全转移出去。

翟向东和齐穷、刁子言三人，穿过东南一个村庄时，看到突围在前的赵伊坪秘书长等几人骑在马上，距他们约半里路，渐近许楼村。这时，突然，有敌人的汽车从该村驶出，车上的挡风玻璃因落日照射闪闪发光，接着传来机枪的声音，敌人的骑兵、装甲部队迎面扑来。激烈的枪炮声响起了。他们三人转向南边一个村庄奔去，回望许楼方向，不见了伊坪在马上的身影，他们都知秘书长赵伊坪高度近视，不禁为他的安危担心。

夜幕降临，天色已暗，在许楼交战中，与赵伊坪同行的先纵政治部总务科科长秦宝山在途中牺牲，只剩下伊坪一人。他戴的眼镜失落，辨不清方向，误进许楼，身上几处受伤，坠马落地，由于高度近视而行动困难，不幸为日军所俘。

从赵伊坪的装束，从他藐视日军的眼神上，敌人看出了他不同于一般战士的身份，对赵伊坪施尽种种酷刑，但敌人听到的是一个宁死不屈的中国人对日寇法西斯暴行愤怒的谴责和痛骂。

天亮了，在刺刀与枪托的威逼下，老百姓们被集合到许楼村外，丧尽天良的日寇把遍体鳞伤的赵伊坪拉到百姓面前，把伊坪绑在一棵大枣树上，用酷刑百般折磨。伊坪大义凛然、英勇不屈，他慷慨激昂地痛斥日寇侵华罪行，痛斥侵略者的野蛮暴行，其违背国际公法、残酷迫害和虐待战俘的卑鄙罪行，体现了共产党员的革命气概。疯狂的"野兽"恼羞成怒，竟然往伊坪身上浇满汽油，放火点燃。

在百姓的惊呼声中，在敌人的狞笑声中，赵伊坪用尽最后气力高呼"共产党万岁！""打倒日本帝国主义！"一句句口号从一个顶天立地的火人身上升起。残暴的日军又举起刺刀捅进他的嘴里，火人化作一盏硕大的红灯照亮了齐鲁大地。年仅29岁的赵伊坪为中华民族解放献出了宝贵的生命，其情景惨烈悲壮。那用生命喊出的口号，久久不息震撼在数万万人的心里。

许楼群众对日军惨不忍睹的暴行，无不掩面痛哭。一个共产主义战士，一个壮志未酬的英雄，一个伟大民族的儿子——赵伊坪，为民族的独立、人民的解放死得光荣！

万里长空且为忠魂高翱翔，一柄火炬永照世人向前方。在场的人和赵伊坪的战友们，一闭眼面前就会出现熊熊烈焰。赵伊坪没有死——他化作光芒四射的火焰，把日本帝国主义侵略军烧毁；化作五彩缤纷的长虹，横跨万里长空，为全世界劳动人民的翻身解放放射着耀眼的光芒！赵伊坪永远活在人们的心中，他在烈火中永生。

尾　声

先烈遗志代代传，前仆后继永向前

　　张维翰在一份回忆文章中这样写："伊坪同志的党性很强，政治修养很好，工作很积极，生活很艰苦，考虑问题很细密，对待同志很诚恳，工作计划性很强，抗日战争开始，他拟了一个'抗日行动计划'写得很好，尤其在如何组织群众问题上写得非常细密。他在鲁西北干部中威信很高，凡是经过伊坪谈话的，什么思想问题都能得到解决，使其愉快地投入工作，同志们都愿意接近他。他兢兢业业为党的事业而奋斗，尤其对鲁西北的武装建设很关心，经常对第十支队的工作加以指导，特别是对部队的政治工作问得很细，一直到现在很多同志还念念不忘他……"在摘录出的这段不长的文字中，他一连用了十几个"很"字来肯定自己的同学和战友，充分表达了他对伊坪的追思和怀念的深情。

　　穆青曾写道："赵伊坪同志死得英勇，死得壮烈。他短暂而光辉的一生像一座丰碑永远矗立在我们心中。"

　　中共鲁西区党委领导人和八路军战士得知赵伊坪惨遭敌人杀害的消息，各个悲恸欲绝，泣不成声。大家决心化悲痛为力量，狠狠地打击日本侵略者，为赵伊坪报仇。在鲁西区党委和八路军先遣纵队领导下，鲁西北广大人民纵横驰骋在鲁西大平原上，筑起钢铁长城，用鲜血和生命保卫着这块神圣的土地，赢得抗日战争的最后胜利。

赵伊坪二弟赵晓舟为了民族解放，跟随部队从鲁西北走出，西上太行，南到淮海，在每次硬仗恶仗中，怀着对哥哥的敬仰。在他射出的每一颗子弹的枪膛里，在他指挥的每一次战斗的拼杀中，对罪恶者都带着强烈的仇恨的火焰。他浴血奋战，成为刘邓大军中一位骁勇善战的高级指挥员。

1949 年 1 月 6 日，一场规模宏大的淮海战役以人民的胜利而结束了。赵晓舟从淮海战场下来，连战马身上带的硝烟味还未散去，就拨冗回到阔别已久的故乡郾城。

寒冬腊月，郾城的夜更显得清冷，在深沉的夜色中，四位身着戎装、骑着战马的人民解放军将士来到了崇圣祠街。那战马的踏地声、嘶叫声冲破了这条街的寂静。他们勒住了缰绳，跳下马来，如烟的往事一起向赵晓舟的心头涌来。他像赵伊坪的化身在崇圣祠街中央巍然挺拔。

赵晓舟强压着悲痛的心，好不容易叩开了家门。家里的人都如在梦中，简直不敢相信这是真实的事情（笔者写到这里眼睛模糊，泪水止不住地往下流，拿着纸巾擦了还流）。

赵伊坪的父母、妻子吕瑞芝惊呆地望着，时空好像凝固了一样。晓舟看了看父母，转身就拉着赵伊坪的妻子吕瑞芝"扑通"跪到面前，撕心裂肺地喊道："嫂子，我哥，他——"这位叱咤疆场的将领禁不住失声痛哭不停。

吕瑞芝从惊喜中豁然有了不祥的感觉，悲痛袭击而来，她意识到大家都在关注着她。虽然两眼不住地滚落着泪水，但她是个很有涵养的人，她很有抑制能力，她不愿失态，一位不凡的、慈爱的、善孝的、坚韧的女人！！

吕瑞芝强忍悲痛说："二弟，不哭！""二弟，不哭了！""不用说了……"

不哭，不哭了！她们为痛失亲人，承受着人间的悲欢离合，不知都流下了多少泪水！

不用说了！已经是不言自明了，赵莉莉母亲吕瑞芝埋藏在心灵深处的一个痛楚的谜底，就这样揭开了！

　　然而，"不用哭了""不用说了"都是吕瑞芝用来劝慰晓舟的话，但她那天就哭了整整一夜，以后她也多次这样哭过。大家都理解她，她应该哭，这是她挚爱的真实感情，这种感情被压抑得太久了！只有哭出来才能使吕瑞芝真正地接受这一严酷的事实。她的哭似乎使她又明白了一个道理——赵伊坪并不完全属于她，他属于党，也属于中华民族！

　　赵晓舟在戎马倥偬之中，到家里得到了难能可贵的短暂的团聚后，便匆匆返回了部队。他意识到即将进行的渡江战役是一场决战，他还有重要的话对英雄的女儿、自己的侄女莉莉和西杞做一番交代；他还有重要的责任需要把她们引导到革命的路上。

　　不多久，赵晓舟又派人回郾城，把赵莉莉和赵西杞两位侄女接到他那里去。那是莉莉和西杞第一次离开家，吕瑞芝着实为她俩准备了一番，还为她们每人做了一件新的棉大衣。姐妹两随着来接的人上了路，好像父亲赵伊坪跟着她们走了好远好远，才停下步来，一直向她们招手，直到什么也看不见了……

　　那时，赵晓舟的部队驻地在安徽省临泉县。临泉在郾城的东南边、河南与安徽的交界处，路途并不算远，但对那时赵伊坪烈士的两位女儿来说，真正品尝到与家人难舍的心情。她们坐的胶轮大马车，一路上晓行夜宿，两天后见到了二叔赵晓舟，又亲切又兴奋。他为了她们的到来已经做好了准备。给她们每人一个精美的笔记本，扉页是他代她们拟的誓言：

　　我是烈士的女儿，我的父亲为中华民族的独立和解放英勇地献出了宝贵的生命。我要继承先烈的遗志，在我叔叔的提携下、教养下，有决心把自己培养成对祖国、对人民有用的人，踏着父亲的革命足迹前进！

　　一天晚上，赵莉莉和西杞坐在二叔赵晓舟的两边，听他向她们痛述父亲牺牲的经过，第一次接受了二叔对她们进行的革命传统教育，让她们深刻地感受父亲赵伊坪的英勇悲壮！他说："我必须把这事告诉你们，如果在渡江作战中，二叔万一有了不测，你们竟连自己父亲的事情都不知道，不是太悲惨了吗！"

对于赵莉莉和西杞平生最有意义的事，莫过于她二叔决定要姐妹俩参加向西南大进军的行列。

赵晓舟与两个侄女在西南大进军途中

1949 年 4 月下旬，我人民解放军百万雄师一举突破国民党苦心经营的长江防线，势如破竹，挥师南下，解放了南京，宣告了国民党反动政府的覆灭。二野第十军遵照刘伯承、邓小平首长关于"进军大西南，解放全中国"的指示，从安庆出发，经武汉、长沙到湖南桃源地区集结休整后向贵州、四川挺进！

赵晓舟此时是二野第十军的 5 号首长、军直党委书记，一直在第一线。赵伊坪的两位女儿赵莉莉和赵西杞被编入第十军军直队伍，紧紧地追随着部队前进。姐妹俩的部队是二野第十军中的二十八师，也就是从当年鲁西北根据地杀出来的一支英雄的部队，赵伊坪当年培植的武装力量"第十支队"。她们亲身经历战争环境的锻炼和考验，实践着"继承先烈遗志，踏着先辈的足迹前进"的誓言，在进军大西南的征途中，她们迎来了新中国的诞生！

参考资料：

世纪的追思编写组，王若愚主编：《世纪的追思·缅怀赵伊坪烈士》，人民出版社 2000 年版。

第二野战军战史编委会：《八路军第一二九师战史》，解放军出版社 1991 年版。

靳思彤：《刘邓大军征战亲历记》，中共党史出版社 2009 年版。

陈再道：冀南军史办公室编辑《陈再道回忆录》，中国人民解放军出版社。

冯玉祥：《冯玉祥回忆录》，东方出版社 2011 年版。

鲁迅：《纪念刘和珍君》，《雨丝》周刊 1926 年第 74 期。

鲁迅：《黄花苔》，上海良友图书公司 1937 年版。

师陀：《果园城记》，解放军文艺出版社 2000 年版。

师陀：《怀念赵伊坪同志》《新文学史料》1987 年。

陈冠任：《杨开慧》，人民日报出版社 2011 年版。

周传文、陆吉元：《朱慨夫在新泰》《新泰党史资料》1987 年第 1 期。

张维翰著，王若愚整理：《赵伊坪在鲁西北的岁月》2000 年。

赵莉莉：《往事悠悠诉衷情》1999 年。

赵西杞：《无尽的期待》2000 年。

吕秀芝：《忆我的老师赵伊坪》2000 年。

王贤春：《广府风云》，中国文联出版社 2015 年版。

《人山情·徐向前在河北》，王贤春电视连续剧剧本 2019 年。

赵时玲、王若愚：《致敬抗日英雄·往事悠悠诉衷情》。

包广杰：《抗日英烈赵伊坪》，全国党媒信息公共平台，2019 年 7 月 26 日。

齐国霞：《赵伊坪·在烈火中永生》，全国党媒信息公共平台，2021 年 5 月 21 日。

纪念诗文

悼赵伊坪词三首

1973 年 5 月 6 日

熊义吾

（赵伊坪的战友熊义吾的三首悼词代表了人民对赵伊坪烈士深切怀念之情）

聊城抗战之初，尚不时会面，讵料伊坪战斗中被俘，慷慨就义。真是出师未捷身先死，长使英雄泪满襟，月落云停，怎不令人悲怆！敬献俚词，略表悼念：

（一）

中州豪士，巍然特出。幼攻典籍，采精去粗。

长通马列，信仰贞笃。出为革命，不畏艰苦。

历经险恶，如茹香蕣。磊落胸怀，侠烈为骨。

高尚其德，风流谈吐。才智隽拔，卓识突兀。

命笔成文，龙蛇飞舞。洋洋洒洒，建瓴高屋。

立志超越，高瞻远瞩。

（二）

民族不幸，日寇侵凌。烽火连天，兽蹄纵横。

人命倒悬，国脉将倾。慷慨时艰，敌忾填膺。

豪气冲霄，投笔从戎。北渡大河，进抵聊城。

帷幄策划，抗战扩兵。挥戈杀贼，叱咤驰骋。

冒弹直前，凛凛风英。被俘不屈，壮烈捐生。

忠灵不泯，永贯碧空。

（三）

月凄水寒，薄雾满天。悼念故友，情怀万千。

忆昔音容，仿如目前。想见何及，隔断黄泉。

哀哉痛哉，涕泪涟涟。霹雳一声，乾坤翻转。

旭日东升，妖气尽歼。神州光复，禹甸咸安。

未竟初赋，后继黾勉。谨具素忱，遥为君奠。

庶乎可以，含笑长眠。

注：作者新中国成立后曾任甘肃省军区副司令员等职。摘于中共党史出版社《中共漯河党史人物传》。1982 年，有修改。

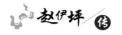

大同中学感旧

（1982 年 9 月，河南省政府批准恢复杞县大同中学，
举行了 50 年校庆赋诗）

姚雪垠

转眼行将五十年，联翩往事记心田。

繁星深院传真理，斜月幽窗写短篇。

共唱救亡悲泪下，私谈局势愤挥拳。

良朋早洒沙场血，留得光辉照后贤。

念赵伊坪同志

1984 年

赵健民

全国解放后，赵伊坪被追认为革命烈士。茌平县党组织寻找到赵伊坪的遗骨，连同琉璃寺战斗中一起牺牲的战友，安葬在高唐县琉璃寺镇徐庙村东头的烈士陵园。1984 年郑州烈士陵园举办赵伊坪烈士事迹展览，挥笔题写了《念赵伊坪同志》诗一首：

忆昔当年鲁西北，戎马驰驱战敌伪。

痛君为党勇捐躯，悲思战友泪沾衣。

注：赵健民，原鲁西北特委书记、中央顾问委员会常委。

追忆英烈赵伊坪同志

1999 年 3 月 5 日

王新三

忆昔当年聊城乡，领导统战扩武装。

青春脚步熔炉炼，开辟局面滋血尝。

矢志甘为鲁西变，壮志何惜染沙场。

欣逢国庆五十诞，改革辉煌慰忠良。

张维翰《抗日初期鲁西北抗日根据地简述》

编 后 记

王若愚执笔整理

　　张维翰同志的遗作《抗日初期鲁西北抗日根据地简述》，全文见 1983 年《聊城地区党史资料》第二期，是他生前凭记忆和多年搜集、整理的抗日战争初期鲁西北抗日根据地全面、系统、珍贵的史料，堪称一部不可多得的史料专著。

　　可以想象它的完成之艰辛和为其所付出的心血和代价。对 60 年前鲁西北那样一场史诗般的抗击日本侵略者的斗争，要记述得完整准确，恐怕是任何个人都所不能企及的，这一点是可以也应该理解的。

　　就像历史曾在一些特别的时候，选择一些特别的人物去完成一些特别的使命一样。1937 年抗日战争全面爆发时，赵伊坪担负起鲁西北地区中国共产党与范筑先沟通的任务，并成功建立抗日民族统一战线，形成国共合作，建立抗日根据地抗击日本侵略者，斗争是可歌可泣的。本文意在透过这部专著中的记述，反映赵伊坪等一大批共产党人，对中国共产党提出的抗日民族统一战线的成功实践，这也是赵伊坪为之努力奋斗、呕心沥血而最后献出宝贵生命的一段光辉历程。

　　这种"摘编"为我们提供了丰富的史料，广阔的场景，把记述的人融入特定的历史画面中，增强历史对我们的感染力，激发我们对革命前辈的崇敬与热爱。这也是整理者的本意，一个虔诚的愿望。

　　在采用这些史料时，尽管本着尊重原著的准则，但为了表达的侧重点，不得不做些删节，为了简略，也参照了 1988 年出版的《聊城地区党史资料》第五辑的相关文章。

另外，赵立萍拜访范树瑜老人时的谈话录音，使我们更生动地更便于理解那段难忘的历史。最值得珍视的是，本文请范树瑜老人审阅后，她欣然命笔题写了："谨以此文献给赵伊坪烈士，缅怀他创建鲁西北抗日根据地的光辉业绩。"

关于赵伊坪爱人吕瑞芝后来的情况

赵时玲[1]

　　记得那是 20 世纪 80 年代初，作家师陀，早年父亲在文艺战线上的朋友（原名王长简，曾用芦焚的笔名发表作品），他每出版一本文集，就寄赠给我们一本。我母亲那时已是 60 多岁的人，戴着老花镜一篇一篇地念师陀的文章。她念这些文章时，"拦路虎"是少不了的。我们都是上班的人，不能给她应有的及时的帮助，因而也常常引起她的烦恼。这当然是一件不公平的事，她放弃了学文化的机会，支持一批一批的人去学习，去工作，去革命，到头来自己落个没文化，她的悔恨和懊恼当然是可以理解的。

　　同没有文化一样，使我母亲感到遗憾的就是没有入党，她对共产党的认识自然是感性的，我父亲对她的影响是直接的。她对党的感情质朴而纯正。有一个时期是她入党的最好的时机，那是解放初期，我家的社会地位发生了根本的变化，由被歧视的"共党亲属"而成为受人尊重的革命家庭。她的精神面貌也发生了巨大的变化，她拥军支前，慰问伤病员，参加组织农会、妇救会，她是全县烈属的代表，当选过模范，是联合街道的妇联主任，她的革命热情和付出的辛劳使她获得了荣誉与尊敬。那时，当地的党组织曾经找她谈话，然而她觉得自己与党员条件相差还远。这显然是拿她与我父亲相比，她说："我没啥贡献。"当然，这话也未必是过谦，也确实是真实的感受。凑巧的是，就在那时我二叔受命为中国人民解放军海

---

　　① 　即赵伊坪之女赵莉莉，在参加革命后改名为赵时玲。

军第一航空学校校长，他浴血征战十几年，如今得到了一个稳定的生活环境，企盼着与家人的团聚，要把我爷爷奶奶接出来，这自然要我母亲陪同。就这样她第一次离开了家乡，也从此中断了社会的工作，影响了政治上的进步，成了她不可弥补的缺憾。她虽然组织上没有入党，但她对党的信赖与热爱从未减退，她把追求政治进步转化为对我的要求，我入党她认为是继承父志，也好像是对她没有入党的补偿。

注：赵时玲 1999 年著《往事悠悠诉衷情》摘段。

无言的丰碑

——缅怀我的外祖父赵伊坪

赵立萍

情系鲁西北

对山东西北部的这片黄土地，我有着一种特殊的眷念之情。虽然我从未涉足过，却对它是那样的熟悉、亲切。从儿时起就深深地印在了我脑海里。

鲁西北，本来只是一个普通的地域概念，但从 1937 年抗日战争全面爆发后，在党的领导下，创建了抗日根据地，这块土地就被赋予了一种特定的政治含义。

那时的鲁西北，涵盖着津浦路以西，平汉路以东，黄河、卫河、运河两岸与河南、河北连接的一大片地区。掌握这片地区就可以扼制华北敌后的交通要道，对日军中心据点形成严重的战略威胁，并对沟通晋冀鲁豫 4 省的抗日根据地具有特殊的作用。

中国共产党和民族英雄范筑先将军，团结合作共同抗战，在极端困难的条件下，开辟了鲁西北抗日根据地，在中国抗日战争史上，写下了光辉的一页。

自古以来，不知有多少动人的故事都从这块土地上孕育出来，英雄豪杰，灿若群星，在仰望那历史银河的时候，其中有一颗闪耀着光辉的就是我的外祖父——赵伊坪。

1937年初春，我的外祖父披着风尘到了鲁西北重镇——聊城，以他那独有的魅力，相知了一个渴望着寻求抗日道路的老人——范筑先将军。这年的5月13日，中共中央代表、我外祖父的亲密战友彭雪枫同志到了聊城，为他接上了中共山东省委的关系，同时，由彭雪枫、赵伊坪介绍发展了张维翰、牛连文两人为中共特别党员。由此在范筑先的司令部里建立了中国共产党的秘密组织，这是党组织的最小的组成单位，只有赵、张、牛3个党员。有人说这是党组织的细胞，也有人说这是后来鲁西北形成抗日斗争燎原之势的火种，然而不幸的是这烈烈火焰，遭受了民族的敌人，不仅是民族的敌人，也有阶级的敌人，凶狠疯狂的扑杀。范筑先将军和我的外祖父，先后献出了宝贵的生命。

每每想到这里，我都情不自禁地想到鲁西北。我渴望踏上那块土地寻觅外祖父当年的足迹。

说来满足我的这一愿望的经过是那样奇巧。一次在她们外经贸部机关碰到黄进同志，相互示意后说："少见啊，最近干什么？""我回来办点事。"就这样，我知道他在聊城，才把话题拉开，谈到了我的外祖父。

黄进同志是他们部办公厅的干部，一位研究国际政治的博士。到聊城市政府挂职锻炼，聊城作为一个革命老区，为了发展经济，对黄进十分器重。他虽然只是挂职锻炼，但他是市长助理，似有半个当家人的口气说："欢迎你到那里去访祖，我来安排。"

对中共党史的重视，大概与黄进的专业研究有关，也显然与他是长征老红军的后代有关，他对革命前辈的感情是一望可知的。为此，他竟在聊城市委的一次会议上谈了这件事，并专门给市委书记张敬涛同志写了一个报告，张敬涛同志和市委、市政府主要领导同志都很重视这件事，特意召集了一次有关单位的会议，决定组成专门小组查寻烈士遗骨，并邀我做先导到聊城去。

在1999年初春的一天，我同表姐单克乘坐着京九线上的快车直发聊城。殷殷企盼多年的愿望就这样实现了。

风雨光岳楼

60 年前的聊城是一个什么风貌，我无意去追寻了，但矗立在城中心的光岳楼肯定是依旧的模样。高大的楼台上，一叠四层的楼体，雄伟多姿。据说始建于洪武七年，那时的聊城名为东昌府。洪武是明朝开国皇帝朱元璋的年号，他在位 31 年，中间又经一个短命的惠帝，传到明成祖朱棣时，迁都北京。由此看来，明朝在北京的规模宏大的建筑群，不论其技术多么高超，工艺多么精美，但从资历上还应排在光岳楼之后。

齐鲁之峰泰山，在聊城以东，它是大自然赐予人类的奇观。而山东西北部平原的最高处，凭直觉确信就该算这巧夺天工的光岳楼了！

它伟岸傲立，以其 600 多年高龄，阅尽人间沧桑，经受了大自然的风雨和人世间的烟云，最感人的应该是抗日战争时期英勇悲壮的一幕吧！谁能想象，这儿，60 年前曾经验证人生的壮美，民族的不屈！

1937 年初，当日寇逼近华北，当地的黎民百姓灾难重重的时候，有三个青年人在这里办起了"抗日壁报"，宣传群众，启发群众，教育群众，他们是赵伊坪、张维翰和范筑先将军的长女范晔清。

当年六区政训处有一位叫姜宝鼎的画家，在这座古楼的东壁上画了一幅五米高的宣传画：一个振臂高呼的巨人。画的上面写着血红的大字"起来，不愿做奴隶的人们！"画的下面是人的铁流。这幅画曾引来无数群众驻足观看，人们神情凝重，热血在胸中沸腾。范筑先将军也特意到这里看画，并指着岳武穆的名言"还我河山"的横幅十分激动地说："要学习岳飞、史可法、文天祥、戚继光这些民族英雄。中国人民不可侮，华夏子孙是威武不屈的。宁做战死鬼，不当亡国奴！"

1937 年 10 月初，日寇占领德州，范筑先急派张维翰到济南找中共山东省委代表赵伊坪，请求聘请共产党到六区协同作战。他当即和山东省委决定，派冯基民、刁子言、解彭年、徐茂里、高元贵、管大同、张舒礼、吕世隆、于汇川、巩固等 12 名共产党员到六区任干事。10 月 12 日，张维翰与赵伊坪、齐燕铭一起到第三集团军政治工作人员训练班，挑选出以共产党员、民先队员为骨干的政训服务员 240 名，分三批赴聊城。急盼中这些抗日骨干像神兵天降一样，结集在光岳楼下时，"大刀向鬼子们的头上砍去"的歌声回荡在光岳楼四周，震撼着鲁西北大地！

在这 240 名政训服务员中，就有我的二姥爷赵晓舟。在他给我讲的许多当年鲁西北的故事中，每每都是从这里开始。我家保存的一封我外祖父唯一用毛笔在"第三路总指挥部政训处"八行纸用笺上写的一封家信，其中也有这样一段记述："晓舟来得很巧，聊城成立政训处，已跟着二三百学员（政治员）坐汽车赴聊城去了……"这封信的落款时间是"十月十六日"，即 1937 年 10 月 16 日。

大概就是以这一批人为骨干，把鲁西北的大地变了个模样。光岳楼可以做证。

最惨烈悲壮的是 1938 年 11 月 15 日，日寇攻陷聊城，范筑先将军与共产党员张郁光、姚第鸿等 700 名将士英勇献身。可以想象那如雷的呐喊，如注的热血……我真的不愿重述这一民族的巨大伤痛了。

急急地打住如潮的思绪，我跟着陪同的同志，一层一层地拾阶而上。可以肯定，我的外祖父是踏过这些台阶的，从一定意义上说"踏着先辈的足迹"这句话在此刻，有了更切实的含义！

我站在楼层的高处，长时间地凝神注视着远方，而终究又低下头来，向先辈的灵魂祭奠。

范筑先将军像前的追思

在中华民族英雄的行列里，范筑先将军堪称杰出。他有许多动人的故事，惊心动魄的传奇，传为佳话，甚至成了神话。他实在是彪炳史册的典范！

坐落在光岳楼一侧的范筑先将军纪念馆，就是他殉国的地方。邓小平题写的"民族英雄范筑先殉国处"10 个烫金字镌刻在黑色大理石板面上。

范将军的塑像，戎装肃整，目光直射，炯炯有神，花髯飘胸，一副刚直严峻的神态，一看就是一个有气节的人。

对范筑先将军的敬仰，总是联系着我对外祖父的亲情。

范将军，可曾忆起，在"九一八"事变之后，为日寇的入侵而苦闷彷徨，"双十二"事变之后，国共两党团结抗日出现曙光，1937 年 5 月 4 日，走到你身边的一个青年人，你给他出了一个自己苦苦寻求答案的题目——"如何抗击日寇?"要他做文章，要"考考他"，当看到他的答卷时，竟为他的精辟独到的见解而赞赏不已，在专员公署编制员额已满的情况下，破例录用了他。

那是你为寻求抗日真理而与之交流的第一个共产党人，虽然那时你并不知道他就是共产党。

从那时起，你与共产党精诚合作，团结抗战，使"山东红了半边天"。

你愤慨地驳斥国民党反动派对鲁西北抗日根据地的无耻谰言，你说："有人说政治处要赤化鲁西北，政治工作人员是共产党，山东红了半边天，来破坏国共合作抗战。如果说抗战是红的，俺们红了半边天是光荣的，他们的半边天为什么不红呢?"还说："'兄弟阋于墙，外御其侮'，当前国难当头，应当团结一致坚决抗战，不然亡国灭种就在眼前。"范将军以民族大义为重的精神，不仅在历史上闪耀着光芒，在今天也有着可贵的现实意义!

如果说范将军壮烈殉国的直接原因是日本侵略者的炮火，而把他陷于孤立无援绝境的则是国民党反动顽固派。

范将军，你可知道，在日寇攻陷城池后，你的秘书田兵幸存下来，他得到一位百姓的保护，后来他有这样一段记述："第二天化装成一个叫花子逃脱了敌人的射击，急行一昼夜于 1938 年 11 月 17 日在馆陶找到了第十支队和政治部（鲁西区党委）。向区党委秘书长赵伊坪和军事部长王幼平汇报了聊城战斗的经过。赵伊坪和范的家属，根据我的汇报，以范夫人的名义，向鲁西北人民发了《给王金祥的一封公开信》。"揭露王金祥拥兵不救，致使范将军殉国的内幕。

这个向范将军的参谋长——一个奸佞小人发出檄文的还是赵伊坪。他对王金祥的揭露和痛斥告诉我们要记取：在中国历史上，大凡有影响的事件，有大忠必有大奸。对奸佞小人，万万不能姑息。

泪洒许楼村

陪同的同志介绍，聊城的新市区把老城区套了起来，中间夹着护城河，可谓"城中有湖，湖中有城"，甚有特色，好心劝我们周游一番。因为我们都惦记着外祖父（他还在聊城以北的高唐县），实在无心浏览市容。所以，转天一早，就向高唐进发了。

市府秘书长、市民政局长、市委党史研究室主任，还有黄进同志，一行 6 人分乘两辆小车颠簸在乡间土路上，行进中造成一条黄尘扬起的土龙，当到达高唐县时那整个车身被尘土所覆盖，就如当地村民拴在树旁的黄牛了。

说来也是一种巧合，如果甲子倒转一个周期，在整整 60 年前的 3 月 5日，正是外祖父牺牲的日子。

那是鲁西区党委机关与八路军先遣纵队由冠县、馆陶向泰西大峰山区转移途中，在茌平（今高唐）县琉璃寺与日寇遭遇，激战一天，在黄昏突围时赵立萍外祖父负伤坠马，丢失了高度近视的眼镜，被敌人所俘。日寇在许楼村的十字街口对他施以酷刑，他坚贞不屈，怒斥日军的残暴罪行。日军将他捆绑后全身浇上汽油，活活烧死。事后，许楼村的群众将他的遗体埋葬于村西的四新河岸上。

1945 年秋，茌平解放。1946 年，茌平县七区政府所在地徐庙建立烈士陵园，外祖父的遗骸被移至陵园。陵园当时有烈士墓 50 座，以后每有迁出。起初，每个墓前插有一块木制牌位，记载烈士的简单情况，后经年代变迁，木牌丢失、错位，现存的 18 座竟成了一片无名烈士墓群。

为确认赵伊坪烈士墓，聊城市委党史研究室、市民政局和高唐县委党史办、高唐县民政局等单位组成专门工作组，查阅了茌平县民政局、档案局、党史办的全部档案资料，走访了所有健在的当事人，在陵园所在的徐庙村召开了由老村干、老教师、老村民参加的座谈会，仍无法确认现存的18个墓中，究竟哪个是赵伊坪烈士之墓。

年代久远，早期又无专人管理，这种变迁的情形是完全可以想象的。

老区人民都有深厚的阶级感情，在许楼村十字街口，我们见到了已经82岁高龄的当年亲手为外祖父衬灵的许子贵老人，他带领着我们和会集起来的许多人到了已经干涸的四新河畔。

老人低沉的絮语，众人缓缓的脚步都是对革命先烈的祭奠。过了许久我们才到了徐庙烈士陵园。

我久久地站在一片刚刚长出青草的坟茔前，感到就在外祖父的身边，似乎伸手就能把他搀扶起来，我哽咽着说："姥爷，我们姐妹俩，代表姥姥，还有您所有的亲人看您来了！"心中有一种对自己不能容忍的愧疚：来得也太晚了。热泪滚滚而下，眼前一片模糊。

外祖父生前就是一个不管自己发挥了多么大、多么独特的作用，总是默默无闻的人。而今，他仍然在人群里，仍然是一个让人们无法辨认出来，甚至他的亲人也无法辨认出来的人！一个只讲贡献，不求索取的人！一个大写的人！

这种精神本身就是一座无言的丰碑，它永远矗立在人民心中，万古千秋！

后　记

我曾拜访过外祖父的老战友：王国权、徐运北、朱穆之、穆青、张承先、翟向东、王新三、许法、范树瑜等诸位革命前辈，他们都向我讲过当年的故事和革命历史。每当我起身向白发苍苍的革命老人告辞以后，都油然生出敬仰之情，不管是对哪一位。我感到她是在翻动着一部厚重的史书，不得不借助许多注释才能真正理解正文。虽然仅仅是60年前的事，然而这60年的变化太大了。

但也确有不变的，那就是他们对外祖父的战友深情，不管是哪一位。80多岁的老人，谈起外祖父，无不动情，有的竟失声哭起来……这样的情景一次次感动着我，让我懂得什么叫真诚，引起心灵的极大震撼。只有经历过生与死、血与火考验的人才能有如此真挚的感情。

朱穆之爷爷说："你姥爷在鲁西北的威望很高，我们都很敬仰他。"他们几乎都说了同样的话："忘不了他呀！""不能忘记他呀！"这"不能忘记他呀！"显然是对我以及我们的后代而言。这意味着什么，我心里很明白。我感到肩头的沉重。

他们送给我精美的著作，特别是非常珍贵的照片和历史资料，本文的内容有些就出自那里。

在这里，我要向他们恭敬地鞠躬，感谢他们对我的教育，她终生不忘。

（原载《解放军报》1999年12月11日，发表时有删节）

跨越两代人的情感交流

——献给曾外祖父赵伊坪

赵　航

我最了解的一个人

说起这个人，我似乎并不了解他什么，因为我与他隔着遥远的时空，但我继承着他的血脉，在这一腔沸腾的热血中，我完成了世纪与天的转换，在如今祖国大同的繁华中又一次看到了他。

小时候，每年清明的日子，我都要在上天的泪水中去看他。思维与过去混淆在一起，烈士陵园神秘而辉煌。他的辉煌在平常人的目光中是无法看到的，现在的他也许在感受着这个民族千百年的悲怆，感受着如今国家走向新世纪的辉煌。

来看他的人很多，我在人群中，为我是他的亲人而自豪，我崇敬地鞠了三躬。但是，我从他的目光中，似乎感到了现代人对他已是逐渐地淡忘，他也茫然。难道人们非要立足于断瓦残垣、战火纷飞中，才能感觉到先烈的重要，我将这一番话对他说，他笑了，笑我精锐的目光；他哭了，哭这个民族的后代如此……其实，在我记忆中，没有一个革命战士会哭，他们都是好样的。他的表现不是事实，他不会哭，只因为我太了解他。

他是我的老太爷。"老太爷"这个词从小我一直与爷爷联系在一起，可当真爷爷立在眼前，说"不要胡说"时，我才明白，他比爷爷还要大，也许是爷爷的父亲，也许是爷爷的爷爷，但无论他是什么人，他都有一颗与革命之火相伴的心，作为鲁西区党委秘书长兼统战部部长，他的名字永远与鲁西区抗日根据地在一起。

他是为掩护区党委和人民群众而牺牲的。

他与彭雪枫结识很早，两人非常要好，有很深的情谊。在一次战斗中，他们分开了，他没有忘记战友的嘱托："朋友，你要打赢，我们会再见面的。珍重。"他被捕了，凶狠的敌人把他身上浇上汽油，他没有畏惧，没有低头，用烈火铸造了他伟大而光辉的人生。这天是1939年3月5日。

如今，世事千秋，人生百年，在这个争战并起，天灾人祸不断的地球上，最让人怀念的恐怕只有那些为正义而战的灵魂，因为，他们具有超凡的美。他们虽死犹生，永垂千古。

我永远了解他们，其实每个人都很了解。

他就是我的老太爷——赵伊坪。

纯真的友情　珍贵的史料

——关于赵伊坪致王长简（师陀）的信

赵晓舟

在整理伊坪兄给师陀的这一批书信时，引出许多思绪，纷纷繁繁，时常在脑际翻腾着，使人寝食不安。

师陀与伊坪的交往与情谊，在他的《怀念赵伊坪同志》的文中讲得十分生动，而我对他们关系的密切也是十分了解的，仍有很多话要说，不吐不快。

"我们俩的交情太深了。"师陀常常感叹着如是说。他们虽为挚友，见面的机会总是有限的，虽然天各一方，然而信件却从未间断。他们从1930年夏天一个偶然的机会相识，到1937年11月济南沦陷之前，大约有8年时间，通信的数量少说也有200封（一方），我用一种不科学方法算一个平均数，即每两周（不足两周）时间，就有一封信来往。他们的信是属于"礼尚往来"的，并且都很及时，伊坪给师陀的信中说："我知道你是从来不迟复别人的。"

朋友间写信的目的是交流，这种交流对两个都是站在时代浪涛顶端思想活跃的青年人来说，并不好限定每周某日各向对方发出一信。事实上，师陀说多则十天八天，少则三两天，有时是连续的。这样频繁的信件来往，说明他们对这种交流是多么急切、多么必要而又意趣盎然。伊坪在1937年6月20日的信中，一开头就是："十一日和十二日的信都收到了。一连两天都有信，真是少有的愉快。"

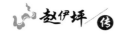

　　对于这一批信件的来历师陀说："由于我没有'正当'职业，随时有被国民党特务查抄的可能，对共产党朋友的来信，首先是销毁信封，免得被抄去牵连写信人。其次，信的内容，如果有犯时忌的地方，看过后立刻烧掉。""我现在保存下来的伊坪的 11 封信，是屡次淘汰剩下来的。"

　　这 11 封一色是没有信封的信的原件，20 世纪 80 年代初，被河南省博物馆作为革命历史文物征集了。这应当是它最好的归宿。他们只留下复印件。我确认最早一封是 1936 年 9 月 27 日，最后一封是 1937 年 11 月 4 日。显然这并不是在这一年多一点的时间内的全部信件。但从仅有的信件中仍然可以窥探到伊坪在这不长时间内的政治活动、职业动态和社会联系，为他准备离开杞县大同中学，走向鲁西北抗日战场，提供了丰富而可贵的史料，也比较集中地反映了他在那个时期的精神风貌和所进行的文学创作活动。读着他的信，如同倾听着他那娓娓动听的声音，喜怒哀乐跃然纸上。

　　依着这些信的时序，我讲几个与此有关的故事。

　　"分别没多久，好像没什么话说，小城虽不简单，也没生出什么变化，但愿如此！"那是指 1936 年 7 月底暑假期间，师陀应伊坪之邀到他们故乡郾城做客。这件事师陀是这样记述的："民国二十五年七月底，我从北平来上海，绕道靠平汉路一位朋友祖居的小城。朋友当下把我安置在他家的破楼上，推开后面的板窗，从窗外结了青青果实的枣树枝隙中望出去，立刻可以看见挺立城头的塔……有一天朋友牵着他的刚会蹦蹦跳跳的小女儿上来闲谈，我告诉他想拿他的小城写一本书。我当然不是天才，看那么十几二十天，便自诩能了解这个小城，可恶的是它的果树，它们一开头就把我给迷住了，我平生还是头一回看到城里栽这么多果树，出去走，沿城脚到处是花红园………"

　　信中提到的"小城"就成了他们对郾城的代称了。《果园城记》的创作就成了他们交流的一个热点。人所尽知，创作一本书，需要大量的素材，它的来源，首先当然是师陀在郾城驻留期间的观察，可以说郾城——那个东西、南北都不足 3 里的小城，伊坪陪着他无处不到，各处的传说、典故无所不及，那城头上灰黑的塔，那塔上条石显出铁锈色"狐狸精的血"，那城南边清澈的河，河湾的黑龙潭，黑龙潭里的"水鬼"，那城脚下的花红园，花红园遮天蔽日的茂密和累累的果实，一景一物，一草一木，无不被搜索记忆（录）下来；另一个重要的来源就不是靠视觉获得了，而是我哥哥口传笔写向师陀提供，可以说是鼎力相助，不遗余力！这信件中的第二封、第三封就是专门为师陀的创作提供的人物和人物活动素材的原型，如今读来，依然是那样鲜活生动！这本内容相互关联由若干短篇组成的小说集，并没有按原来他们俩拟定的题目写完，而是写成一篇发表一篇，在抗战期间以《果园城记》为题汇集一起首次出版了。伊坪在信中说："我真高兴看看你是怎样'颂扬'小城呢。"然而，遗憾的是他并没有看到这本书。

最近从传媒得知，这部小说被《亚洲周刊》与来自全球各地的学者作家联合评选为"20世纪中文小说一百强"之第七十五位。

此前，我从未见过这本书，我知道到书店是不可能买到的，便托人到国家图书馆里，找到了它，并请工作人员作了全文复印。这书的封面是在一个远景式的城郭上画了一座塔，封面背部上方有一行小字："封面设计：程玠若。"程玠若一个不相识的人，当年在作此设计时，师陀一定是向他（她）描摹过早年郾城的景象，并特意要求要显露出一座塔的。

一本仅有150页的小书，何以有如此的魅力，打动天下那么多的人，立于20世纪的"百强"之林！

它是以郾城为背景的（但通篇并没显露郾城这两个字，在作家与生活的关系上犹如《红楼梦》与曹雪芹，《家》《春》《秋》与巴金，这样说只是一个比喻）一部纯文学作品。

书中截取了从清末到写作开始时（1936年7月）各个时期的社会风情，描写它在衰落过程中的各式各样人物的命运："绅士老爷"的横行与没落，"老实的庄稼汉子"的受难与觉醒，青年知识分子的苦闷和希望的幻灭，妙龄少女为恶势力所吞噬，革命者被迫害和奋起斗争，等等，感情真挚，在对世态人情的描摹中寄寓着对小人物的同情和对黑暗现实的激愤。细细读来，意味无穷，发人深省。其实我并不是去着意揣摩文中的寓意，欣赏那诱人的文笔，而是一字一句地捕捉推想当年伊坪向师陀提供了哪些素材，讲述了哪些故事，因为师陀并不是郾城人，当然小城里的风物人情也并不是唯郾城所独有，然而郾城所独有的他却能完全品味出来！

应当特别提出的是它的后记，这后记则主要是记述了师陀与伊坪的友谊以及它的写作经过。对于伊坪来说，他首先是一个革命者，职业只是他从事革命活动的外衣和掩护。那个时期他除了教书外，对创作也是很有激情的，我不能说《果园城记》是他参与创作的，但我可以说，这里有他的创作思想和他创造的雏形以及他提供的素材。那个时期也是显现他的创作成果的时期。这里不妨作一简略的回顾。

1936 年 8 月末，暑假后，师陀经杞县到上海去，在杞县大同中学住了 3 天，那时伊坪给师陀 3 期《蓓蕾》。师陀说："《蓓蕾》是铅印十六开文艺月刊，翻开目录，但见有评论、论文、杂文、小说、散文、散文诗、诗歌、通讯，内容比当时一般的文艺刊物丰富得多！其中竟赫然有芒种的文章。芒种就是伊坪，我在北平时，他曾用芒种这个名寄赠一张照片。他说：凡是用蔚灵笔名发表的散文、散文诗、诗歌；用芒种笔名发表的论文、评论、杂文全是他写的……这是河南的地下党办的秘密文艺刊物，可惜我不曾保存下来，否则今天印伊坪的遗作，会增加十几二十倍吧。但也不必悲观，难保冥冥之中，什么角落里还有存留也说不定。"

1936 年末，他在《群鸥》杂志上发表悼念鲁迅先生的散文诗《这死亡紧贴在我们身上》。1937 年 1 月，杞县大同中学一群进步师生在繁星深夜里为他召开的欢送会上，他讲了一个故事，为姚雪垠的《红灯笼的故事》创造了一个雏形。当然，它的成书，以及那书的辉煌，伊坪就不知道了。如同他只是将种子埋在土壤里。而日后的破土发芽及其之后的一切，他都不曾看到。

如此说来，似有附庸风雅之嫌，他们河南当代的两位文坛巨匠，20 世纪 30 年代伊坪在文化战线上的朋友的思想中都融入了他的创作才华，的确也是事实。这些话只是我这样说，他是很谦逊的，信中可以看得很清楚。这之后他离开了杞县大同中学，这年 2 月他到了陕西，在那里他写了歌颂长征的诗。在第九封信上他十分风趣地讲了那首诗的经历："有一首姑（且）称为诗的《嘱咐》写于渭南，成于山东（当然不是成功的成！），照现在的行数，已减去约二分之一，自然也有些是新加上去的。3 月间曾穿一身红格子布到大公报文艺那里晃了一趟，不上半个月，回来了。不登是意料中事，但怎么还要回来呢？赵晓舟很奇怪：既没附信封，又没附邮票，竟然给退回，对那种'厚道'真是感激不尽。现在又要逛上海了（也许转到别地），但因为去处不同，心情自然不一样。"接下来是他自嘲地说："更'不得了'的是那篇企图写成小说的《河》了。"

《河》是以郾城为背景，写一个妇女在黑暗制度下所受的迫害和苦难的短篇小说。同时还有一篇揭露叛徒嘴脸的散文《保障》。都在同期寄给了师陀。但都没有发表，《河》的原稿遗失了，《保障》随同这 11 封信幸存下来。这些文学作品，在伊坪手里是作为一种武器投向旧世界的，作为匕首利剑刺向敌人的，无怪它遭到当时出版部门的拒登。只有那首以象征手法歌颂长征的诗，从《大公报》退回后又去掉一些锋芒，师陀又为其更换了署名，才在《文丛》月刊上发表出来。

在第十一封信中说："近来情形不同，写几篇东西，都交给当地人了……"

这里说的"情形不同"即是他已全力投身到火热的抗日斗争中。这句话恰恰是他对自己文学创作的一个结束语。他的文学创作亦当从此告一段落。

此后，即济南失陷之前，他与齐燕铭接管了山东《国民日报》，由我党创办了《救国导报》，以及之后到鲁西北抗日根据地创办的中共鲁西北特委机关报《抗战日报》。他的文章多是社评、社论，为《战地文化》撰写的理论文章，以鲁西北特委政治部名义而写的《山东六区抗日行动纲

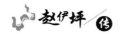

领》及当时党内的许多文件，等等，这并不是文学创作，当属于另一个范畴了，其数量也是十分可观的。

这些作品和文章都绽放着他的思想火花，甚至包括这 11 封信。可以说，这些信不论哪一封，都是立意清新，文笔流畅，信手拈来毫无修饰雕琢的文学作品，反映了他文学功底的深厚和涌泉般的创造力。显现出一个从不墨守成规，处处充满活力的革命家的风格。

我想，如果真的能把上述的文章汇集起来，确实是很可观的，然而，由于种种原因，主要的是战争，使他们这一预想的工作进行得十分困难，今天只能用"精神出版"去缅怀他在这方面的功绩，告慰他的英灵了。这11 封幸存下来的信，前 3 封发自河南杞县大同中学，第四封发自故乡郾城，五至九封发自山东聊城，最后两封发自济南。成了伊坪放下教鞭走上抗日战场这个轨迹上的 11 个鲜明的点，闪耀着珍贵的历史印记。

"牢狱仍然是我们的邻居，每夜仍然有更声传来。"

"他们的队伍是从江西开来的，显然是为对付陕西。"

"两三个月来，我忙着找饭碗，从河南到陕西，又来山东，车过泰山麓，想起几年前的旧事，不胜今昔之感！"

"五月四日才就了这芝麻缺，事情虽仅糊口，却是考试两次才弄到手的。"

"前几天，一个七八年没音信的人，从一块神秘的土地上来了，我虽没像他所期望的一同离开这里，但不久的将来会搬家的。事属于将来只好放在将来再说。"

"我一直在山东，没离开过，只有一个短时间到太原"。

"我一到济南就加入政训处。这是一个新的组织，名义上虽是军队的机关，但工作对象却是全山东的老百姓。"

"在华北，挺挺胸脯走上去的朋友很多……斗争越久，就会更好起来，就会更不爱惜自己的血的。"

......

不用摘引了，这上面的每一句话都激荡着时代的风云，记录着鲁西北巨变前的印记，弥漫着战争的硝烟，包含着许多动人的革命故事！

读着伊坪当年的信，我的情绪随之起伏跌宕，为他的欢乐而欢乐，为他的忧愁而忧愁，当读到"《落荒》上有一只不知几时变作愚贪的眼睛，我希望那不是我的，不是我的！想对《落日光》发表意见（？）怕不会像你所想的那样诚实，犯恭维之嫌，只好封口"。

这几句话，分明是驳斥，一种充满正直感的申明，接着就是赌气了。

两个那么要好的朋友，在这里突然冲突起来！我仿佛看到了伊坪一副严肃而愠怒的面容，依稀听到"不给你说话了！"那种孩子式的语言。这使我十分纳闷，心紧缩起来，连连发出"怎么啦？到底为什么?!"我甚至想对他说："不用动怒，消消气！"

这样一场 60 多年前的笔墨官司，我怎么能了解真相，判断谁的是非呢？

踌躇之后，我又托王若愚（他是莉莉的爱人）去求助那知识的海洋——国家图书馆。据说他费了一天的时间，在那里查出了师陀（当时署名芦焚）民国二十六年三月出版的两本书：一本现代散文集《黄花苔》，一本新体短篇小说集《落日光》。在《黄花苔》中有一篇题目为"落荒"的散文，加着副标题"给伊坪"。我细细地品读这篇生出枝节的文章并怀着的崇敬的心将此文附在师陀怀念文章的后面。

按我的理解，这篇属于散文随笔文体专门写给伊坪的文章，是描述他在这一转折时期严峻的政治处境，他的求索与奋斗和他果断地奔向另一个广阔天地的决断。本是含着赞赏鼓励的用意。

《落荒》的词意为：离开大路，跑向荒野。文章开头语就是："开始了无规律的日子，人默然迎着可栗的命运。也许是并不小的试金石。"

文中有这样一句话："本是倨傲的眼，里边原满溢着智慧，利爽和果决，几时已变作愚贪。"……这句话，让他吞咽不下了！

我推想，《落荒》成文，可能就在伊坪看到这篇文章之前不久。因为那一时期，他们间的通信交流，从未中断。如果文章早已写就，在这之前必有所反映，总不致如此愕然。

文中撷取泰山脚下三家庵的场景，而他们漫游那个地方，是1932年9月的事。那时他俩一时"穷困潦倒"滞留在泰安的一家小客栈里，每天都在饥饿状态下等待着山东地下党的一个同志的到来，日复一日地没有消息，跑到一个荒僻的小山头上的坟茔里抽烟闲聊，无奈地消磨着时光。

乍看，文中的事件与时间地点是错位的，然而文学作品并不像新闻报道那样严格，移花接木是常有的事。

显然，文中的观点是针对伊坪放弃了教书而投奔到范筑先将军麾下的这一变动。

这一点，也可从《果园城记》的后记中反映出来。

师陀对这11封信的附记中说："就记忆所及，在这最后一封信的后面，还有一封，是约我去做他兼管的什么报的副刊编辑的。他丢掉官跑到济南办报，写信来说：'肯不肯来热闹热闹？千万别相信报，你在上海报上天天看见济南遭轰炸，这边城上却是一片蓝空。'我在上海立刻打点行李，韩复榘已经率领队伍逃跑，济南被日本占领了。"

师陀在后记中把伊坪称为"闪电式更换职业的怪朋友"，一会儿放弃教书去做官，一会儿又丢掉官去办报，是让人捉摸不定。而伊坪又不能公开自己的政治目的，不就造成上述局面吗？伊坪在信中有这样两段话，含有明确的提示作用。

"说的倒轻松，也许是你写错了吗？"

"你知道混进这里面的虽然都是为了吃饭（专员先生顶卑视这念头，他不知道他的部属有一个月只八元钱的军饷），但尽有来当官的（一生没读过一本正经书，没做过一件正经事，没想过一个正经念头）。因了当官，为使自己不太封建，想学些新鲜话头，过去有点关系的，就逼我读这种经济，读那种政治，把心得告诉他们……"

这不是从另一个侧面向师陀作了一个解释吗？只是没有直说："你知

道我到专员公署是为了当官吗？当了官吗？你知道我到专员公署是为了摆脱教书的穷困吗？摆脱了穷困吗?!"

这封信之后不久，七七事变发生了，彭雪枫来信邀伊坪速赴太原接受党关于建立抗日民族统一战线的指示。面临的是抗战大事，朋友间一个不同的观点，哪能去计较！

所幸这场笔墨官司，早已有了定论，他们间的误解早已烟消云散了，看看师陀的《怀念赵伊坪同志》的文章就知道了，以后不知他说过多少次："伊坪是无私的人！"我可以告慰哥哥，师陀痛悔那句话是误解了你。在人类的情感中"被误解"是最能争得人们同情的，我愿抚平哥哥情感上的这一皱褶，安慰他的纯洁无私的心灵，安息吧！一个光明磊落的人，一个永远值得尊敬的人！

1999 年 10 月 16 日

对赵伊坪信的附记

师　陀

　　从 1930 年暑假期间我和赵伊坪同志相识起，前后总共通过约两百封信，现在存下来的 11 封，而且集中在一年多时间内，有种种原因。我在河南第一高中读书时，10 月间曾收到他从洛阳西工寄来一张明信片，没有详细地址，说是今后不知到哪里去。我和他相识时，他任冯玉祥西北军田春芳运输连上士录事。1931 年春，他忽然从西安警备司令部来信，任警备司令马青苑的秘书。曾通过几次信。这些信的命运，事过 50 多年，内容还大致记得，只是已经像影子了。1931 年下半年，我到了北平，继续通信，现在只记得其中一封的内容。1932 年 9 月间我准备再去北平，经过开封，他困在郾城同乡会里，等候济南朋友的来信，准备再到山东去。他曾在山东鲁南民团司令部工作过。我于是便跟他一道去山东。结果是我们在济南粥店吃了 20 多天馒头蘸辣糊，后来各自回老家了。大约这一年的年底他结了婚，因为他从家里来信说："完了一件大事。"

　　1932 年春天，我有一位初中时的朋友在辉县太行山里区公所做小职员。便写信问他，可否先由我前去摸摸情况，供他日后拉游击队做根据地。他同意了。我了解的结果，那里的枪相当多，全抓在地主手里，要么抓在地主办的毒品公司保卫队手里，那个地方很落后，一个外地人，没有和当地十分密切的关系，极难站得住脚。我向他写了汇报，他回信叫我走开。也许不久他即去临颍一个什么小学教书。

　　离开太行山后，我第二次到北平。最初难得通信，后来逐渐多起来。

这些信有的当时就销毁了，没有销毁的，在我 1936 年夏天离开北平时，又全部付之一炬。

由于我没有"正当"职业，随时有被国民党特务查抄的可能，对共产党朋友的来信，首先是销毁信封，免得被抄去牵连写信人。其次，信的内容，如果有犯时忌的地方，看过后立刻烧掉。对于伊坪的两百封来信，在开封、北平的已全部销毁，就是我到南方以后的来信，除去立刻烧掉者外，我曾清理过两三次：一次是在杭州时期，一次是在上海"孤岛"时期，最后一次是在日本人占领"租界"时期。就记忆所及，这里的最后一封后面，还有一封，是约我去做他兼管的什么报的副刊编辑的。他丢掉官跑到济南办报，写信来说："肯不肯来热闹热闹？千万别相信报，你在上海报上天天看见济南遭轰炸，这边城上却是一片蓝空。"我在上海立刻打点行李，韩复榘已经率领队伍逃跑，济南被日本人占领了。

今天重读这些信，我又回到 20 世纪 30 年代，回想到我和写信人的交往，他的面目历历如在眼前。我至今还保存着他 1936 年送我的一帧照片，相片早已变黄，硬纸板下角写着题词："长简：识否？芒种。"30 年代共产党员朋友的来信，我保存下来的只有他一个人的了。如何能不"识"呢？

诚如他兄弟赵晓舟同志所言："他是个对人宽、对己严的人。"然而，不仅如此，他还是个凡事先为朋友所想的人；他还是个满怀热情，处事沉着冷静的人；他还是个对家人热爱，对受苦的人民更热爱的人；他还是个自己能吃苦又决不叫苦的人……

1986 年 5 月 26 日记于上海

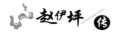

英雄创业终不悔
后继有人谱新篇

伊坪小学

　　伊坪小学是郾城县一所规模较大的城镇中心小学，她的诞生和成长历经半个多世纪的岁月沧桑，终于迎来了今日的辉煌。

　　1927年，中共郾城县地下党员赵伊坪根据党的指示筹建起了郾城文化促进会，并创办了一所平民子弟小学，这所小学成为当时城内传播进步思想的摇篮。此后，赵伊坪代表平民子弟小学和郾城高等学堂负责人常寿峰与县教育局进行了一场合法斗争，从此两校合并，改称"郾城第一完全小学"。1947年，校名易为"女子小学"。1948年3月，郾城解放，又被定名为"郾城一小"。1968年，再次更名为"北街小学"。1996年4月，为了纪念为发展郾城教育事业做出重大贡献、在抗日战争中壮烈牺牲的赵伊坪烈士，经上级有关部门批准，把"北街小学"正式命名为"伊坪小学"。我国著名的新闻工作者、新华通讯社原社长穆青同志为学校题写了校名。

　　1996年4月5日，这是我校历史上一个具有重大意义的日子。在赵伊坪烈士亲属的关心与支持下，由原中共中央政治局常委、中央军委副主席刘华清亲笔题写的"伊坪书屋"在我校落成开馆，并被郾城县委、县政府定为"爱国主义教育基地"。原中央军委副主席张震将军也于同年3月，挥毫为我校书写"发扬赵伊坪烈士革命精神，勤奋读书为振兴中华而努力奋斗"的题词。从此，我校的发展迈入了一个新的时期。

　　抚今追昔，我们全校师生为郾城这块土地养育了赵伊坪这样一位中国人民的优秀儿子、共产主义的忠诚战士、卓越的革命活动家而感到光荣；我们因赵伊坪曾是我校最早的创始人之一而感到自豪。他的名字已经深深地铭刻在我们的心上，他的革命精神将鼓舞着我们为实现振兴中华的宏伟目标而奋勇前进！

随着"伊坪书屋"的诞生，我校充分利用这一有利条件，使之成为对全校师生进行爱国主义和革命传统教育的重要场所。"伊坪书屋"位于我校南教学楼三楼，它由专人负责管理。在各级领导的关心帮助下，在全校1000多名师生的捐助下，其间藏书日益增多，学校对书屋的管理制度也逐步完善。目前，书屋藏书已达2万余册。

新学期开学，学校组织新生参观书屋，瞻仰烈士遗物，倾听烈士事迹，以此激励学生：要珍惜今天的幸福生活，继承先烈遗志，学好基础知识，做到全面发展，为21世纪中国的强盛而努力！

每周一的"国旗下的讲话"，学生从身边点滴小事到当今世界形势，不拘格式，无所不谈：讲述班级发生的好人好事，评说社会现象，畅谈自己的远大志向，谈论国家大事……一篇篇内容生动的讲话，使全校师生时刻不忘自己是烈士家乡人，时刻不忘先烈的教诲，时时刻刻用英雄的事迹激励自己不断进取。

学校还根据本校的实际情况和学生的特点，经常组织开展一些丰富多彩的活动。如"读好书"、"小交警夏令营"、"少年军校"、"手拉手"、"十佳少年评选"、"庆'六一'大型文艺会演"、"庆'十一'演讲"活动……以此陶冶学生的情操，培养学生的综合素质。

"爱国主义教育基地"的建立，使学校的思想品德教育取得了良好的效果。如今，漫步在校园中，所见所闻令人心情舒畅：礼貌用语随处听到，给人一种春风拂面的感觉；拾金不昧的现象屡见不鲜；各班教室前的"荣誉栏"内容丰富，那是每位同学逐步成长的见证，反映了各班的精神风貌，成为我校德育工作较为独特的窗口；教室内催人奋进的标语伴随着同学们度过每一节课。

"以德育促全面发展，以健康有益的活动培养特长，以科学的管理培养学生的创新能力。"这是我校精心勾画出的育人蓝图。在抓好德育工作的同时，也促进了智、体、美、劳诸方面的发展。

为了全面推行素质教育，抓好我校的教学工作，校领导南下汨罗，东到烟台，实地取经。回来后，组织全体教师认真学习外地经验，端正思想，更新观念，提高对实施素质教育的重要性和迫切性的认识。

校领导班子成员在学校事务繁忙的情况下，挤出时间，学习教育理论，了解教育信息，研究教改动态。根据我校实际，推陈出新，制定出了一套教学管理方案："伊坪小学教师教学工作目标管理考评细则"、"师徒帮教制度"、"二四六"培养计划（新师经过二年培养成合格教师，经过四年培养成骨干教师，经过六年培养成市县级认可的拔尖教师）……并在全体教师中开展多种多样的活动："四三二一"活动（四高：高度的社会主义觉悟、高度的社会责任感、高尚的道德情操、高水平的德育工作能力；三精神：奉献精神、敬业精神、爱岗精神；二严：严肃的自我修养、严格的工作作风；一强化：强化为人师表意识）、"五个一"活动（每个教师每年学习一本理论专著、研究一个教研题目、上一节优质课、上一堂研究课、写一篇不少于 3000 字的教研论文）、"三课"评比活动（青年教师的汇报课、骨干教师的示范课、全体教师的优质课）、"我为差生献爱心"活动，等等，以此来增强全体教师的责任感和事业心、提高全校教师的综合素质，为创"名校"打基础，做准备。

全体教师有了正确的理论指导，就有了行动的指南，一时间，校园里出现了在教学工作中争先创优的好局面。课余时间，教师苦练教学基本功、阅读教育报刊、虚心求教、认真备课……面临即将到来的 21 世纪，人人有危机感，个个有进取心！

课堂是学校教育的主阵地，是实施素质教育的主战场。在课堂教学中，我们充分利用现代化、多媒体教学手段，借鉴上海市的"愉快教育、成功教育、情景教育和创造教育"等教育模式，结合本校实际情况进行深层次的探讨，我们总结出了语文教学"示范引导学习法"和数学教学"设疑探索学习法"的模式，精心组织教材，取得了一定的成效。校领导进行随堂听课，每人每期听课达60节，听后组织教师评课，进行业务交流，促使教师取长补短，共同提高。经过观摩、研讨、评比、总结等，发现和培养了一批又一批的"教改能手"，形成了教改的骨干力量。骨干教师经常对外进行公开课教学，并送教下乡，把我校的"快乐教育""情景教育""成功教育"这些成功课题在兄弟学校进行交流、推广。

另外，为了改革课堂教学方式，开发学生智力，培养学生动手动脑的能力，我校于1998年秋季在一年级进行了珠心算教改实验。通过近两年的实践，证明了该教学活动的开展能够提高学生的计算能力，激发学生的学习兴趣，有效地提高了教学质量。

在评语改革方面，我校在全县率先迈出了一步，改传统的"肯定—批评式"，取而代之的是一种全新的"赞扬—激励式"。一则则评语，就像一篇篇优美的散文、一首首隽永的小诗，那是老师真情的流露、爱心的倾注，极大地调动了学生学习的积极性，在我校建立起和谐平等的新时期师生关系。学校"评改"的实践，在社会上引起了积极的反响。

为使学生不但能够全面发展，而且有一技之长，学校还成立了各种兴趣小组。如"绘画兴趣班""校园舞蹈队""写作兴趣小组""趣味数学班"……在老师悉心辅导下，学生们如鱼得水，特长得以发挥，"小荷才露尖尖角"，喜讯不断传来：写作兴趣小组的同学有23人的作品在国家级报刊上发表，56人的习作在市级报刊上发表；第十二届全国"双龙杯"少儿书画竞赛中，我校有48人获奖；舞蹈队的同学在县举行的各种文艺演出活动中也屡次夺魁；趣味数学班的同学在历次举行的数学赛中毫不示弱，总是名列前茅……

一分耕耘，一分收获。伊坪小学，这个拥有27个教学班、1800多名学生、77名教职员工的学校，在学校领导班子带领下，在全体教师的共同努力下，取得了令人瞩目的成绩：9 名教师获得省级优质课执教者荣誉称号，17 名教师获得了省级优秀辅导员称号；242 篇教育教学论文分别在国家级、省市级报刊上发表；280 多名学生获市级以上荣誉证书；我校获 6 项国家级荣誉称号，9 项省级荣誉称号，60 多项市县级荣誉称号……

成绩已属过去，辉煌还看将来。随着素质教育的开展不断深入，伊坪小学全体师生将继承烈士遗志，沿着英雄的足迹，发扬优良传统，不断加强自身素质的培养，不断追求更高的层次，共同迎接新世纪的挑战！

让伊坪小学这颗教育之星在英雄的故土放射出更加璀璨夺目的光芒！

（执笔人：牛梦月　许凤霞　孟武艺）

伊坪赋

　　郾国故地，中州新城。路通八方，沙澧交融。东簧暮鼓，西寺晓钟。龙塔古篆，双水渔灯。通江达海，物阜民丰。世运昌享，人和政通。物华天宝，人杰地灵。文有字圣，武有再兴。郾城大捷，武穆精忠。夫大丈夫立天地之间，真英雄当青史留名。今有好儿男，赵氏一伊坪。千古浩然气，一以共传承。

　　庚戌生自书香门第，传承赵氏忠烈家风。县小育中读书，友从志远雪枫。少立凌云之志，投身反帝斗争。声援五卅惨案，上街宣讲游行。志坚意明入党，誓死投身革命。丙寅年末归乡，肩负党之使命。支部农协促进会，立足农运反帝封。创《扶轮》，讲革命；办学校，助苍生。孰料风云变，丁卯蒋反共。适时转地下，小学堂合并。家成燎原地，兄弟入共青。戊辰遭追捕，三赵潜出城。隐身粮仓里，斗争更峥嵘。

　　己巳转西北，奉派入冯营。相识启熊朱，感化一营兵。辛未转镐京，任职警备厅。勉励熊义吾，聘三入中共。壬申赴新泰，鲁南暗运兵。秘组党支部，兵变险成功。离新返河南，办学播火种。甲戌赴杞县，抗日救国公。联合姚雪垠，创办《群鸥》灵。西安事变后，彭唤离大同。立辞众亲友，寄赠红灯笼。

　　丙子聊城新使命，英雄格外惜英雄。丁丑彭赵聊城会，历史转折新征程。联袂抗日鲁西北，统一战线民族情。石越笔名书华章，《嘱咐》热情歌长征。七七事变燃怒火，国共二合兄弟情。伊坪奉调至省委，邀范共襄抗战功。协助谈判韩复榘，组建政训练政工。接管《国民日报》社，夜兴夙寐爱国浓。济南沦陷移鲁西，并肩筑先豪情生。殷勤为党作纽带，主席来信肯定中。新兴革命根据地，蓬勃发展欣向荣。

风云突变戊寅冬，日寇早视眼中钉。十三日夜，日寇出动；飞机坦克，围困孤城。七百将士，寡不敌众；将军死战，壮烈牺牲。日伪猖狂急反共，平地风来血雨腥。临危难，承授命；稳部署，定军情。反击顽固国府派，平原游击不放松。

己卯三月五日晨，纵队高唐遇日军。激战一日杀仇敌，击退凶寇向前进。敌众我寡欲突围，骑兵装甲迎面侵。中弹负伤坠落马，眼镜丢失路难寻。不幸遭敌俘，受尽酷刑忍得百般蹂躏；一身浩然气，英勇不屈凛然怒斥日军。倭人恼羞怒，煤油泼遍身。慷慨赴国难，高呼主义真。噩耗传千里，军民皆悲痛。英雄赵伊坪，浩气筑长城。驰骋鲁西北，生命成永恒。捐躯就大义，万古留芳名。

美哉，一介书生有经世之才投笔救国从军戎！壮哉，热血男儿怀安邦良策从容就义谋民生！

渺渺兮，英雄已逝千古！茫茫兮，天地同悲秋冬！巍巍兮，后人铸丰碑心中缅怀先烈！荡荡兮，万世存浩气精神永远传承！

忆往昔，伊坪故里处处传唱英雄美名；看今朝，沙澧荡波时时宣讲红色传承。校徽闪耀红星，代代少年胸怀激情；脸庞绽放笑容，铿锵步伐从容坚定。红映伊坪，美美与共；百年梦想，吾辈当行。喜观千古盛世今又现，同祈万民福祉共繁荣！

（漯河市　郾城区　伊坪小学 徐伟涛撰）

后 记

今年是中华人民共和国成立 75 周年，时逢赵伊坪先烈牺牲 85 周年，历时两年多创作的长篇历史人物传记《赵伊坪传》即将出版发行。两年来，我作为特约撰稿人写《赵伊坪传》，因是历史题材的人物传记，主人公赵伊坪又是中共地下党早期领导人和革命先烈，过世已久，搜集查阅有关历史资料，其难度可想而知。不过使命使然，加之先烈英灵感召，虽时光久远，但"功夫不负有心人"，终于从沉淀已久的历史片段片语、蛛丝马迹中，探索出主人公鲜为人知、丰富多彩、激情豪迈和可歌可泣的一生。创作的艰辛与喜悦就不必言表了。在此，编者感谢以外孙女赵立萍为代表的赵伊坪家人对我的信任，感谢晋冀鲁豫烈士陵园党委书记杨俊岭对我的推荐和对书稿的初审。

编著和出版过程中，著名党史专家、一级教授、邵维正将军及时为该传记作了序。中央党史和文献研究院副院长、中央编译局局长季正聚研究员得知该书情况后，立即联系山东党史研究院院长赵国卿，请他们审核这本书，因为这本书里边有很多发生在山东的事，尤其是抗战前后，赵伊坪同志绝大多数时间在山东工作的。赵国卿院长请专家学者在五一期间牺牲休息时间，对书稿进行认真审阅。这都是对该书极大的支持。还有赵式坪、张娜、耿玉石、玄召文、王志宾、刘欢、李奕如、杨献宾等都为书的出版给予大力支持。在此，向赵伊坪先烈的家人和对本书的创作给予关怀、支持和付出心血者表示真诚的敬意和由衷的感谢！

值得提到的是，人民出版社《世纪的追思·缅怀赵伊坪烈士》（王若愚主编）一书是我创作的主要依据；在这本书里，赵伊坪先烈生前的战友宋任穷、张震、熊义吾、赵健民、张维翰、韩多峰、王国权、徐运北、朱穆之、穆青、张承先、翟向东、王新三、许法、范树瑜等回忆了赵伊坪生前事迹，和好友姚雪垠、师陀等人的诗文、书信；赵伊坪的亲弟弟和战友赵晓舟，赵伊坪的学生、又是他夫人吕瑞芝亲妹妹的吕秀芝等人的回忆史料；赵伊坪的女儿赵莉莉、赵西杞，女婿王若愚，还有赵伊坪的后人赵立萍、赵航等采访搜集的资料。此外，《八路军第一二九师战史》《刘邓大军征战亲历记》《冯玉祥回忆录》《陈再道回忆录》《杨开慧》等史料以及鲁迅先生的有关作品，也是创作本书的佐证。在许多人的帮助和大量资料的基础上，我经过查找线索、深入探索、研究甄别，去伪存真，克服在疫情采访中的不便，在较短的时间内写成了较为完整的《赵伊坪传》，把革命先辈赵伊坪非凡壮烈的人生呈现给广大读者。

历史悠悠，岁月苍苍。因受史料局限，也许赵伊坪先烈还有更多的动人故事沉没在历史的风尘中未被发现，有待于进一步挖掘。或因水平、见识所限，难免有不到之处，还望读者指正，提出宝贵的意见。

王贤春

2024 年 9 月 5 日于三得书斋